차선생의 러시아어 집짓기

개정1판 발행 2016년 11월 19일
개정2판 5쇄 발행 2025년 01월 27일

지은이 차진숙
펴낸이 김선명

펴낸곳 뿌쉬낀하우스
책임편집 이은희
편집 Evgeny Shtefan, 김영실, 박은비
주소 서울시 중구 동호로 15길 8, 리오베빌딩 3층
전화 02)2237-9387
팩스 02)2238-9388
이메일 book@pushkinhouse.co.kr
홈페이지 www.pushkinhouse.co.kr
출판등록 2004년 3월 1일 제2004-0004호

ISBN 978-89-92272-77-3 13790

Published by Pushkin House. Printed in Korea
© 차진숙, 2016
© Pushkin House, 2016

저작권법에 의해 보호를 받는 저작물이므로 무단 전재와 무단 복제를 금합니다.

차선생의
러시아어
집짓기

Дом русского языка

EBS 교육방송 러시아어 검수 교사
러시아 교육문화센터 뿌쉬낀하우스 강사

차 진 숙

뿌쉬낀하우스

일러두기

· 남성명사는 **М.**, 여성명사는 **Ж.**, 중성명사는 **С.**로 표시한다.
· 명사의 단수와 복수는 각각 **ед.ч., мн.ч.**로 표시한다.
· 동사원형은 **ИНФ**로 표시한다.
· 동사의 완료상과 불완료상은 각각 **СВ, НСВ**로 표시한다.
· 동사의 인칭변화에서 1식변화하는 동사는 [1], 2식변화하는 동사는 [2] 로 표시한다.

이 책의 구성

ЧТЕНИЕ 읽기   짧고 유익한 문장을 통해 문법을 복습하면서 러시아어의 튼튼한 뼈대를 세울 수 있다. 오디오자료를 반복적으로 청취하면 효과를 증대시킬 수 있다.

СЛОВА 단어   각 과에 나오는 단어들을 정리해 놓았으며, **ЧТЕНИЕ**(읽기)를 활용하여 반복적으로 연습하면 정확한 발음 습득에 도움이 될 것이다.

ГРАММАТИКА 문법   필수적으로 익혀야 할 표현을 제시하여 각 과의 문법을 체계적으로 이해할 수 있도록 되어 있다.

УПРАЖНЕНИЯ 연습문제   배운 내용을 작문이나 테스트를 통해 스스로 확인해 볼 수 있다.

КОНТРОЛЬНАЯ РАБОТА 쪽지시험   문법·읽기에서 익힌 내용을 활용하여 문장을 보다 정확하고 체계적으로 분석·파악할 수 있도록 총정리 문제를 제공하고 있다.

MP3 파일은 뿌쉬낀하우스 홈페이지(www.pushkinhouse.co.kr)에서 무료로 다운로드받을 수 있다.

| 머리말 |

〈차선생의 러시아어 집짓기〉에 오신 것을 환영합니다!

러시아어 학습에서 가장 중요한 것은 '성·수·격' 체계에 대한 올바른 인식과 이와 관련된 어형변화를 자연스럽게 활용할 수 있는 자신감입니다. 이 책은 이러한 자신감을 갖게 하여 전체적인 흐름을 이해할 수 있도록 러시아어가 갖고 있는 특징들을 체계적으로 배열하여 만들었습니다.

특히 이 책에서는 우리말 조사와 러시아어 '격의 용법'을 일치시키려는 모순을 범하지 말 것을 강조하고 있습니다. 이러한 이유에서 기존에 사용되었던 격의 명칭인 주격, 생격, 여격, 대격, 조격, 전치격을 각각 1격, 2격, 3격, 4격, 5격, 6격으로 바꾸어 사용하고 있습니다. 물론 격에 대한 개념이 이해된 다음부터는 이 명칭을 'кто-что, кого-чего, кому-чему, кого-что, кем-чем, о ком-о чём'으로 대체하여 문장 전체를 술어 중심의 한 덩어리 표현으로 학습하게 됩니다.

그럼 '격'이란 무엇일까요? 한 문장 안에서 명사가 어떤 역할을 하느냐에 따라 나눠지는 것이 '격'인데 러시아어에서는 이것이 어미의 변화로 나타납니다. 이 격의 어미가 다행히도 우리말의 조사가 갖는 기능과 같다고 볼 때 쉽게 이해할 수 있다고 봅니다. 그러나 이러한 언어적 장점이 오히려 문법을 학습하는 과정에서 장애 요소가 되기도 합니다. 러시아어의 '격어미'를 우리말 '격조사'와 동일한 것으로 생각하는 학습자는 '주격, 생격, 여격, 대격, 조격, 전치격'을 격 명칭 그 자체가 갖고 있는 의미(~가, ~의, ~에게, ~을, ~로써, ~에 대해)로 잘못 이해하는 경우가 있다는 것을 교육현장에서 발견할 수 있습니다.

러시아어 학습의 장애는 결코 복잡한 어형변화 '6격 어미'에 있는 것이 아닙니다. '6격 그 자체'에 대한 학습자의 올바른 인식이 선행된 후 특정한 보어가 포함된 문장을 통하여 '격의 의미'와 '격어미'를 동시에 익혀야 하며 무엇보다도 러시아어가 갖는 문법 체계를 모국어의 방해 없이 그대로 이해하는 것이 가장 바람직한 언어 학습법이 될 것입니다. 이 책에 제시되어 있는 문장들을 수없이 반복하여 읽고, 듣고, 말하고, 쓰십시오. 스스로 노력하는 실천만이 여러분의 러시아어 실력을 약속해 줄 수 있습니다.

러시아어의 가능성은 그 땅덩어리만큼이나 큽니다. 그 세계로의 도전, 바로 지금 시작하십시오. 이 책을 통하여 러시아어 학습 초기 단계에서 가장 큰 걸림돌이 되는 6격 체계를 자신있게 정복하실 수 있기를 바랍니다.

이 책이 세상에 나오기까지 도와주신 Т. Николаева, У. Кобякова, Е. Штефан과 김영실, 박은비님 그리고 〈뿌쉬낀하우스〉의 김선명 원장님께 감사의 뜻을 전합니다.

2016년 차진숙

차례 (СОДЕРЖАНИЕ)

머리말 | 5
러시아어의 특징 | 15
    1. 러시아어의 특징
    2. 러시아어 알파벳
    3. 발음규칙
    4. 철자규칙
    5. 억양구조

РАЗДЕЛ I

урок 01 Вот студе́нт. 28
단독주어의 역할 : вот, э́то / 명사의 성 / 의문문

урок 02 Э́то студе́нты. 31
명사의 복수 / 철자규칙

урок 03 Кто э́то? 34
(비)활동체 명사에 대한 의문문 / 인칭대명사 / 부정사 не

урок 04 Чей э́то дом? 38
소유대명사 (чей, чья, чьё, чьи)

урок 05 Э́тот уче́бник мой. 41
지시대명사 (э́тот, э́та, э́то, э́ти)

урок 06 Где ва́ша сестра́? 43
한 단어로 이루어진 장소, 방향 표현

урок 07 **Какой это журнал?** — 45
형용사 (какой, какая, какое, какие) / 감탄문
시 «Ты помнишь ли, Мария»

урок 08 **У вас есть телефон?** — 49
소유의 표현 : <У меня есть 1격.> / есть를 사용할 수 없는 경우

урок 09 **Где вы были вчера вечером?** — 52
동사 / 동사의 과거시제

урок 10 **Где вы будете завтра днём?** — 55
동사의 현재시제와 미래시제

урок 11 **Вы понимаете по-русски?** — 57
1식 규칙 변화 / 접속사 но, а, и
시 «Я вас любил»

урок 12 **Вы говорите по-русски?** — 60
2식 규칙 변화 / русский язык과 по-русски

урок 13 **Что вы любите делать после обеда?** — 63
2식 순음 변화 / 동사원형(ИНФ)을 보어로 갖는 동사

урок 14 **Я целый день сижу дома.** — 65
2식 · 1식 치음 변화 / -о로 끝나는 부사 / 동사 смотреть, видеть, слушать, слышать

урок 15 **Что она делала позавчера?** — 70
시제에 따른 질문 / 합성미래 : <быть 미래형 + ИНФ> / 동사 인칭 변화 총정리

урок 16 **Смотри! Слушай! Читай! Пиши! Говори!** — 75
2인칭 명령법

СОДЕРЖАНИЕ

урок 17 Кто лю́бит изуча́ть ру́сский язы́к? — 78
격변화 / 문장성분 / 문장분석법

урок 18 Этот студе́нт лю́бит танцева́ть. — 82
남성명사의 단수 6격변화

урок 19 Моя́ жена́ лю́бит рисова́ть. — 84
여성명사의 단수 6격변화 / -ся 동사

урок 20 Что бы́ло у вас в рука́х? — 87
중성명사의 단수 6격변화 / 동사 хоте́ть / 전치사 с, без

урок 21 Студе́нты лю́бят игра́ть в ша́хматы. — 90
남성·여성·중성명사의 복수 6격변화 / 출몰모음 현상

РАЗДЕЛ II

урок 22 Я люблю́ чай с са́харом. — 98
전치사 / 교통수단 / 전치사 к, за, о

урок 23 Где вы живёте? — 101
전치사 в/на와 함께 사용되는 〈장소 6격〉: Где? / 전치사 над, под, пе́ред, за, ря́дом с
시 «Па́рус»

урок 24 «Евге́ний Оне́гин» – рома́н Пу́шкина. — 105
〈한정어 2격〉: Како́й? Чей?

урок 25 Ско́лько студе́нтов у вас на ку́рсе? — 108
〈수량 2격〉: Ско́лько? / 수량수사와 순서수사

| урок 26 | **Я хочу́ встре́титься с тобо́й.** | 113 |

인칭대명사 6격변화 / 재귀대명사 〈자기 자신〉

| урок 27 | **Мне о́чень прия́тно.** | 116 |

술어 부사 : 무인칭문 / 감정의 표현에 사용되는 전치사 к

시 «Как здесь хорошо и приятно»

| урок 28 | **Ско́лько вам лет?** | 119 |

나이 표현 : 무인칭문 / когда́, пока́, е́сли로 이루어진 문장

| урок 29 | **У меня́ нет вре́мени.** | 122 |

〈존재 부정 2격〉: 무인칭문 (Кого́ нет? Чего́ нет?) / 불특정인칭문 / 강조소사 и, ни

| урок 30 | **В саду́ како́й-то мужчи́на гуля́ет оди́н.** | 126 |

명사의 예외적 변화 / 인명과 애칭

| урок 31 | **Но́вый студе́нт мо́жет написа́ть сочине́ние.** | 135 |

형용사의 종류와 6격변화 / 동사 люби́ть와 нра́виться / 동사 мочь와 уме́ть

| урок 32 | **Де́ти должны́ мно́го чита́ть.** | 140 |

행위의 의무감 (до́лжен, должна́, -о́, -ы́) 대상의 필요성 (ну́жен, нужна́, -о, -ы)

| урок 33 | **Он бо́дрый. Он бодр.** | 144 |

형용사 단어미 형태와 용법 / 형용사 총정리

| урок 34 | **Тогда́ он был ещё шко́льником.** | 150 |

일시적 상태를 나타내는 〈상태 5격〉: Кем? Чем? / 5격 지배 동사

| урок 35 | **Вам не хо́лодно?** | 153 |

날씨 표현에 사용되는 무인칭문 술어 / 인칭문과 무인칭문의 비교

СОДЕРЖАНИЕ

урок 36 **В ле́тние кани́кулы мы е́дем на юг.** — 156
운동동사의 보어 〈방향 4격〉, 〈방향 2격〉: Куда́? Отку́да? / 목적의 표현

урок 37 **Мо́жно поговори́ть с ва́ми?** — 160
행위의 가능・불가능, 의무, 허가, 금지 등의 행위를 나타내는 무인칭문 술어

урок 38 **Эта кни́га интере́снее, чем та.** — 164
합성식 비교급 / 단일식 비교급 / 비교급 구문

урок 39 **Это са́мый интере́сный расска́з Че́хова.** — 170
합성식 최상급 / 단일식 최상급 / 최상급 구문

РАЗДЕЛ Ⅲ

урок 40 **Мне нездоро́вится ещё с ве́чера.** — 176
무인칭동사 / 동사 боле́ть / 무인칭문 술어 총정리

урок 41 **О чьём семина́ре она́ расска́зывает вам?** — 181
소유대명사의 6격변화

урок 42 **Каки́ми кни́гами вы увлека́етесь?** — 185
지시대명사의 6격변화 / 한정대명사의 6격변화

урок 43 **Что вы де́лаете сейча́с?** — 192
동사의 상: 불완료상・완료상 / 전치사 из-за, по, из, от

урок 44 **Обы́чно он смо́трит телеви́зор пе́ред сном.** — 198
상과 시제 / 상의 특징 / 접두사 по로 이루어진 완료상

| урок 45 | Куда́ вы сейча́с идёте? | 202 |

운동동사 : 정태 · 부정태동사

| урок 46 | Я хожу́ по ко́мнате и ду́маю о ко́нкурсе. | 205 |

정태 · 부정태동사의 시제와 의미

| урок 47 | Почтальо́н несёт письмо́. | 207 |

방향 표현에 사용되는 전치사 за와 из-за

| урок 48 | В э́тот моме́нт Алёша вошёл в ко́мнату. | 209 |

〈접두사(구체적 의미) + 운동동사〉의 완료상 · 불완료상

시 «Я пришёл к тебе с приветом»

| урок 49 | По́сле уро́ка он сра́зу пошёл в столо́вую. | 214 |

〈접두사 по + 운동동사〉의 완료상 / 운동동사 이외의 뜻

| урок 50 | Пойдём домо́й! | 218 |

1인칭 명령법(청유형) / 3인칭 대상 2인칭 명령법 : пусть, пуска́й

| урок 51 | Кто́-то пришёл к тебе́. | 221 |

불특정대명사와 불특정부사 : 의문사-то, 의문사-нибудь / 동사 ста́вить와 класть

| урок 52 | Никто́ не выхо́дит и́з дому. | 225 |

부정대명사와 부정부사 : ни의문사, не́의문사

| урок 53 | Как вы себя́ чу́вствуете? | 230 |

동사변화 (-авать, -овать, -евать) / 동사 встава́ть, сади́ться, ложи́ться

| урок 54 | Муж подари́л жене́ пальто́, кото́рое ей понра́вилось. | 236 |

관계대명사 кото́рый

СОДЕРЖАНИЕ

урок 55 Я люблю того, кто любит меня. — 240
관계대명사 кто, что, какой, чей, сколько / 관계부사 где, куда, когда, как

урок 56 Какие подарки вам нравятся? — 244
-ся 동사 / 동사 начинаться와 начинать

РАЗДЕЛ IV

урок 57 Отвечая на мой вопрос, он очень волновался. — 250
부동사

урок 58 Мальчик, читающий рассказ, мой сын. — 256
능동형동사 현재 / 명사나 형용사로 사용되는 형동사

урок 59 Мальчик, читающий роман у окна, мой брат. — 259
능동형동사 과거 / 의문소사 ли, разве, неужели / 문장 연결어

урок 60 На столе лежит книга, читаемая дочкой. — 263
피동형동사 현재 / 전치사 по
시 «Мой тихий сон, мой сон ежеминутный»

урок 61 Это роман, написанный русским писателем. — 267
피동형동사 과거 / 능동구조와 피동구조

урок 62 Я была бы рада вас видеть. — 273
가정법 / 접속사 если бы와 чтобы / 서술의 차이를 표현하는 동사의 형태
시 «Выхожу один я на дорогу»

урок **63** Какóй сейчáс год? ──────── 280
    년, 월, 일, 요일 표현법

урок **64** В какóм годý началáсь Корéйская войнá? ──────── 284
    때를 나타내는 표현 총정리 / 순서수사의 6격변화 / 전치사 до와 пóсле
    시 «Декабрь и январь»

урок **65** Скажи́те, пожáлуйста, котóрый час? ──────── 289
    시각 표현 / 시간을 표시하는 전치사 / 어림수의 표현 / 수량수사의 6격변화

урок **66** Как дóлго бýдут продолжáться кани́кулы? ──────── 298
    시간 4격 / 시간 4격 이외의 표현

урок **67** У меня́ аллерги́я на комарóв. ──────── 302
    격에 대하여 / 전치사없이 사용되는 격 / 전치사와 함께 사용되는 격

урок **68** Я люблю́ тебя́. ──────── 306
    문장의 종류
    시 «Любовь – однá»

ПРИЛОЖЕНИЕ

격과 전치사 | 310
속담, 격언, 유용한 표현 | 330
기본회화 | 334
연습문제 해답 | 346

러시아어의 특징

1. 러시아어의 특징
2. 러시아어 알파벳
3. 발음규칙
4. 철자규칙
5. 억양구조

1. 러시아어의 특징

(1) 러시아어는 인도 유럽어족 속에서 슬라브어에 속하는 언어이며,
33개의 문자를 갖는 음성문자(표음문자)로서 쓰인 대로 읽는다.

(2) 러시아어의 모든 단어에는 강세(ударе́ние)가 하나씩 있다.
강세가 있는 음절의 모음은 정확하고, 길고, 강하게 발음하며,
강세가 없는 음절의 모음은 일반적으로 짧고, 약하고, 정확하지 않게, 즉 애매하게 발음한다.

(3) 명사, 대명사, 형용사, 수사는 성·수·격에 따라 어미가 변화한다.

(4) 관사가 없다.

(5) 동사는 사람·사물의 동작이나 상태의 뜻을 가질 뿐만 아니라 그 동작이나 상태가 진행·지속되고
있는지 혹은 완료되어 결과여부를 알 수 있는지에 따라 불완료상·완료상으로 구분된다.
시제에는 성·수변화를 하는 과거시제와 인칭변화를 하는 현재·미래 시제가 있다.

(6) 문장의 기본어순은 〈(1격)주어+술어+보어〉이다.
그러나 화자가 강조하고 싶은 부분이나 화자의 관심에 따라 다양한 어순이 가능하다.
즉 정보전달에 따른 어순으로 보통 〈이미 알려진 정보 + 새로운 정보〉의 순서를 따른다.

이미 알려진 정보	+	새로운 정보(중요한 내용, 질문의 답)
– **Что** там?		– Там **стол**.
– **Где** стол?		– Стол **там**.
– **Что** чита́ет твой брат?		– Он чита́ет **журна́л**.
– **Кто** чита́ет журна́л?		– Чита́ет журна́л **мой брат**.
– **Куда́** идёт Анна?		– Она́ идёт в **шко́лу**.
– **Кто** идёт в шко́лу?		– Идёт в шко́лу **Анна**.

2. 러시아어 알파벳

(1) 알파벳 (алфави́т)

활자체	필기체	명칭	발음	가까운 한국음
А а	*А а*	(а) 아	[a]	아
Б б	*Б б*	(бэ) 베	[b]	ㅂ
В в	*В в*	(вэ) 붸	[v]	(ㅂ)
Г г	*Г г*	(гэ) 게	[g]	ㄱ
Д д	*D д*	(дэ) 데	[d]	ㄷ
Е е	*Е е*	(е : йэ) 예	[je]	예
Ё ё	*Ё ё*	(ё : йо) 요	[jo]	요
Ж ж	*Ж ж*	(жэ) 줴	[ʒ]	(ㅈ)
З з	*З з*	(зэ) 제	[z]	ㅈ
И и	*И и*	(и) 이	[i]	이
Й й	*Й й*	(и кра́ткое) 이 끄라뜨꼬예	[j]	짧은 (이)
К к	*К к*	(ка) 까	[k]	ㄲ
Л л	*Л л*	(эл) 엘	[l]	(ㄹ)
М м	*М м*	(эм) 엠	[m]	ㅁ
Н н	*Н н*	(эн) 엔	[n]	ㄴ
О о	*О о*	(о) 오	[o]	오
П п	*П п*	(пэ) 뻬	[p]	ㅃ
Р р	*Р р*	(эр) 에르	[r]	(ㄹ)
С с	*С с*	(эс) 에쓰	[s]	ㅆ
Т т	*Т т*	(тэ) 떼	[t]	ㄸ
У у	*У у*	(у) 우	[u]	우
Ф ф	*Ф ф*	(эф) 에프	[f]	(ㅍ)
Х х	*Х х*	(ха) 하	[x]	ㅎ
Ц ц	*Ц ц*	(цэ) 쩨	[ts]	ㅉ
Ч ч	*Ч ч*	(чс) 체	[tʃ]	ㅊ
Ш ш	*Ш ш*	(ша) 솨	[ʃ]	(쉬)
Щ щ	*Щ щ*	(ща) 쒸샤	[ʃʲʃʲ]	(쉬:)
Ъ ъ	*ъ*	(твёрдый знак) 경음기호		
Ы ы	*ы*	(ы) 의	[÷]	의
Ь ь	*ь*	(мя́гкий знак) 연음기호		
Э э	*Э э*	(э) 에	[e]	에
Ю ю	*Ю ю*	(ю : йу) 유	[ju]	유
Я я	*Я я*	(я : йа) 야	[ja]	야

(2) 모음 (гла́сные зву́ки)

모음	발음법	예
А а	우리말의 "아"와 비슷	акт, там, как
Ы ы	우리말의 "의"와 비슷 입모양은 "이"를 발음하듯이 옆으로 당기고, 발음할 때 성대의 소리는 "으"로 함	мы, вы, сыр, сын
У у	우리말의 "우"와 비슷 입을 더 둥글게 하고 앞으로 내밀어 발음	тут, ум, бум, суп
Э э	우리말의 "에"와 비슷 입을 넓게 벌리고 혀와 입천장의 간격도 넓게 함	эй, эр, мэр
О о	우리말의 "오"와 비슷 입을 더 둥글게 하고 앞으로 내밀어 발음	дом, стол, рок
О о	ударе́ние(강세) 없는 경우 : 발음이 약화되어 [아] 또는 [어+아] 로 발음	о́кно́, о́на́, х́орошо́
Я я	우리말의 "야"와 비슷 앞의 자음이 연음임을 표시	як, яд, мяч
Я я	ударе́ние(강세) 없는 경우 : 발음이 약화되어 [이] 또는 [이+아] 로 발음	язы́к, яйцо́, пе́сня
И и	우리말의 "이"와 비슷 혀를 긴장시키고 입술을 좌우로 당김	иск, рис, вид
Ю ю	우리말의 "유"와 비슷 앞의 자음이 연음임을 표시	юг, ключ, люк
Е е	우리말의 "예"와 비슷 앞의 자음이 연음임을 표시	ей, все, крест
Е е	ударе́ние(강세) 없는 경우 : 발음이 약화되어 [이] 또는 [이+에] 로 발음	езда́, весна́, мо́ре
Ё ё	ударе́ние(강세)를 지닌 모음으로 우리말의 "요"와 비슷하며 앞의 자음이 연음임을 표시	ёж, мёд, Пётр

 연음 : 혀의 가운데 부분을 센입천장 쪽으로 올리면서 발음한다.

(3) 자음 (согла́сные зву́ки)

자음	발음법	예
Б б	우리말의 "ㅂ"과 비슷	брат, бык, бунт, бой
	"п"에 상응하는 유성자음으로 단어의 맨끝이나 무성자음(к, п, с, т, ф, х, ц, ч, ш, щ) 앞에서 무성음화되어 "ㅃ"로 발음	клу<u>б</u>, ло<u>б</u>, ско́<u>б</u>ка
В в	영어의 [v]와 비슷 윗니의 끝을 아랫입술에 대고 발음	вы, вон, вот, волк
	"ф"에 상응하는 유성자음으로 단어의 맨끝이나 무성자음(к, п, с, т, ф, х, ц, ч, ш, щ) 앞에서 무성음화되어 [f]로 발음	пло<u>в</u>, ро<u>в</u>, всё, <u>в</u>кус
Г г	우리말의 "ㄱ"과 비슷	грамм, гол, год
	"к"에 상응하는 유성자음으로 단어의 맨끝이나 무성자음(к, п, с, т, ф, х, ц, ч, ш, щ) 앞에서 무성음화되어 "ㄲ"로 발음	дру<u>г</u>, кру<u>г</u>, ша<u>г</u>, ю<u>г</u>
Д д	우리말의 "ㄷ"과 비슷	да, дом, дно, два
	"т"에 상응하는 유성자음으로 단어의 맨끝이나 무성자음(к, п, с, т, ф, х, ц, ч, ш, щ) 앞에서 무성음화되어 "ㄸ"로 발음	са<u>д</u>, тру<u>д</u>, ло́<u>д</u>ка
	연모음 (я, и, ю, е, ё)과 연음기호(ь) 앞에서 약화되어 [ㅈ+ㄷ]로 발음	<u>д</u>иск, г<u>д</u>е, <u>д</u>я́<u>д</u>я
Ж ж	영어의 [ʒ]과 비슷	жар, жук, жир
	"ш"에 상응하는 유성자음으로 단어의 맨끝이나 무성자음(к, п, с, т, ф, х, ц, ч, ш, щ) 앞에서 무성음화되어 [ʃ]로 발음	но<u>ж</u>, му<u>ж</u>, ло́<u>ж</u>ка
	항상 경자음으로 발음	ж<u>е</u>на́ [ж<u>ы</u>на́], то́ж<u>е</u> [то́ж<u>э</u>]
З з	영어의 [z]와 비슷 혀끝을 윗니 안쪽에 대고 발음	зал, зонт, за
	"с"에 상응하는 유성자음으로 단어의 맨끝이나 무성자음(к, п, с, т, ф, х, ц, ч, ш, щ) 앞에서 무성음화되어 [s]로 발음	ра<u>з</u>, ска́<u>з</u>ка
Й й	"이"를 짧게 발음하는 연자음으로 단독으로 쓰이지 않으며 항상 모음뒤에서만 사용	мой, край, музе́й

◎ **주의!** 연자음은 혀의 가운데 부분이 센입천장 쪽으로 올라가면서 구개음으로 나는 자음이고, 경자음은 연자음의 반대개념으로 위와 같은 구개음화 현상이 일어나지 않은 보통자음이다.

К к	우리말의 "ㄲ"과 비슷 무성자음 앞에서는 우리말의 "ㅋ"과 비슷	край, курс, рок, парк, кто
	"г"에 상응하는 무성자음으로 유성자음 (б, в, г, д, ж, з) 앞에서 동화되어 "ㄱ"로 발음	э<u>к</u>за́мен, та́<u>к</u>же
Л л	우리말의 "ㄹ"과 비슷하나 혀끝을 윗니 뒤에 붙이고 혀의 뒷부분은 아래로 내려서 내는 깊고 어두운 소리	лук, плот, лис, лес
М м	우리말의 "ㅁ"과 비슷	май, март, там
Н н	우리말의 "ㄴ"과 비슷	нет, вон, сон, сын
П п	우리말의 "ㅃ"과 비슷	порт, парк, пар, суп
Р р	영어의 [r]과 비슷하나 혀끝을 윗몸에 대고 진동시켜서 발음	рот, рост, порт, шар
С с	우리말의 "ㅅ", "ㅆ"과 비슷	сын, сто, стол, тост
	"з"에 상응하는 무성자음으로 유성자음 (б, в, г, д, ж, з)앞에서 동화되어 [z]로 발음	<u>с</u>бор, <u>с</u>дача
	유성음화되지 않는 경우	свет, снег, слон, свой
Т т	우리말의 "ㄸ"과 비슷	торт, там, зонт
	연모음(я, и, ю, е, ё)과 연음기호 (ь)앞에서 연음화되어 [ㅉ+ㄸ]로 발음	<u>т</u>екст, <u>т</u>игр, ес<u>т</u>ь
	"д"에 상응하는 무성자음으로 유성자음 (б, в, г, д, ж, з) 앞에서 동화되어 "ㄷ"로 발음	фу<u>т</u>бо́л, о́<u>т</u>дых
Ф ф	영어의 [f]와 비슷 윗니의 끝을 아랫입술에 대고 발음	факт, фильм, шеф
Х х	우리말의 "ㅎ"과 "ㅋ"의 중간에 위치한 소리로 혀가 뒤로 당겨짐	хор, храм, му́ха
Ц ц	우리말의 "ㅉ", 영어의 [ts]와 비슷 **항상 경자음으로 발음**	цвет, лицо́ цех [цэх]
Ч ч	우리말의 "ㅊ"과 비슷 **항상 연음으로 발음**	чек, чёрт, ночь ч<u>а</u>й [ч<u>я</u>й]
Ш ш	우리말의 "쉬", 영어의 [ʃ]와 비슷 **항상 경자음으로 발음**	шар, штат, шкаф, душ
Щ щ	[ʃ]를 "이"를 발음하듯이 길게 하여 "쉬샤"로 발음 **항상 연음으로 발음**	щи, щит, борщ

(4) 자음 (согла́сные зву́ки)의 소리 구분

두 입술소리			두 입술로 공기 흐름을 막았다가 열면서 내는 소리
б	[б]	[б́]	брат бум бой бис бюст бюро́
м	[м]	[м́]	мама май дом мир мёл мель
п	[п]	[п́]	порт поп пар пик пе́на

발음 Tip [́] : 앞자음이 연자음임을 나타내는 발음표시로서 [이]를 입속으로 집어삼키듯이 짧게 발음한다.

이-입술소리			아랫입술을 윗니에 대었다가 떨어뜨리면서 내는 소리
в	[в]	[в́]	вот вам вон век вверх вяз
ф	[ф]	[ф́]	фон факт флот фильм финт

잇소리			혀끝을 윗니 안쪽에 대고 내는 소리
д	[д]	[д́]	дом дно два день дед дя́дя
з	[з]	[з́]	зонт зал зной зять зигза́г
л	[л]	[л́]	лавр лук бал люк лес лис
н	[н]	[н́]	но́мер слон нос нёс нить Ни́на
с	[с]	[с́]	сон сто спор сяк сям сюда́
т	[т]	[т́]	торт там тут течь тётя тесть

센입천장소리			혀의 앞부분을 센입천장에 대었다가 떼면서 내는 소리
й	[й]		рай сайт край чай
ч	[ч́]		час чай член чек чёрт
щ	[щ́]		щу́ка тёща щёлк щи щит

발음 Tip ч, щ : 연자음이라서 이 뒤에 오는 경모음 a, y는 각각 [я], [ю]로 발음한다.

여린입천장소리			혀의 뒷부분을 여린입천장에 대면서 내는 목청소리
г	[г]	[ѓ]	го́ре газ гид гейм ги́ря
к	[к]	[ќ]	край курс клей кем кино́ кюри́
х	[х]	[х́]	хор хан вверх хи́мик хек

잇몸소리			혀끝을 잇몸에 대고 내는 소리
ж	[ж]		жар жук жу́лик жир жизнь
р	[р]	[р́]	рад рак рай рис рёв ряд
ц	[ц]		царь цвет цех центр цирк
ш	[ш]		шар шеф шея шёлк США

발음 Tip ж, ц, ш : 경자음이라서 이 뒤에 오는 연모음 e, и는 각각 [э], [ы]로 발음한다.

3. 발음규칙

(1) 문자(33개)

모음(10)	경모음(단모음)	а ы у э о
	연모음(복모음)	я и ю е ё
자음(21)		б в г д з й к л м н
		п р с т ф х ц ч ш щ
기호(2)		ь(연음기호) ъ(경음기호)

① 경모음 а, ы, у, э, о와 연모음 и만이 원래의 모음을 나타낸다.
② 연모음 я, ю, е, ё는 [자음 й]와 경모음이 결합된 것으로, 즉
  я=[й+а], ю=[й+у], е=[й+э], ё=[й+о]이다.

(2) 경모음과 연모음의 대응관계 (명사, 형용사, 대명사 격변화에 중요한 역할)

경모음	а	ы	у	о
	∣	∣	∣	∧
연모음	я	и	ю	е ё

☺주의! 모음 э는 이러한 대응관계에서 제외되며, 경모음 о는 연모음 е와 ё 둘 모두에 대응한다.

(3) 경자음과 연자음 : 자음은 뒤따라오는 경·연모음의 영향을 받아 둘로 나뉜다.

경자음 (보통자음)	자음 + а ы у э о
연자음 (구개음화된 자음)	자음 + я и ю е ё ь

☺주의! 연자음 : 혀의 가운데 부분이 센입천장 쪽으로 올라가면서 구개음으로 나는 자음이다.

① ж, ш, ц : 항상 경자음
② ч, щ, й : 항상 연자음
③ г, к, х : 모음 е와 и 앞에서만 연자음
④ ж, ш, ч, щ 뒤에 연음기호 ь가 있건 없건 발음은 같으나, 문법적으로는 남성·여성 명사의 구분이 가능하다.
  (ж, ш, ч, щ 뒤에 연음기호 ь가 있으면 여성명사, ь가 없으면 남성명사이다.)
⑤ 음소가 달라지는 자음 Д +я, и, ю, е, ё, ь =[д́]⇒[ㅈ + ㄷ]   ◉ дя́дя
               Т +я, и, ю, е, ё, ь =[т́]⇒[ㅉ + ㄸ]   ◉ тётя, есть

 [´] : [이를 입속으로 집어삼키듯이 짧게 발음한다.]

(4) 단어 읽는 방법

① 러시아어는 음성문자(표음문자)로서 쓰인 대로 읽는다.
② 한 단어의 음절수는 그 안에 있는 모음의 수와 같다.
③ 단어에는 ударе́ние(강세)가 하나씩 있으며 위치는 고정되어 있지 않다.
④ 철자가 같은 단어라도 강세의 위치에 따라 뜻이 달라지는 경우가 있다.

(5) 모음의 발음규칙   ударе́ние (강세, 역점, 악센트)   정확하고! 길고! 강하게!

- ударе́ние 있는 모음 : 정확하고 길고 강하게 발음한다.
- ударе́ние 없는 모음 : 약하고 짧고 애매하게 발음한다. ▶ **모음약화**

① ударе́ние 없는 a, o가 들어 있는 음절의 발음

위치	발음	예	
단어 맨 앞에 올 경우	[아]처럼	о́кно́ 창문	а́лло́ 여보세요
강세 바로 앞	[아]처럼	ро́ма́н 소설	га́зе́та 신문
단어 맨 끝에 올 경우	[어+아]처럼	спаси́бо 고마워요	ма́ма 어머니
그 이외의 자리	[어]처럼	хорошо́ 좋아요	са́хар 설탕

발음 Tip [어+아]처럼 : [어]로 짧게 시작해서 [아]로 끝나는 듯한 발음

② ударе́ние 없는 я, е가 들어 있는 음절의 발음

위치	발음	예	
단어 맨 앞에 올 경우	[이+에]처럼	язы́к 언어	еда́ 식사
강세 바로 앞 또는 뒤	[이]처럼	весна́ 봄	па́мять 기억
단어 맨 끝에 올 경우	[이+아]처럼 [이+에]처럼	неде́ля 일주일 мо́ре 바다	и́мя 이름 по́ле 들판

발음 Tip
[이+에]처럼 : [이]로 시작해서 [에]로 짧게 끝나는 듯한 발음
[이+아]처럼 : [이]로 짧게 시작해서 [아]로 끝나는 듯한 발음
[이+에]처럼 : [이]로 짧게 시작해서 [에]로 끝나는 듯한 발음

③ ы, и, у, ю, э : 본래의 음가가 바뀌지 않는다. 다만 강세가 있으면 길고 강하게 발음하며, 강세가 없으면 짧고 약하게 발음한다.

④ ё : 강세를 포함하고 있는 모음으로 항상 길고 강하게 발음한다.

(6) 유성자음(зво́нкие согла́сные)과 무성자음 (глухи́е согла́сные)

유성자음	б в г д ж з	-	л м н р
무성자음	п ф к т ш с	х ц ч щ	-

☺주의! х, ц, ч, щ는 대응하는 유성자음이 없으며, л, м, н, р는 대응하는 무성자음이 없다.

① 단어 끝에 오는 유성자음은 항상 대응하는 무성자음으로 발음한다. 🎧

хле<u>б</u>	б	⇒	**[п]**	빵	го́лу<u>бь</u>	бь	⇒	**[пь]**	비둘기
Кие<u>в</u>	в	⇒	**[ф]**	끼예프(도시)	любо́<u>вь</u>	вь	⇒	**[фь]**	사랑
сне<u>г</u>	г	⇒	**[к]**	눈(雪)	☺주의! г, к 뒤에는 ь를 쓸 수 없다.				
са<u>д</u>	д	⇒	**[т]**	정원	тетра́<u>дь</u>	дь	⇒	**[ть]**	공책
му<u>ж</u>	ж	⇒	**[ш]**	남편	ро<u>жь</u>	жь	⇒	**[ш-]**	호밀
ра<u>з</u>	з	⇒	**[с]**	번, 회	свя<u>зь</u>	зь	⇒	**[сь]**	연결

② 역행동화 : 두 자음이 이어서 소리 날 때, 앞의 자음이 뒤의 자음을 닮아 소리나는 현상이다. (이 현상은 두 개의 단어 사이에서도 일어난다.) 🎧

| 유성자음+무성자음⇒무성자음+무성자음 | | | | | 무성자음+유성자음⇒유성자음+유성자음 | | | | |

ска́<u>з</u>ка	з	⇒	**[с]**	옛날 이야기	фу<u>т</u>бол	т	⇒	**[д]**	축구
<u>в</u>кус	в	⇒	**[ф]**	기호, 맛	э<u>к</u>за́мен	к	⇒	**[г]**	시험
ло́<u>ж</u>ка	ж	⇒	**[ш]**	숟가락	<u>с</u>бор	с	⇒	**[з]**	집합
<u>в</u> кино́	в	⇒	**[ф]**	영화관으로	<u>к</u> бра́ту	к	⇒	**[г]**	형제한테

☺주의! в : в는 뒤에 모음이 따라 나올 경우 앞에 있는 무성자음을 유성음화시키지 않는다.

예 твой, свет, свёкла

(7) 경음기호(твёрдый знак)와 연음기호(мя́гкий знак) 🎧

경음기호 ъ	분리기호로서 앞부분과 뒷부분을 띄어서 읽는다. съесть съел подъём
연음기호 ь	앞에 오는 자음이 연자음임을 나타내는 기호(['])로 [이]를 입속으로 집어삼키듯이 짧게 발음한다. мать то́лько семья́ слова́рь рожь

① ж, ш는 뒤에 연음기호 ь가 있어도 항상 경자음으로 발음한다.　　예 мы<u>шь</u> [ш] 쥐
② ч, щ는 뒤에 연음기호 ь가 없어도 항상 연자음으로 발음한다.　　예 вра<u>ч</u> [ч'] 의사

4. 철자규칙 (орфогра́фия)

러시아어 단어를 쓰는 데는 다음과 같은 일정한 철자규칙이 있다.

(1) г, к, х, ж, ч, ш, щ 뒤에는 ы, я, ю를 쓸 수 없으며, 대신 대응하는 и, а, у로 쓴다.
(2) ц 뒤에는 연모음 я, ю를 쓸 수 없으며, 대신 대응하는 경모음 а, у로 쓴다.
(3) г, к, х, ц 뒤에는 ё와 ь를 쓸 수 없다.
(4) ж, ч, ш, щ, ц 뒤에는 강세있는 о́, 또는 강세없는 е가 쓰인다.
(5) ж, ш, ц는 항상 경자음이다. 그 뒤에 오는 е, и는 각각 [э], [ы]로 발음한다.
(6) ч, щ는 항상 연자음이다. 그 뒤에 오는 а, у는 각각 [я], [ю]로 발음한다.
(7) э로 시작하는 단어는 э́тот와 이것에서 나온 변형 외에는 대부분 외래어이다.

5. ИК(Интонацио́нная констру́кция) : 억양구조 🎧

(1) ИК1　- 서술문　　　　　　　　Это стол.

　　　　　　　　　　　　　　　　Он там.

(2) ИК2　- 의문사 있는 의문문　　Кто э́то?

　　　　　　　　　　　　　　　　Что де́лает твой брат?

(3) ИК3　- 의문사 없는 의문문　　Это стол?

　　　　　　　　　　　　　　　　Он там?

(4) ИК4　- 접속사 а을 갖는 의문문　Я студе́нт. А вы?

　　　　　　　　　　　　　　　　Меня́ зову́т Юри. А тебя́?

(5) ИК5　- 감탄문　　　　　　　Кака́я прекра́сная пого́да!

　　　　　　　　　　　　　　　　Како́е си́нее мо́ре!

РАЗДЕЛ I

ДОМ РУССКОГО ЯЗЫКА

УРОК 01 первый | Вот студéнт.

ЧТЕНИЕ 읽기

Вот студéнт. Вот стол.

Вот газéта. Вот кóмната.

Вот окнó. Вот письмó.

Это Рýсский музéй.

Это пéсня «Веснá».

Это Чёрное мóре.

Это рýсский словáрь.

Это мáленькая тетрáдь.

Ивáн – это рýсское и́мя.

안녕하세요!
Здрáвствуй!
Здрáвствуйте!
Привéт!

СЛОВА 단어

· вот	(여기에) ~있다	· Рýсский музéй	러시아 박물관
· э́то	(이것은) ~이다	· пéсня	노래
· студéнт	남자 대학생	· веснá	봄
· студéнтка	여자 대학생	· мóре	바다
· стол	책상, 탁자, 식탁	· Чёрное мóре	흑해
· газéта	신문	· словáрь (м.남성)	사전
· кóмната	방	· мáленькая	작은
· окнó	창문	· тетрáдь (ж.여성)	공책
· письмó	편지, 문서, 글자	· рýсское	러시아의
· музéй	박물관	· и́мя (с.중성)	이름

ГРАММАТИКА 문법

1 << 단독주어

(1) Вот ~ . 〈 ~이 있다.〉 : (어떤 대상을 가리키면서) 사람, 사물의 존재 표현

    Вот Ива́н.　　　　　　　　　　(여기에) 이반이 있습니다.

    Вот кни́га.　　　　　　　　　　(여기에) 책이 있어요.

(2) Это ~ . 〈 ~이다.〉 : (어떤 대상을 가리키면서) 소개, 사람의 직업, 사물의 내용 설명

    Это бизнесме́н.　　　　　　　(이분은) 사업가입니다.

    Это во́дка.　　　　　　　　　(이것은) 보드까예요.　　☺ **주의!** 문맥에 따라 이/그/저로 해석

2 << 〈있다〉, 〈이다〉에 해당하는 동사 есть 생략

〈책이 있다〉, 〈사업가이다〉와 같은 문장에서 〈~이 있다〉 〈~이다〉에 해당되는 동사 быть의 현재형 есть는 보통 사용하지 않는다. (말하는 사람의 관심이 존재 그 자체에 있을 때는 есть 사용)

3 << 명사(и́мя существи́тельное)의 성 : 철자로 구분되는 문법적인 성

수 \ 성	단수 어미		예
남성 мужско́й род	-자음	-й　　-ь	дом, стол, студе́нт, журна́л, музе́й, геро́й, день, слова́рь
여성 же́нский род	-а	-я　　-ь	ко́мната, студе́нтка, ро́за, пе́сня, земля́, тетра́дь, жизнь
중성 сре́дний род	-о	-е(-ё)　-мя	окно́, сло́во, письмо́, де́ло, мо́ре, по́ле, бельё, и́мя, вре́мя
	경변화	연변화	

① 남성명사의 경우 자연적인 성에 의하여 예외적인 어미를 갖기도 한다.　　예 па́па(아빠), дя́дя(아저씨)

② -ь로 끝나는 남성·여성명사 : 무조건 암기

   -жь -шь -чь -щь
   -ость -есть

로 끝나는 단어는 대부분 여성명사이다.

   예 ночь(밤), ложь(거짓), но́вость(새로움, 뉴스), по́весть(중편소설)

③ 경변화, 연변화 : 명사의 단수 어미에서 나타나는 경-연모음의 대응관계

경모음	а	ы	у	о
연모음	я	и	ю	е ё

ГРАММАТИКА 문법

4<< 단수 (еди́нственное число́)로만 사용하는 명사

- 고유명사 : Коре́я 한국, Росси́я 러시아, Москва́ 모스끄바, Сеу́л 서울
- 물질명사 : молоко́ 우유, мя́со 고기, са́хар 설탕, рис 쌀, зо́лото 금
- 집합명사 : молодёжь 젊은이들, крестья́нство 농민, челове́чество 인간
- 추상명사 : капитали́зм 자본주의, пра́вда 진실, образова́ние 교육

5<< 의문문 (вопроси́тельное предложе́ние)

(1) 의문사가 없는 의문문

어순이 서술문과 동일하면서 〈예〉, 〈아니오〉의 대답을 구하는 낱말에서 억양이 올라간다.

– Это кни́га? – Да, э́то кни́га. / – Нет, э́то не кни́га.
– Он говори́т по-ру́сски? – Да, говори́т. / – Нет, не говори́т.

(2) 의문사가 있는 의문문

– Кто он? – Он инжене́р.
– Что э́то? – Э́то кни́га.
– Как дела́? – Всё хорошо́.

(3) 의문소사가 있는 의문문 ➡ 59과

ли〈~인가, 아닌가〉, ра́зве〈정말로 ~일까〉, неуже́ли〈과연 ~일까〉가 있는 의문문으로 의문의 뜻 이외에 의혹·놀라움을 나타낸다.

Хорошо́ ли? Зна́ете ли вы, когда́ бу́дет собра́ние?
Ра́зве ты не зна́ешь об э́том?
Неуже́ли он был до́ма?

УПРАЖНЕНИЯ 연습문제

1 여기에 집(дом)이 있다.
2 여기에 사전과 책(кни́га)이 있어요.
3 이것은 교과서(уче́бник)예요.
4 저 사람이 이반(Ива́н)이에요? 예(Да), 이반이에요.
5 이 분이 나따샤(Ната́ша)예요? 아니요(Нет), 나따샤가 아니에요(не). ☞ 3과 (не+부정사항)

УРОК 02 второй | Это студе́нты.

ЧТЕ́НИЕ

Это студе́нты. Это столы́.

Это газе́ты. Это ко́мнаты.

Это о́кна. Это пи́сьма.

Вот музе́и. Вот словари́.

Вот пе́сни. Вот тетра́ди.

Вот моря́. Вот имена́ – Алекса́ндр, Серге́й, И́горь.

안녕히 가세요! 또 만나요!
До свида́ния.
До встре́чи!
Пока́!

СЛОВА́

· студе́нт	→	студе́нты	경변화	(끝자음 뒤에 ы 추가)
· стол	→	столы́	경변화	(끝자음 뒤에 ы 추가)
· музе́й	→	музе́и	연변화	(й → и로 교체)
· слова́рь	→	словари́	연변화	(ь → и로 교체)
· газе́та	→	газе́ты	경변화	(а → ы로 교체)
· ко́мната	→	ко́мнаты	경변화	(а → ы로 교체)
· пе́сня	→	пе́сни	연변화	(я → и로 교체)
· тетра́дь	→	тетра́ди	연변화	(ь → и로 교체)
· окно́	→	о́кна	경변화	(о → а로 교체)
· письмо́	→	пи́сьма	경변화	(о → а로 교체)
· мо́ре	→	моря́	연변화	(е → я로 교체)
· и́мя	→	имена́	연변화	(мя → мена로 교체)

ГРАММАТИКА 문법

1 명사의 복수 (мно́жественное число́)

성 \ 수	복수 어미			예
남성(м.)	-ы	-и	-и	столы́, студе́нты, журна́лы, музе́и, словари́
여성(ж.)	-ы	-и	-и	газе́ты, ко́мнаты, ро́зы, пе́сни, тетра́ди
중성(с.)	-а	-я	-мена	о́кна, слова́, пи́сьма, моря́, имена́, времена́
	경변화	연변화		

① 자음으로 끝나는 남성명사만 복수 어미 -ы가 첨가되고 나머지는 원래 갖고 있던 마지막 철자(й, ь, а, я, о, е)를 모음 -ы, -и, -а, -я 등으로 교체시킨다.
② 경변화, 연변화 : 명사의 복수 어미에서 나타나는 경-연모음의 대응관계

```
경모음 : а  ы  у  о
         |  |  |  ∧
연모음 : я  и  ю  е ё
```

2 철자규칙 : 러시아어 단어를 쓸 때 다음과 같은 일정한 법칙이 있다.

г, к, х, ж, ч, ш, щ 뒤에는 -ы를 쓸 수 없으며, 이에 대응하는 -и를 쓴다.

слог	сло́ги	음절(들)
студе́нтка	студе́нтки	여대생(들)
кни́га (복수 어미 **ы** ⇒ **и**로 교체)	кни́ги	책(들)
врач	врачи́	의사(들)
каранда́ш	карандаши́	연필(들)

3 복수로 사용하는 명사

- 짝을 이룬 사물·사람 : очки́ 안경, но́жницы 가위, брю́ки 바지, роди́тели 부모
- 동종 물질의 총체 : духи́ 향수, консе́рвы 통조림, де́ньги 돈, проду́кты 식료품
- 수량 측정 기구 : часы́ 시계, весы́ 저울, счёты 계산기
- 기타 : су́тки 주야, кани́кулы 방학, ша́хматы 서양장기, вы́боры 선거, по́хороны 장례식

УПРАЖНЕНИЯ 연습문제

1 여기에(здесь) 책상들이 있어요.
2 저기에(там) 신문들과 잡지(журна́л)들이 있다.
3 저 사람들은 배우(арти́ст)들이야.
4 저것들은 사전들입니다.
5 학생들이 어디에(где) 있지?

УРОК 03 третий | Кто это?

ЧТЕНИЕ

– Кто это? – Это студент.

– Он русский? – Да, он русский.

– А она кореянка или японка? – Она кореянка.

– Кто вы? – Я инженер.

– Вы тоже инженер? – Нет, я не инженер, а музыкант.

– Что это? – Это книга.

– А что это? Это тоже книга? – Нет, это не книга, а журнал «Театр».

СЛОВА 단어

кто	누구?	вы	당신들, 당신(정중한 표현)
он	그, 그것(남성명사)	я	나, 저
русский (м.)	러시아인	инженер [инжынер]	엔지니어
русская (ж.)	러시아인	тоже [тожэ]	역시, 또한
да	예, 그렇다	нет	아니오, 그렇지 않다
а	그러면(화제의 전환)	не + 부정사항	~가 아니다, ~지 않는다
она	그녀, 그것(여성명사)	не А, а Б	А가 아니라 Б이다
кореец	한국사람	музыкант	음악가
кореянка	한국사람	что [што]	무엇?
японец	일본사람	книга	책
японка	일본사람	журнал	잡지
или	또는	театр	예술극장, 연극

ГРАММАТИКА 문법

1<< 활동체 명사에 대한 의문문 : 사람의 직업, 신분, 이름 묻기

– Кто э́то? : (이/그/저 분은) 누구예요?
– Э́то профе́ссор.
– Э́то журнали́стка.

☺주의! 이/그/저는 문맥에 따라 판단하고 이해한다.

2<< 비활동체 명사에 대한 의문문 : 사물에 대해 묻기

– Что э́то? : (이/그/저것은) 무엇이에요?
– Э́то кни́га.
– Э́то шокола́д.

☺주의! 이/그/저는 문맥에 따라 판단하고 이해한다.

3<< 인칭대명사 (ли́чные местоиме́ния)

수 인칭	단수		복수	
1인칭	я	나, 저	мы	우리
2인칭	ты	너 *친근함의 표현	вы	당신들, 너희들 당신 *정중함의 표현
3인칭	он она́ оно́	그, 그것(남성명사) 그녀, 그것(여성명사) 그것(중성명사)	они́	그들, 그것들(복수명사)

① 2인칭이 한 사람일 경우 : 친근함의 표현으로 ты, 정중함의 표현으로 вы를 사용한다.
② 3인칭은 사람뿐만 아니라 사물도 의미한다.

4<< 부정사 не

| не + 부정사항 | ⟨ ~가 아니다⟩, ⟨ ~지 않는다⟩

[ни]

Он не студе́нт. 그는 대학생이 아니다.
Я не рабо́таю. 나는 일하고 있지 않다.

ГРАММАТИКА 문법

> **не А, а Б.** ⟨А가 아니라, Б이다⟩

Он не студе́нт, а шко́льник. 그는 대학생이 아니라, 고등학생이다.
Моя́ семья́ не здесь, а там. 내 가족은 여기 있지 않고, 저기 있다.

5 ≪ 직업 : Кто вы по профе́ссии?

юри́ст	법률가	секрета́рь(-рша)	비서
инжене́р	기술자	журнали́ст(ка)	신문기자
адвока́т	변호사	бизнесме́н(ка)	사업가
врач	의사	продаве́ц(-вщи́ца)	판매원
медсестра́	간호사	милиционе́р	경찰
хи́мик	화학자	учи́тель(ница)	교사
фи́зик	물리학자	перево́дчик(-чица)	번(통)역가

6 ≪ 국가, 민족, 언어 : Кто вы по национа́льности?

국가(страна́)	민족(национа́льность)		언어(язы́к)
	남성 (м.)	여성 (ж.)	
Коре́я 한국	коре́ец	корея́нка	коре́йский язы́к
Кита́й 중국	кита́ец	китая́нка	кита́йский язы́к
Япо́ния 일본	япо́нец	япо́нка	япо́нский язы́к
И́ндия 인도	инди́ец	индиа́нка	инди́йский язы́к (хи́нди)
Герма́ния 독일	не́мец	не́мка	неме́цкий язы́к
Фра́нция 프랑스	францу́з	францу́женка	францу́зский язы́к
А́нглия 영국	англича́нин	англича́нка	англи́йский язы́к
Аме́рика 미국	америка́нец	америка́нка	америка́нский язы́к
Испа́ния 스페인	испа́нец	испа́нка	испа́нский язы́к
Росси́я 러시아	ру́сский	ру́сская	ру́сский язы́к

УПРАЖНЕНИЯ 연습문제

1 이거 뭐예요? 그것은 트리(ёлка)예요.
2 저 분은 누구죠? 화가(худо́жник)예요.
3 저것들은 뭐예요? 그림(карти́на)들이에요.
4 그 사람은 뭐 하시는 분이세요? 사업하세요(бизнесме́н).
5 제 가족(семья́)입니다. 엄마(мать), 아빠(оте́ц) 그리고 여동생(мла́дшая сестра́) Ка́тя예요.

то́же [то́жэ] : ж는 경자음이라서 그 뒤에 오는 e는 [э]로 발음한다.

어디서 오셨어요?
– Отку́да вы ?
– Я коре́ец (корея́нка). Из Коре́и. Из Сеу́ла.

대한민국 : Респу́блика Коре́я
미합중국 : США (Соединённые Шта́ты Аме́рики)
러시아 연방 : Росси́йская Федера́ция
독립국가연합 : СНГ (Содру́жество незави́симых госуда́рств)

УРОК 04 четвёртый | Чей это дом?

ЧТЕНИЕ 읽기

– Чей это дом? – Это мой дом.

– Чья это школа? – Это моя школа.

– Чьё это фото? – Это моё фото.

– Чьи это студенты? – Это мои студенты.

– Чья это семья? – Это наша семья.

– Это ваш отец? – Да, мой отец, он журналист.

– Это ваша мать? – Да, моя мать, она домохозяйка.

– Это твой брат? – Да, мой брат, он школьник, перевоклассник.

– Это твоя сестра? – Да, моя сестра, она школьница, пятиклассница.

СЛОВА 단어

• чей, чья, чьё, чьи	누구의 (것)?	• мать (ж.)	어머니, 엄마(мама)
• дом	집, 건물 (мн.ч. *дома*)	• домохозяйка	주부 (주인 хозяин/хозяйка)
• мой, моя, моё, мои	나의 (것)	• брат	남자형제 (мн.ч. *братья*)
• школа	학교	• сестра	여자형제 (мн.ч. *сёстры*)
• фото (с.불변)	사진	• школьник	남학생 (초·중·고)
• семья	가족	• перевоклассник	1학년 남학생
• отец	아버지, 아빠(папа)	• школьница	여학생 (초·중·고)
• журналист	신문기자	• пятиклассница	5학년 여학생

ГРАММАТИКА 문법

 소유대명사 (притяжа́тельные местоиме́ния)

사람이나 사물의 소유를 나타내는 대명사로 **수식하는 명사와 성·수·격이 일치**한다.

성·수 인칭	단수			복수	의미
	남성	여성	중성		
я	мой	моя́	моё	мои́	나의 (것)
ты	твой	твоя́	твоё	твои́	너의 (것) *친근함의 표현
мы	наш	на́ша	на́ше	на́ши	우리의 (것)
вы	ваш	ва́ша	ва́ше	ва́ши	당신들 (것), 당신의 (것) *정중함의 표현
он/оно́	его́ [иво́]	절대불변			그의 (것), 그것의
она́	её	수식하는 명사의 성·수·격과 관계없이 한 가지 형태이다.			그녀의 (것), 그것의
они́	их				그들의 (것), 그것들의
кто/что	Чей?	Чья?	Чьё?	Чьи?	*누구의 (것)?*

① 2인칭 소유대명사 : 친근함의 표현으로 твой를, 정중함의 표현으로 ваш를 사용한다.
② 3인칭 소유대명사 : 수식하는 명사의 성·수·격과 관계없이 의미에 따라 его́, её, их를 사용한다.

 소유대명사의 한정적 용법과 서술적 용법

(1) **한정적 용법** : 명사 앞에 위치하여 그 명사를 수식한다. (성·수·격 일치)

　　Это // мой дом.　　　　　　이(그·저)것은 나의 집이다.
　　Это // моя́ тетра́дь.　　　　이(그·저)것은 나의 공책이다.
　　Это // моё пальто́.　　　　이(그·저)것은 나의 외투이다.

(2) **서술적 용법** : 명사(1격 주어)의 소유주를 설명한다. (성·수 일치)

　　Этот дом // мой.　　　　　이 집은 나의 것이다.
　　Эта тетра́дь // моя́.　　　이 공책은 나의 것이다.
　　Это пальто́ // моё.　　　　이 외투는 나의 것이다.

ГРАММАТИКА 문법

3<< 가족 (семья́)과 친척들 (ро́дственники)

мужчи́на 남자	же́нщина 여자
оте́ц 아버지	мать 어머니
сын 아들	дочь 딸
брат 형제	сестра́ 자매
ста́рший брат 오빠, 형	ста́ршая сестра́ 언니, 누나
мла́дший брат 남동생	мла́дшая сестра́ 여동생
де́душка 할아버지	ба́бушка 할머니
внук 손자	вну́чка 손녀
дя́дя 아저씨/고모부/이모부	тётя 아줌마/고모/이모
племя́нник 조카	племя́нница 조카
жени́х 약혼자	неве́ста 약혼녀
муж 남편	жена́ 아내
свёкор 시아버지	свекро́вь 시어머니
зять 사위	сноха́ 며느리
тесть 장인	тёща 장모

УПРАЖНЕНИЯ 연습문제

1 이 아이들은(э́то) 누구의 아이들(де́ти)이에요? 제 아이들입니다.
2 이건 누구의 외투(пальто́)예요? 제 거예요.
3 당신의 이름은 무엇입니까(как)?
4 당신의 성(фами́лия)은 무엇입니까(как)?
5 너의 건강(здоро́вье)은 어때(как)?

반갑습니다.

– Óчень прия́тно. – Óчень прия́тно.
– Дава́йте познако́мимся! Как вас зову́т? – Меня́ зову́т …

УРОК 05 пятый | Этот учебник мой.

ЧТЕНИЕ

Этот учебник мой.

Эта кошка моя.

Это пальто моё.

Эти очки мои.

Тот магнитофон не наш, а ваш.

– Та шляпа твоя? – Нет, та шляпа не моя, а твоя.

– Чьё это место? – Это ваше место.

Это наша аудитория. Это ваш класс.

Это её дом и сад. Это его квартира, не её.

Это Анна Ивановна, Виктор Петрович, их дети Катя и Саша.

СЛОВА

· этот, эта, это, эти	이	· аудитория	강의실
· учебник	교과서	· класс	교실
· кошка	고양이	· её (불변)	그녀의 (것), 그것의
· пальто (с.불변)	외투	· сад [сат]	정원
· очки	안경 (복수로 사용)	· его [иво] (불변)	그의 (것), 그것의
· тот, та, то, те	저, 그	· квартира	아파트
· магнитофон	녹음기	· их (불변)	그들의 (것), 그것들의
· шляпа	모자	· и	그리고
· место	자리, 좌석	· дети	아이들 (ед.ч. *ребёнок*)

ГРАММАТИКА 문법

1. 지시대명사 (указа́тельные местоиме́ния)

사람이나 사물의 위치를 나타내는 대명사로 **수식하는 명사와 성·수·격이 일치**한다.

성·수 인칭	단수			복수
	남성	여성	중성	
이	э́тот	э́та	э́то	э́ти
저	тот	та	то	*те

① 중성형 э́то는 단독주어로도 사용되는데 문맥에 따라 〈이것(들)은, 저것(들)은, 그것(들)은, 이 사람(들)은, 저 사람(들)은, 그 사람(들)은〉으로 다양하게 해석된다.
② 질문: Како́й?, Кака́я?, Како́е?, Каки́е?

2. 단독주어 또는 지시대명사로 사용되는 э́то

(1) 단독주어 : Что э́то? Кто э́то?

　　Э́то // мой учи́тель.　　　이(그·저)분은 나의 선생님이다.
　　Э́то // моя́ ру́чка.　　　　이(그·저)것은 나의 볼펜이다.
　　Э́то // моё фо́то.　　　　이(그·저)것은 나의 사진이다.

(2) 지시대명사 : Како́е?

　　Э́то ме́сто // моё.　　　　이 자리는 제 자리예요.
　　Э́то фо́то // краси́вое.　　이 사진은 아름답다.
　　Э́то мо́ре // глубо́кое.　　이 바다는 깊다.

УПРАЖНЕ́НИЯ 연습문제

1　이 컴퓨터(компью́тер)는 누구 거니? (그것은) 내 것입니다.
2　저 가수(певе́ц)는 우리의 친구(друг)예요.
3　저 원피스(пла́тье)는 누구의 것입니까? (그것은) 그녀의 것인데요.
4　이 운동화(кроссо́вки)는 그의 것입니다.
5　저 대학생은 1학년생(первоку́рсник)입니다.

УРОК 06 шестой | Где ва́ша сестра́?

ЧТЕНИЕ 읽기

– Где ва́ша сестра́? – Она́ до́ма.

– Ваш брат то́же до́ма? – Да, он то́же до́ма.

– Где твой компью́тер и при́нтер? – Они́ тут ря́дом.

– Кто там? – Там моя́ дочь Ири́на и мой сын Серге́й.

– Что здесь? – Здесь наш альбо́м.

– Где твой каранда́ш? – Он тут, сле́ва.

– А где твоя́ ру́чка? – Она́ там, спра́ва.

– Здра́вствуй, А́нна! Как ты? Как дела́? – Хорошо́.

회화 Tip
어떻게 지내세요?
– Как дела́?
– Прекра́сно.
  Отли́чно.
  Пло́хо.
  Ничего́.

СЛОВА 단어

- где — 어디에 (있다)?
- до́ма — 집에 (있다)
- компью́тер [кампью́тэр] — 컴퓨터
- при́нтер [при́нтэр] — 프린터
- тут — 여기에 (있다)
- ря́дом — 옆에 (있다)
- там — 저기에, 거기에 (있다)
- дочь — 딸 (мн.ч. *до́чери*)
- сын — 아들 (мн.ч. *сыновья́*)
- здесь — 여기에 (있다) (= тут)
- альбо́м — 앨범
- каранда́ш — 연필
- сле́ва — 왼쪽에 (있다)
- ру́чка — 볼펜 (ша́риковая ~)
- спра́ва — 오른쪽에 (있다)
- как — 어때요? 어떻게?
- де́ло — (하는) 일, 용무, 사정
- хорошо́ — 좋다, 잘, 훌륭히

ГРАММАТИКА 문법

1 한 단어로 이루어진 장소 표현

Где? 어디에 (있다)?

где			
тут	여기에	там	저기에
наверху́ / вверху́	위에	внизу́	아래에
впереди́	앞에	позади́	뒤에
сле́ва	왼쪽에	спра́ва	오른쪽에
		напро́тив	맞은편
		посреди́не	한가운데

2 한 단어로 이루어진 방향 표현

Куда́? 어디에 (가다/오다)? 어디로 (가다/오다)?

Отку́да? 어디에서 (오다/가다)? 어디로부터 (오다/가다)?

куда		откуда	
сюда́	여기로	отсю́да	여기서부터
туда́	저기로	отту́да	저기서부터
напра́во	오른쪽으로	спра́ва	오른쪽에서부터
нале́во	왼쪽으로	сле́ва	왼쪽에서부터
вверх	위로	све́рху	위로부터
вниз	아래로	сни́зу	아래로부터
вперёд	앞으로	спе́реди	앞으로부터
наза́д	뒤로	сза́ди	뒤로부터

УПРАЖНЕНИЯ 연습문제

1 우리 집은 멀리(далеко́) 있어요.
2 네 자리는 바로(вот) 여기야.
3 너의 어머니 어디 계시니? 집에 계세요.
4 그들의 기숙사는(общежи́тие) 어디에 있어요? 그것은 오른쪽에 있습니다.
5 옆에는 호수(о́зеро)가 있고, 주위에는(круго́м) 숲(лес)이 있습니다.

УРОК 07 седьмой | Какой это журнал?

ЧТЕНИЕ

– Какой это журнал? – Это новый журнал.

– Какая это газета? – Это старая газета.

– Какое это море? – Это синее море.

– Какие это розы? – Это красные розы.

Этот учитель добрый. Он талантливый и способный.

Эта юбка голубая. Она красивая.

Это пальто белое. Оно тёплое.

Эти столы большие. Они широкие.

Какая хорошая погода! Какое спокойное море!

– Спасибо большое! Огромное спасибо! – Пожалуйста. (= Не за что.)

СЛОВА 단어

- какой (-ая, -ое, -ие) 어떤? 어떠하다?
- новый 새로운
- старый 오래된, 낡은
- синий 푸른, 파란색(의)
- роза 장미
- красный 빨간, 빨간색(의)
- учитель (м.) 남자 선생님 (мн.ч. *учителя*)
- добрый 선량한, 좋은
- талантливый 재능있는
- способный 능력있는
- юбка [юпка] 치마
- голубой 하늘색(의)
- красивый 아름다운, 예쁜
- белый 하얀, 하얀색(의)
- тёплый 따뜻한
- большой 큰, 중요한
- широкий 넓은
- хороший 좋은, 훌륭한
- погода 날씨
- спокойный 고요한, 잔잔한
- спасибо 감사합니다
- огромный 아주 큰, 대단한

ГРАММАТИКА 문법

1 « 형용사 (и́мя прилага́тельное)

사람과 사물의 성질이나 상태를 표현하며 수식하는 명사와 성·수·격이 일치한다.

성·수 변화	단수 남성	단수 여성	단수 중성	복수		비고
경변화	но́вый -ый	но́вая -ая	но́вое -ое	но́вые -ые	새로운	
연변화	си́ний -ий	си́няя -яя	си́нее -ее	си́ние -ие	파란	
어간 끝이 ж ч ш щ로 끝나는 경우: 연변화 원칙	хоро́ший свéжий большо́й	хоро́шая свéжая больша́я	хоро́шее свéжее большо́е	хоро́шие свéжие больши́е	좋은 신선한 큰	① 철자규칙에 의해 г к х ж ч ш щ 뒤에는 -я와 -ы를 쓸 수 없으며, 이에 대응하는 -а와 -и를 쓴다.
어간 끝이 г к х로 끝나는 경우: 경변화 원칙	ру́сский стро́гий плохо́й	ру́сская стро́гая плоха́я	ру́сское стро́гое плохо́е	ру́сские стро́гие плохи́е	러시아의 엄격한 나쁜	② 어미에 강세가 올 경우, 경·연변화 상관없이 남성: -о́й 중성: -о́е
의문사	*Како́й?*	*Кака́я?*	*Како́е?*	*Каки́е?*	어떤?	

형용사 어미에서 나타나는 경-연모음의 대응관계

경모음:	а	ы	у	о
연모음:	я	и	ю	е ё

2 « 형용사의 한정적 용법과 서술적 용법

(1) 한정적 용법 : 명사 앞에 위치하여 그 명사를 수식한다. (성·수·격 일치)

    Э́то // большо́й теа́тр.   이(그·저)것은 큰 극장이다.

    Э́то // кра́сная ро́за.   이(그·저)것은 빨간색 장미이다.

(2) 서술적 용법 : 명사(1격 주어)의 상태나 특징을 설명한다. (성·수 일치)

    Э́тот теа́тр // большо́й.   이 극장은 크다.

    Э́та ро́за // кра́сная.   이 장미는 빨갛다.

3 감탄문 (восклица́тельное предложе́ние)

како́й/как로 시작하는 감탄문에는 억양의 중심이 두 곳에 위치한다.
첫 번째는 како́й/как이고, 두 번째는 이것이 수식하는 형용사와 부사이다.

Како́й большо́й дом!	집이 아주 크네요!
Како́е си́нее не́бо!	하늘이 참 푸르구나!
Как хорошо́!	정말 좋다!
Как жа́лко. Как жаль.	정말 안됐군요.

4 색 (цвет) : Како́го э́то цве́та?

а́лый	선홍색(의)	кра́сный	붉은색(의)
бе́лый	하얀색(의)	ора́нжевый	주홍색(의)
бро́нзовый	청동색(의)	ро́зовый	분홍색(의), 장미빛(의)
голубо́й	하늘색(의)	се́рый	회색(의)
жёлтый	노란색(의)	си́ний	파란색(의)
зелёный	녹색(의)	фиоле́товый	보라색(의)
кори́чневый	갈색(의)	чёрный	검은색(의)

5 의류 (оде́жда)

мужско́й костю́м	신사복	гото́вый костю́м	기성복
же́нский костю́м	숙녀복	костю́м на зака́з	맞춤복
шу́ба	모피 외투	га́лстук	넥타이
пиджа́к	재킷	ту́фли	구두
бельё	속, 내의	боти́нки	단화
руба́шка	와이셔츠	брю́ки	바지
блу́зка	블라우스	сви́тер [сви́тэр]	스웨터
носки́	양말	чулки́	스타킹

УПРАЖНЕНИЯ 연습문제

1 이것은 어떤 사전이에요? 노한(рýсско-корéйский) 사전입니다.
2 그런데(A) 그 사람은 어때요? 착하고 부지런해요(прилéжный).
3 날(день)이 정말 좋군요(прекрáсный)!
4 아주 좋은 생각(идéя)이야!
5 너의 방은 밝고(свéтлый) 아늑하다(ую́тный).

Дóброе ýтро!	아침인사
Дóбрый день!	낮인사
Дóбрый вéчер!	저녁인사

❀ Ты помнишь ли, Мария ❀

Ты ( ) ли, Мария,
Один ( ) дом
И липы вековые
Над дремлющим прудом?

Безмолвные аллеи,
Заглохший, ( ) сад,
В высокой галерее
Портретов ( ) ряд?

Ты ( ) ли, Мария,
( ) небосклон,
Равнины полевые,
Села ( ) звон?

За садом берег ( ),
( ) бег реки,
На ниве золотистой
Степные васильки?

И рощу, где впервые
Бродили мы один
Ты ( ) ли, Мария,
( ) дни?

А.К. Толстой (1817-1875)

УРОК 08 восьмой | У вас есть телефо́н?

ЧТЕ́НИЕ

– У вас есть телефо́н? – Да, есть. Тепе́рь у меня́ есть но́вый телефо́н.

– Пе́тя, у тебя́ есть вре́мя? – Да, есть.

– У него́ есть де́ньги? – К сожале́нию, нет.

– Како́й си́льный дождь! А у вас есть зонт? – Есть. Вот он.

– Како́й у тебя́ слова́рь? – У меня́ ру́сско-коре́йский слова́рь.

– У тебя́ есть а́нгло-ру́сский слова́рь? – Коне́чно, есть.

У нас есть библиоте́ка. Там есть уче́бники, словари́.

Вот наш сайт, там всё есть.

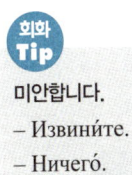
미안합니다.
– Извини́те.
– Ничего́.

СЛОВА́

- у вас — вы의 변화형(소유주)
- есть — 갖고 있다, 있다(강조)
- телефо́н — 전화, 전화기
- тепе́рь — 이제, 지금
- у меня́ — я의 변화형(소유주)
- у тебя́ — ты의 변화형(소유주)
- у него́ [униво́] — он의 변화형(소유주)
- де́ньги — 돈 (복수로 사용)
- к сожале́нию — 안타깝게도
- си́льный — 강한
- дождь [до́щть] (м.) — 비
- зонт — 우산
- ру́сско-коре́йский ~ слова́рь — 러-한의, 러·한 사전
- а́нгло-ру́сский — 영-러의
- коне́чно [кане́шна] — 물론
- у нас — мы의 변화형(소유주)
- библиоте́ка — 도서관
- сайт — 사이트 (= страни́чка)
- всё [фсё] — 모든 것

ГРАММАТИКА 문법

1 << 소유의 표현

$$\boxed{\text{У меня́ есть 1격 (кто/что)}.}$$ 나는 1격을 갖고 있다. 나에겐 1격이 있다.

(1) 전치사 y의 지배를 받은 я가 меня(2격)으로 교체되어 만들어진 표현 ⟨У меня⟩는 소유주의 의미를 나타낸다. 소유주를 물어보는 질문은 ⟨У кого?⟩이다.

я	У меня́		
ты	У тебя́		
мы	У нас		
вы	У вас	есть	кто/что .
он	У него́ [уни в о́]		
она́	У неё		
они́	У них		

☺주의! 소유대명사 его́, её, их와 구분한다.

(2) есть는 быть의 3인칭단수 현재형으로 위 관용구문에만 남아 소유의 표현에 사용된다. 존재여부를 물어보는 의문문이나 존재를 강조하는 문장 이외에는 есть를 생략한다.

2 << есть를 사용할 수 없는 경우

신체부위, 감정, 인격, 성격, 질병 등을 나타내는 명사에는 есть를 사용할 수 없다.

У меня́ све́тлые во́лосы.　　　내 머리는 금발이에요.
У неё грипп.　　　그녀는 독감에 걸렸어요.
У него́ откры́тый хара́ктер.　　　그의 성격은 개방적이에요.

УПРАЖНЕНИЯ 연습문제

1 그에게 형(ста́рший брат)이 있나요? 예, 있어요.
2 그녀에게 아이들이 있습니까? 그들은 모두(все) 어른(взро́слый)들인가요?
3 당신은 가족이 있나요? 식구가 많나요(대가족입니까)?
4 질문(вопро́с)이 있습니다.
5 그는 독감(грипп)에 걸렸어요.

КОНТРОЛЬНАЯ РАБОТА 쪽지시험

1 다음 명사의 복수형을 쓰세요.

(1) самолёт, журна́л, ма́ма, фа́брика, гость (강세 이동이 없음)

(2) сло́во, стол, слон, мо́ре, ме́сто, слова́рь (강세가 어미로 이동)

(3) рука́, страна́, земля́, гора́, нога́, ружьё (강세가 어간으로 이동)

2 다음 문장에서 사용된 복수형을 단수형으로 바꿔 쓰세요.

(1) – Чьи э́то кни́ги? – Мой.

(2) – Чьи э́то студе́нты? – Ва́ши.

(3) – Чьи э́то места́? – На́ши.

(4) – Чьи э́то словари́? – Твой.

(5) – Чьи э́то тетра́ди? – Его́.

3 다음 밑줄에 각각 э́тот, э́та, э́то, э́ти와 тот, та, то, те를 쓰세요.

(1) _____ пальто́ зелёное, _____ пальто́ кра́сное.

(2) _____ ю́бка се́рая, _____ ю́бка бе́лая.

(3) _____ боти́нки чёрные, _____ боти́нки жёлтые.

(4) _____ костю́м си́ний, _____ костю́м чёрный.

(5) _____ джи́нсы но́вые, _____ джи́нсы ста́рые.

4 다음 문장의 밑줄에 са́мый의 적당한 형태를 쓰세요.

(1) Эта де́вочка _____ до́брая.

(2) Вот _____ интере́сный фильм.

(3) Это мой _____ люби́мые стихи́.

(4) Како́е мо́ре _____ большо́е?

(5) Како́й вопро́с у вас _____ тру́дный?

5 다음 문장의 밑줄에 〈у меня́〉의 표현을 쓰세요.

(1) Ты изуча́ешь ру́сский язы́к, _____ есть ру́сский слова́рь?

(2) Его́ ма́ленькая до́чка не игра́ет, _____ есть игру́шки?

(3) Ва́ша ко́мната больша́я, _____ стол, стул и дива́н.

(4) Это наш оте́ц, _____ чёрные глаза́ и чёрные во́лосы.

(5) Ты блонди́нка, _____ све́тлые во́лосы.

УРОК 09 девятый | Где вы были вчера вечером?

ЧТЕНИЕ

– Где вы были вчера вечером?
  – Я была дома. У нас были гости.
– Миша, где твоя мама сейчас?
  – Она рядом. Она только что приехала.
– Юра, когда у тебя был урок?
  – Урок у меня был позавчера утром.
– Где был Сергей сегодня утром? Дома или на стадионе?
  – Он был дома.

Давным-давно здесь был мост. И было море.

Наша семья была дома. У нас был чудесный отпуск.

СЛОВА

- были — быть의 과거(복수형)
- вчера [фчира] — вчера
- вечером — 저녁에
- гость (м.) — 손님 (ж. гостья)
- сейчас [сичас] — 지금
- только что — 방금, 조금 전에
- приехать — 도착하다
- когда — 언제?
- урок — 수업, 과
- позавчера [пазафчира] — 그저께
- утром — 아침에
- сегодня [сиводня] — 오늘
- стадион — 경기장
- на стадионе — 경기장에 (где?)
- давным-давно — 오래 전에
- мост — 다리, 교량
- чудесный — 환상적인, 훌륭한
- отпуск — 휴가

ГРАММАТИКА 문법

1<< 동사 (глаго́л)

- 사물의 행위를 나타내는 동사는 과거 · 현재 · 미래시제를 갖는다.
- 현재시제와 미래시제는 인칭에 따라 변화하며, 과거시제는 성 · 수에 따라 변화한다.
- 같은 행위를 의미하나 지속 혹은 완료 여부에 따라 불완료상 · 완료상으로 구분한다. ➡ 43과

2<< 동사의 과거시제 (проше́дшее вре́мя)

(1) 말하는 시점을 기준으로 지나간 시점인 과거의 사실, 진행, 경험을 의미한다.

(2) 동사원형에서 어미 -ть를 떼고 과거어미 -л(남성), -ла(여성), -ло(중성), -ли(복수)를 추가한다.

과거어미 -л -ла -ло -ли   성 · 수 변화

동사원형 성 · 수	быть 있다/이다	знать 알다	говори́ть 말하다	писа́ть 쓰다	люби́ть 좋아하다
он / я / ты	бы л	зна л	говори́ л	писа́ л	люби́ л
она́ / я / ты	бы ла́	зна́ ла	говори́ ла	писа́ ла	люби́ ла
оно́	бы́ ло	зна́ ло	говори́ ло	писа́ ло	люби́ ло
они́ / мы / вы*	бы́ ли	зна́ ли	говори́ ли	писа́ ли	люби́ ли

① 동사 대부분이 -ть로 끝나지만, -ти́, -чь로 끝나는 동사도 있다.
  예) идти́ 가다(과거 шёл, шла, шло, шли), мочь 가능하다(과거 мог, могла́, могло́, могли́)
② 한 사람일 경우에도 사용되는 2인칭 대명사 вы는 당사자의 성과 상관없이 과거어미 -ли를 사용할 수 있다.

3<< сейча́с와 тепе́рь

сейча́с는 단순히 '지금, 당장, 현재'를 의미하고, тепе́рь는 이미 언급한 과거의 행위와 앞으로 언급하려는 행위를 시간적으로 대조시키는 '이제, 앞으로'를 의미한다.

Они́ сейча́с на конце́рте.

Тепе́рь он бу́дет писа́ть письмо́ по-ру́сски.

Что ты де́лаешь сейча́с?

Тепе́рь что мы де́лаем?

УПРАЖНЕНИЯ 연습문제

1. Véра, 어제 너 어디 있었니? 집에 있었어.
2. 그저께 우리 집에 손님들이 오셨어요.
3. 그의 집에 언제 여학생이 왔었니?
4. 아마(мо́жет быть) 어제 아침이었을걸.
5. 내 친구(друг)는 어디에 있었을까?

발음 Tip

① вчера́ [фчира́]: 유성자음 в가 뒤에 있는 무성자음 ч의 영향을 받아 [ф]로 발음한다.(역행동화)
② сейча́с [сича́с]: ч는 연자음이라서 그 뒤에 오는 а는 [я]로 발음한다.

단어 Tip 시간 부사 (когда́?)

позавчера́	그저께	послеза́втра	내일 모레	но́чью	밤에
вчера́	어제	у́тром	아침에	ра́ньше	전에
сего́дня	오늘	днём	낮에	ско́ро	곧
за́втра	내일	ве́чером	저녁에	сейча́с	지금

УРОК 10 десятый | Где вы будете завтра днём?

ЧТЕНИЕ

– Где вы будете завтра днём? – Завтра я буду дома.

– Ваша жена тоже будет дома? – Да, она будет дома, у нас будут гости.

Завтра будет прекрасный концерт «Белые ночи».

Моя подруга Мария будет на концерте. Её муж тоже будет там.

Послезавтра они будут дома.

И, может быть, твой друг Борис будет здесь.

– Какая погода будет завтра? – Будет ясная, но прохладная погода.

결혼하셨어요?
– Вы женаты? – Да, женат.(남자의 경우)
– Вы замужем? – Да, замужем.(여자의 경우)

СЛОВА

· будете	быть의 미래(вы형)	· белые ночи	백야
· завтра [зафтра]	내일	· подруга	친구
· днём	오후에, 낮에	· муж [муш]	남편 (мн.ч. *мужья*)
· жена [жына]	아내 (мн.ч. *жёны*)	· послезавтра	내일 모레
· прекрасный	멋진, 매우 훌륭한	· может быть (삽입어)	아마, 어쩌면
· концерт [канцэрт]	연주회, 콘서트	· друг [друк]	친구 (мн.ч. *друзья*)
· на концерте	연주회에 (где?)	· ясный	맑게 갠, 청명한
· ночь (ж.)	밤, 야간	· прохладный	서늘한, 냉랭한

ГРАММАТИКА 문법

1 << 동사의 현재시제(настоящее время)와 미래시제(будущее время) : 인칭 변화

변화종류 인칭	1식 동사	2식 동사	знать¹ 알다	быть¹ 있다/이다	говорить² 말하다
я	-ю (-у)	-ю (-у)	зна ю	буд у	говор ю
ты	-ешь (-ёшь)	-ишь	зна ешь	буд ешь	говор ишь
он/она́/оно́	-ет (-ёт)	-ит	зна ет	буд ет	говор ит
мы	-ем (-ём)	-им	зна ем	буд ем	говор им
вы	-ете (-ёте)	-ите	зна ете	буд ете	говор ите
они́	-ют (-ут)	-ят (-ат)	зна ют	буд ут	говор ят

① 현재(미래)시제는 인칭과 수에 따라 변화하며, 변화형태에 따라 1식·2식(변화)동사로 나뉜다.
② (1격)주어가 문맥상 명백할 경우 생략할 수 있다. 즉 동사 변화형으로 인칭을 알 수 있다.
③ 동일한 어미가 불완료상 동사에서는 현재시제를, 완료상 동사에서는 미래시제를 나타낸다.

2 << 합성미래 : быть 미래형 + инф(инфинитив 동사원형) ➡ 43과 : 단일미래

Что вы бу́дете де́лать за́втра? 뭐 하실 거예요?	
Я бу́ду изуча́ть ру́сский язы́к.	① 합성미래는 быть의 미래형과 동사원형을 결합하여 두 단어로 이루어진다. 이 외에도 한 단어로 이루어진 단일미래가 있다.
Ты бу́дешь чита́ть журна́л.	
Он/ Она́ бу́дет смотре́ть телеви́зор.	② 합성미래(불완료상)는 행위가 일어나지만 그것이 끝까지 행하여지는지 분명하지 않을 때 사용하며, 단일미래(완료상)는 행위가 시작되어 끝까지 행하여지는 것을 의미할 때 사용한다.
Мы бу́дем писа́ть письмо́.	
Вы бу́дете слу́шать ра́дио.	
Они́ бу́дут гото́вить уро́ки.	

УПРАЖНЕНИЯ 연습문제

1 내일 우리는 집에 있을 거예요.
2 왜(почему́)요? 왜냐하면(потому́ что) 우리 집에 손님들이 오실 겁니다.
3 모임(собра́ние)이 언제 있을 예정입니까? 모레 저녁이에요.
4 학교에서(в шко́ле) 연주회가 열릴 거예요.
5 곧(ско́ро) 겨울방학(зи́мние кани́кулы)이 있을 겁니다.

УРОК 11 Вы понима́ете по-ру́сски?

одина́дцатый

ЧТЕ́НИЕ

– Вы понима́ете по-ру́сски?
  – Да, я хорошо́ понима́ю по-ру́сски.
– Сейча́с он изуча́ет ру́сский язы́к?
  – Нет, ра́ньше он изуча́л ру́сский язы́к, но сейча́с совсе́м не изуча́ет.
– Зна́ете ли вы, что она́ понима́ет по-англи́йски?
  – Я зна́ю, что она́ чита́ет по-англи́йски.
– Где бы́ли вчера́ Андре́й и Ни́на?
  – Они́ вме́сте бы́ли до́ма. Он чита́л стихи́, а она́ слу́шала ра́дио.

이해하십니까?
– Вы понима́ете? – Да, понима́ю.
– Ты по́нял (поняла́)? – Да, по́нял (поняла́).

СЛОВА́

- понима́ть¹ — 이해하다, 알아듣다
- по-ру́сски — 러시아어(로)
- хорошо́ — 잘(하는)
- изуча́ть¹ — 공부하다, 배우다
- ру́сский язы́к — 러시아어
- ра́ньше — 이전에
- но — 그러나 (= одна́ко)
- совсе́м — 전혀
- знать¹ — 알다
- ли (의문사항 + ли) — ~인지 아닌지
- зна́ете ли вы, что — ~을 아세요?
- по-англи́йски — 영어(로)
- Я зна́ю, что — ~을 안다
- чита́ть¹ — 읽다
- вме́сте — 함께
- стихи́ — 시(詩) (복수로 사용)
- слу́шать¹ — (의식하고) 듣다
- ра́дио (с.불변) — 라디오

ГРАММАТИКА 문법

1 ‹‹ 1식 규칙 변화 : 동사원형 어미 -ть를 떼고 1식 동사 어미 붙이기

인칭 \ инф	понима́ть[1] 이해하다	изуча́ть[1] 공부하다	гуля́ть[1] 산책하다	уме́ть[1] 할 줄 안다
я	понима́ ю	изуча́ ю	гуля́ ю	уме́ ю
ты	понима́ ешь	изуча́ ешь	гуля́ ешь	уме́ ешь
он/она́	понима́ ет	изуча́ ет	гуля́ ет	уме́ ет
мы	понима́ ем	изуча́ ем	гуля́ ем	уме́ ем
вы	понима́ ете	изуча́ ете	гуля́ ете	уме́ ете
они́	понима́ ют	изуча́ ют	гуля́ ют	уме́ ют

2 ‹‹ 동사 изуча́ть에 사용되는 〈러시아어〉 : ру́сский язы́к

коре́йский язы́к	한국어	япо́нский язы́к	일본어
англи́йский язы́к	영어	испа́нский язы́к	스페인어
кита́йский язы́к	중국어	неме́цкий язы́к	독일어

3 ‹‹ 접속사 но, а, и

(1) **но** : 기대에 어긋나는 내용의 문장과 결합할 때 사용
  У меня́ был биле́т, но я не пошёл в кино́.
  Все студе́нты хорошо́ учи́лись, но Ле́на учи́лась не о́чень хорошо́.

(2) **а** : 서로 대조되거나, 대비되는 문장과 결합 또는 문장 첫머리에서 화제를 전환할 때 사용
  Она́ студе́нтка, а он аспира́нт.
  Я изуча́ю ру́сский язы́к, а ты изуча́ешь коре́йский язы́к.
  А что? А кто? А где? А э́то мой телефо́н.

(3) **и** : 두 개의 동위성분을 결합하거나 각각의 성분을 강조할 때 사용
  Вот здесь газе́та и журна́л.
  Я хорошо́ зна́ю и понима́ю тебя́.
  Там бы́ли и ма́льчики, и де́вочки.

4 ≪ 접속어 что와 접속사 что

접속어 **что**(무엇)는 종속문의 문장성분이지만, 접속사 **что**는 종속문을 주문에 연결시키는 역할만을 하기 때문에 문장성분이 아니며 별도의 해석을 하지 않는다.

Я зна́ю, что э́то.	나는 이것이 무엇인지 안다. (문장성분)
Я зна́ю, (что) э́то журна́л.	나는 이것이 잡지라는 것을 안다.
Я ви́дел, что она́ принесла́.	나는 그녀가 가져온 것을 보았다. (문장성분)
Я ви́дел, (что) она́ принесла́ ко́фе.	나는 그녀가 커피를 가져온 것을 보았다.

УПРАЖНЕНИЯ 연습문제

1. 1년 전에(год наза́д) 그의 딸이 러시아어를 공부했어요.
2. 나는 당신이 러시아어를 어디서 공부하고 있는지 알아요.
3. 러시아어를 조금(немно́го) 이해합니다.
4. 제 말을 알아듣겠어요? 예, 알겠어요.
5. 미안해요(извини́те). 전혀 이해가 되지 않습니다.

❀ Я вас люби́л ❀ 🎧

Я вас (　　) : любовь ещё, быть может,
В душе моей угасла не (　　);
Но пусть она вас (　　) не тревожит;
Я (　　) печалить вас ничем.
Я вас (　　) безмолвно, безнадежно,
То робостью, то ревностью томим;
Я вас (　　) так искренно, так нежно,
Как дай вам бог любимой (　　) другим.

А.С. Пу́шкин (1799-1837)

УРОК 12 двенадцатый
Вы говори́те по-ру́сски?

ЧТЕ́НИЕ

– Вы говори́те по-ру́сски?

  – Да, я говорю́ по-ру́сски, но пло́хо.

– Что вы де́лаете сейча́с?

  – Мы смо́трим телеви́зор.

– Ты зна́ешь э́тот сериа́л?

  – Зна́ю, э́то о́чень интере́сный сериа́л.

– Что де́лает твой внук?

  – Он звони́т по телефо́ну.

Я зна́ю, что её оте́ц сли́шком мно́го ку́рит. Это пло́хо.

Мои́ де́ти ка́ждый день смо́трят телеви́зор.

Я не по́мню, когда́ у нас бу́дет экску́рсия.

СЛОВА́

- говори́ть² — 말하다, 말할 줄 알다
- пло́хо — 서툴게, 나쁘다
- де́лать¹ — *что?* ~을 하다
- смотре́ть² — (의식하고) 보다
- телеви́зор — 텔레비전
- смотре́ть телеви́зор — TV를 시청하다
- сериа́л — 연속극
- о́чень — 매우
- интере́сный — 재미있는
- внук — 손자 (вну́чка 손녀)
- звони́ть² — 전화하다
  - ~ по телефо́ну — 전화통화하다
- сли́шком — 너무, 심하게
- мно́го — 많이 (↔ ма́ло)
- кури́ть² — 담배 피우다
- ка́ждый день — 매일 (= ежедне́вно)
- по́мнить² — 기억하다
- экску́рсия — 견학, 여행

ГРАММАТИКА 문법

1 **2식 규칙 변화 :** 동사원형 어미 -ть를 앞에 있는 모음과 함께 떼고 2식 어미 붙이기

инф 인칭	говори́ть² 말하다	смотре́ть² (의식하고) 보다	по́мнить² 기억하다	слы́шать² (저절로) 들리다
я	говор ю́	смотр ю́	по́мн ю	слы́ш у*
ты	говор и́шь	смотр ишь	по́мн ишь	слы́ш ишь
он/она́	говор и́т	смотр ит	по́мн ит	слы́ш ит
мы	говор и́м	смотр им	по́мн им	слы́ш им
вы	говор и́те	смотр ите	по́мн ите	слы́ш ите
они́	говор я́т	смотр ят	по́мн ят	слы́ш ат*

① 1인칭 단수(я)에서 г, к, х, ж, ч, ш, щ 뒤에는 -ю를 쓸 수 없으며, 대신 대응하는 -у를 쓴다.
② 3인칭 복수(они́)에서 г, к, х, ж, ч, ш, щ 뒤에는 -ят를 쓸 수 없으며, 대신 대응하는 -ат를 쓴다.

2 동사 говори́ть에 사용되는 〈러시아어〉 : по-ру́сски

по-коре́йски	한국어	по-япо́нски	일본어
по-англи́йски	영어	по-испа́нски	스페인어
по-кита́йски	중국어	по-неме́цки	독일어

3 ру́сский язы́к과 по-ру́сски

Что?	На како́м языке́?
изуча́ть ру́сский язы́к	**понима́ть** по-ру́сски
знать	**говори́ть**
(понима́ть)	**чита́ть**
	писа́ть
	слу́шать
Я изуча́ю ру́сский язы́к.	Я говорю́ по-ру́сски.

УПРАЖНЕНИЯ 연습문제

1 저는 러시아어를 전혀 못해요.
2 Николай는 매일 저녁 TV를 본다.
3 어젯밤 그녀가 소설(рома́н)을 읽고 있을 때, 그는 무엇을 하고 있었나요?
4 그는 수업 준비하고(гото́вить уро́ки) 있었어요.
5 내 친구는 영어를 아주 잘한다.

러시아어로 뭐라고 합니까?

– Скажи́те, пожа́луйста, как по-ру́сски «I love you»?
– Я вас люблю́.
– А как по-ру́сски «See you tomorrow»?
– До за́втра.

УРОК 13 тринадцатый | Что вы любите делать после обеда?

ЧТЕНИЕ

– Что вы любите делать после обеда?
  – Я люблю смотреть телевизор.
– Ты любишь играть в футбол?
  – Нет, не люблю. Я очень люблю слушать рок-н-ролл.
– Когда вы готовите уроки?
  – Обычно я готовлю уроки рано утром или поздно вечером.
– А раньше что любил делать ваш брат?
  – Он любил гулять или собирать марки и открытки.

– Что вы любите больше всего на свете?
– Я люблю гулять по лесу.

СЛОВА

· любить²	инф ~하는 것을 좋아하다	· готовить уроки	수업 준비하다
· после	~ 이후에	· обычно	보통
· обед [обет]	(점심)식사	· рано утром	아침 일찍 (когда?)
· после обеда	식사 후에 (когда?)	· поздно [позна]	늦게 (когда?)
· играть¹	놀다, 놀이·게임을 하다	· поздно вечером	저녁 늦게 (когда?)
· футбол [фудбол]	축구	· гулять¹	산책하다
· играть в футбол	축구하다	· собирать¹	모으다
· рок-н-ролл	로큰롤	· марка	우표
· готовить²	준비하다	· открытка	엽서

ГРАММАТИКА 문법

1 2식 순음 변화 : 어간 끝 자음 б, в, м, п, ф → бл, вл, мл, пл, фл

1인칭 단수(я) : -л- 첨가

인칭 \ инф	люби́ть² 좋아하다	гото́вить² 준비하다	купи́ть² 사다	спать² 잠자다
я	любл ю́	гото́вл ю	купл ю́	спл ю
ты	лю́б ишь	гото́в ишь	ку́п ишь	сп ишь
он/она́	лю́б ит	гото́в ит	ку́п ит	сп ит
мы	лю́б им	гото́в им	ку́п им	сп им
вы	лю́б ите	гото́в ите	ку́п ите	сп ите
они́	лю́б ят	гото́в ят	ку́п ят	сп ят

2 동사원형(инф)을 보어로 취하는 동사

люби́ть	*инф* ~하는 것을 좋아하다	Я люблю́ смотре́ть фи́льмы.
нача́ть	*инф* ~하는 것을 시작하다	Я на́чал игра́ть в футбо́л.
предлага́ть	*инф* ~할 것을 제안하다	Я предлага́ю пойти́ в теа́тр.
уме́ть	*инф* ~할 줄 안다	Я уме́ю води́ть маши́ну.
хоте́ть	*инф* ~하기를 원하다	Я хочу́ купи́ть пла́тье.

УПРАЖНЕНИЯ 연습문제

1 넌 수업 끝난 후에(по́сле уро́ков) 뭐하니? 보통 집에서 쉬어(отдыха́ть).
2 시간 날 때(в свобо́дное вре́мя) 난 라디오 듣는 것을 좋아해.
3 그는 내가 러시아어 공부하는 것을 좋아한다는 것을 알아요.
4 저는 집에 있는 것이(сиде́ть) 좋아요.
5 뭘 드릴까요? 커피(ко́фе) 좋아하세요? 아니면 주스(сок)요?

УРОК 14 четырнадцатый
Я це́лый день сижу́ до́ма.

ЧТЕНИЕ 읽기

Я це́лый день сижу́ до́ма.

Я пло́хо ви́жу и слы́шу.

Я хожу́ по у́лице бы́стро, не ме́дленно.

У меня́ сла́бое зре́ние, я ношу́ очки́.

– Куда́ ты лети́шь послеза́втра? – Я лечу́ в Ташке́нт.

– Что вы де́лаете сейча́с? – Я пишу́ письмо́ по-ру́сски.

– Что де́лал Анто́н в то вре́мя? – Тогда́ он писа́л коро́ткие стихи́.

> **회화 Tip**
>
> 여보세요, 말씀하세요.
>
> – Алло́! Я слу́шаю вас.
> – Мо́жно Андре́я?
> – Я вас пло́хо слы́шу. Гро́мче, пожа́луйста!

СЛОВА 단어

- це́лый день [цэ́лый] 하루 종일
- сиде́ть² где? ~에 앉아있다
- ви́деть² 보이다, (무의식적으로) 보다
- слы́шать² 들리다, (무의식적으로) 듣다
- ходи́ть² 걷다, 걸어다니다
- у́лица 거리
- по у́лице 거리를 따라
- бы́стро 빨리 (как?)
- ме́дленно 천천히 (как?)
- сла́бый 약한

- зре́ние 시력
- носи́ть² 착용하다, 지니다
- куда́ 어디로?
- лете́ть² 비행기를 타고 가다
- Ташке́нт 타슈켄트(우즈베키스탄 수도)
- в Ташке́нт [фташке́нт] 타슈켄트로 (куда́?)
- писа́ть¹ (글을) 쓰다
- в то вре́мя [фтовре́мя] 그때에 (когда́?)
- тогда́ 그때에 (когда́?)
- коро́ткий 짧은 (↔ дли́нный)

ГРАММАТИКА 문법

1 《 2식 치음 변화 : 어간 끝 자음 Д, З, С, Т, СТ → Ж, Ш, Ч, Щ

1인칭 단수(я) : 자음교체

инф 인칭	ви́деть² 보이다	носи́ть² 착용하다	лете́ть² 비행기를 타고 가다	прости́ть² 용서하다
я	ви́ж у	нош у́	леч у́	прощ у́
ты	ви́д ишь	но́с ишь	лет и́шь	прост и́шь
он/она́	ви́д ит	но́с ит	лет и́т	прост и́т
мы	ви́д им	но́с им	лет и́м	прост и́м
вы	ви́д ите	но́с ите	лет и́те	прост и́те
они́	ви́д ят	но́с ят	лет я́т	прост я́т

2 《 1식 치음 변화 : 어간 끝 자음 Д, З, С, Т, СТ → Ж, Ш, Ч, Щ

모든 인칭 : 자음교체

инф 인칭	писа́ть¹ 쓰다	сказа́ть¹ 말하다	пря́тать¹ 숨기다	свиста́ть¹ 휘파람불다
я	пиш у́	скаж у́	пря́ч у	свищ у́
ты	пи́ш ешь	ска́ж ешь	пря́ч ешь	сви́щ ешь
он/она́	пи́ш ет	ска́ж ет	пря́ч ет	сви́щ ет
мы	пи́ш ем	ска́ж ем	пря́ч ем	сви́щ ем
вы	пи́ш ете	ска́ж ете	пря́ч ете	сви́щ ете
они́	пи́ш ут	ска́ж ут	пря́ч ут	сви́щ ут

3 《 행위의 지속을 나타내는 표현 : Как до́лго?

하루 종일	це́лый день = весь день
아침 내내	це́лое у́тро = всё у́тро
저녁 내내	це́лый ве́чер = весь ве́чер

4. 행위의 발생 빈도를 나타내는 표현 : Как ча́сто?

всегда́	항상	ча́сто	자주
иногда́	가끔	ре́дко	드물게
ка́ждое у́тро	매일 아침	ежедне́вно	매일
ка́ждый день	매일 (낮)	еженеде́льно	매주
ка́ждый ве́чер	매일 저녁	ежего́дно	매년

5. 형용사에서 파생된 -о로 끝나는 부사 : 행위의 모양이나 질을 표현

Како́й?	Как?	
хоро́ший	хорошо́	잘, 좋게, 훌륭하게
плохо́й	пло́хо	서투르게, 나쁘게
бы́стрый	бы́стро	빨리
ме́дленный	ме́дленно	천천히
высо́кий	высоко́	높게, 높이
ни́зкий [с]	ни́зко [с]	낮게
ти́хий	ти́хо	조용히, 낮은 소리로
гро́мкий	гро́мко	큰 소리로
прекра́сный	прекра́сно	훌륭하게, 근사하게
отли́чный	отли́чно	우수하게, 멋지게

ГРАММАТИКА 문법

6. 동사 смотре́ть, ви́деть, слу́шать, слы́шать

보다	смотре́ть	(의지를 갖고) 보다, 바라보다	Она́ смо́трит фильм. Он смотре́л на часы́. Я смотрю́ в окно́ и ви́жу це́лый мир.
	ви́деть	(자연적으로) 보이다, 보다	Я хорошо́ ви́жу. Он ви́дел дру́га на у́лице.
듣다	слу́шать	(의지를 갖고) 귀 기울여 듣다	Она́ слу́шает ра́дио. Мы внима́тельно слу́шаем учи́теля.
	слы́шать	(자연적으로) 들리다, 들어서 알다	Я не слы́шу. Я пло́хо слы́шу. Он слы́шал, что э́то хоро́ший фильм. Я мно́го слы́шал о вас.

УПРАЖНЕНИЯ 연습문제

1 어제 우리는 한참(до́лго) (거리를) 걸어다녔어요.
2 내 친구 Ю́рий는 어제 하루종일 집에 있었다.
3 지금 Со́ня는 뭐하고 있어요? 예문(приме́р)들을 쓰고 있어요.
4 걱정하지 마세요(Не беспоко́йтесь). 잘 보이고, 잘 들립니다.
5 비행기(самолёт)가 높이(высоко́) 날아갑니다.

단어 Tip

сиде́ть² 앉아있다	ходи́ть² 걷다
сиж у́	хож у́
сид и́шь	хо́д ишь
сид и́т	хо́д ит
сид и́м	хо́д им
сид и́те	хо́д ите
сид я́т	хо́д ят

УРОК 15 пятнадцатый | Что она́ де́лала позавчера́?

ЧТЕНИЕ

– Что она́ де́лала позавчера́? – Це́лый день гуля́ла.

Ра́ньше он изуча́л не то́лько ру́сский язы́к, но и англи́йский.

Ве́ра и её подру́га ча́сто говори́ли и по-ру́сски, и по-англи́йски.

– Что вы бу́дете де́лать за́втра? – Бу́ду весь день отдыха́ть до́ма.

Снача́ла мы бу́дем игра́ть в футбо́л, пото́м бу́дем учи́ть но́вые слова́.

– Что де́лал твой сын? – Он чита́л рома́н «Война́ и мир». С интере́сом!

Его́ дочь писа́ла сочине́ние. Это бы́ло дома́шнее зада́ние.

Сего́дня днём он ходи́л по у́лице оди́н. В то вре́мя был (шёл) снег.

СЛОВА

- не то́лько А, но и Б   A뿐만 아니라 Б도
- англи́йский язы́к   영어
- и А, и Б   A도 Б도
- ча́сто [ч*я*ста]   자주
- весь день [ве́з̲ь̲день]   하루종일
- отдыха́ть¹ [а̲д̲дыха́ть]   쉬다
- снача́ла [снача́ла]   먼저, 우선
- пото́м   나중에, 후에
- учи́ть слова́   단어들을 외우다
- рома́н   장편소설
- с интере́сом [с̲ы̲нтире́сам]   흥미롭게
- сочине́ние   작문
- дома́шний   집에서 하는
- зада́ние   과제
- оди́н / одна́   혼자서
- снег [сне́к̲]   눈 (Шёл снег. 눈이 내렸다.)

ГРАММАТИКА 문법

1 시제에 따른 질문

과거	Что вы де́лали вчера́?
현재	Что вы де́лаете сейча́с?
미래	Что вы бу́дете де́лать за́втра?

2 합성미래 : быть 미래형 + инф (동사원형)

Что вы бу́дете де́лать за́втра?			
рабо́тать 일하다		звони́ть 전화하다	
Я	бу́ду рабо́тать.	Я	бу́ду звони́ть домо́й.
Ты	бу́дешь рабо́тать.	Ты	бу́дешь звони́ть домо́й.
Он/Она́	бу́дет рабо́тать.	Он/Она́	бу́дет звони́ть домо́й.
Мы	бу́дем рабо́тать.	Мы	бу́дем звони́ть домо́й.
Вы	бу́дете рабо́тать.	Вы	бу́дете звони́ть домо́й.
Они́	бу́дут рабо́тать.	Они́	бу́дут звони́ть домо́й.

3 행위의 양상, 감정표현 〈어떻게?〉 : Как? Каки́м о́бразом?

с интере́сом	흥미롭게, 관심있게
с внима́нием	주의깊게, 주의를 기울여
с удово́льствием	만족스럽게, 기분좋게, 기꺼이
с удивле́нием	놀라서
с восто́ргом	환희에 차서
с гру́стью	슬프게
с нетерпе́нием	초조하게, 조바심을 내며
с трудо́м	겨우, 간신히

ГРАММАТИКА 문법

4<< 동사 учи́ть ➡ 53과

- учи́ть уро́к(и) (과를) 예습·복습하다
- учи́ть диало́г, текст, стихи́, слова́, грамма́тику 외우다
- учи́ть ру́сский язы́к 러시아어를 배우다

УПРАЖНЕНИЯ 연습문제

1 Алёна는 어제 뭘 했어요? 새 단어들을 외우고 본문(текст)들을 읽었어요.
2 (우리한테) 작문숙제(дома́шнее сочине́ние)가 있었어요.
3 전에 여기에 큰 식당(столо́вая)이 있었어요.
4 너는 내일 뭐 할 거야? 축구할 거야.
5 난 우선은 잠자고(спать), 그 다음에는 영화(фильм)봐야지.

회화 Tip

시간 날 때 무슨 운동하세요?
– Во что вы игра́ете в свобо́дное вре́мя?
– Я обы́чно игра́ю в футбо́л и баскетбо́л.

단어 Tip

футбо́л	축구	те́ннис [тэ́ннис]	테니스
баскетбо́л	농구	хокке́й (на траве́)	필드하키
волейбо́л	배구	хокке́й (на льду́)	아이스하키
бейсбо́л	야구	фигу́рное ката́ние	피겨스케이팅

동사 인칭변화 총정리

1 1식 동사 (보통 -ать -ять)

(1) 1식 규칙 변화 : 동사원형 어미 -ть를 떼고 1식 동사 어미 붙이기

인칭 \ инф	понима́ть[1] 이해하다	изуча́ть[1] 공부하다	гуля́ть[1] 산책하다	уме́ть[1] 할 줄 안다
я	понима́ ю	изуча́ ю	гуля́ ю	уме́ ю
ты	понима́ ешь	изуча́ ешь	гуля́ ешь	уме́ ешь
он/она́	понима́ ет	изуча́ ет	гуля́ ет	уме́ ет
мы	понима́ ем	изуча́ ем	гуля́ ем	уме́ ем
вы	понима́ ете	изуча́ ете	гуля́ ете	уме́ ете
они́	понима́ ют	изуча́ ют	гуля́ ют	уме́ ют

(2) 1식 순음 변화 : 어간 끝 자음 б, в, м, п, ф → бл, вл, мл, пл, фл
모든 인칭 : -л- 첨가

인칭 \ инф	сы́пать[1] 담다	колеба́ть[1] 동요시키다	дрема́ть[1] 졸다	ка́пать[1] 물방울떨어지다
я	сы́пл ю	коле́бл ю	дремл ю́	ка́пл ю
ты	сы́пл ешь	коле́бл ешь	дре́мл ешь	ка́пл ешь
он/она́	сы́пл ет	коле́бл ет	дре́мл ет	ка́пл ет
мы	сы́пл ем	коле́бл ем	дре́мл ем	ка́пл ем
вы	сы́пл ете	коле́бл ете	дре́мл ете	ка́пл ете
они́	сы́пл ют	коле́бл ют	дре́мл ют	ка́пл ют

(3) 1식 치음 변화 : 어간 끝 자음 д, з, с, т, ст → ж, ш, ч, щ
모든 인칭 : 자음교체

인칭 \ инф	писа́ть[1] 쓰다	сказа́ть[1] 말하다	пря́тать[1] 숨기다	свиста́ть[1] 휘파람불다
я	пиш у́	скаж у́	пря́ч у	свищ у́
ты	пи́ш ешь	ска́ж ешь	пря́ч ешь	сви́щ ешь
он/она́	пи́ш ет	ска́ж ет	пря́ч ет	сви́щ ет
мы	пи́ш ем	ска́ж ем	пря́ч ем	сви́щ ем
вы	пи́ш ете	ска́ж ете	пря́ч ете	сви́щ ете
они́	пи́ш ут	ска́ж ут	пря́ч ут	сви́щ ут

동사 인칭변화 총정리

2 » 2식 동사 (보통 -еть -ить)

(1) 2식 규칙 변화 : 동사원형 어미 -ть를 앞에 있는 모음과 함께 떼고 2식 어미 붙이기

인칭 \ инф	говори́ть² 말하다	смотре́ть² 보다	по́мнить² 기억하다	слы́шать² 듣다, 들리다
я	говор ю́	смотр ю́	по́мн ю	слы́ш у
ты	говор и́шь	смотр ишь	по́мн ишь	слы́ш ишь
он/она́	говор и́т	смотр ит	по́мн ит	слы́ш ит
мы	говор и́м	смотр им	по́мн им	слы́ш им
вы	говор и́те	смотр ите	по́мн ите	слы́ш ите
они́	говор я́т	смотр ят	по́мн ят	слы́ш ат

(2) 2식 순음 변화 : 어간 끝 자음 б, в, м, п, ф → бл, вл, мл, пл, фл

1인칭 단수(я) : -л- 첨가

인칭 \ инф	люби́ть² 좋아하다	гото́вить² 준비하다	купи́ть² 사다	спать² 잠자다
я	любл ю́	гото́вл ю	купл ю́	спл ю
ты	лю́б ишь	гото́в ишь	ку́п ишь	сп ишь
он/она́	лю́б ит	гото́в ит	ку́п ит	сп ит
мы	лю́б им	гото́в им	ку́п им	сп им
вы	лю́б ите	гото́в ите	ку́п ите	сп ите
они́	лю́б ят	гото́в ят	ку́п ят	сп ят

(3) 2식 치음 변화 : 어간 끝 자음 д, з, с, т, ст → ж, ш, ч, щ

1인칭 단수(я) : 자음교체

인칭 \ инф	ви́деть² 보이다	носи́ть² 착용하다	лете́ть² 비행기를 타고 가다	прости́ть² 용서하다
я	ви́ж у	нош у́	леч у́	прощ у́
ты	ви́д ишь	но́с ишь	лет и́шь	прост и́шь
он/она́	ви́д ит	но́с ит	лет и́т	прост и́т
мы	ви́д им	но́с им	лет и́м	прост и́м
вы	ви́д ите	но́с ите	лет и́те	прост и́те
они́	ви́д ят	но́с ят	лет я́т	прост я́т

УРОК 16 | Смотри! Слушай! Читай! Пиши! Говори!

шестнадцатый

ЧТЕНИЕ

Смотри! Слушай! Читай! Пиши! Говори!

Читайте, пожалуйста, текст! Слишком тихо. Громче, пожалуйста!

Не кури(те) здесь. Курение запрещено.

Ответь(те) на эти вопросы.

Готовь(те) уроки до обеда!

Повторяй(те) всё, это очень полезно.

Дай(те) апельсиновый сок.

Передай(те) привет.

Возьми(те) это с собой!

Подожди(те) одну минуту.

잠깐만요.

Одну минуту.
Одну минутку.
Одну минуточку.
Одну секундочку.

СЛОВА

· пожалуйста	제발, 어서(권유나 부탁)	· полезно	유익하다 (↔ вредно)
· текст	본문	· дай(те)	дать(주다)의 명령법
· тихо	소리 작게, 조용히 (↔ громко)	· апельсиновый сок	오렌지 주스
· громче	더 크게 (громко의 비교급)	· передай(те)	передать(전하다)의 명령법
· курение	흡연	· привет	안녕, 안부
· запрещено	금지되어 있다	· возьми(те)	взять(가지다)의 명령법
· ответить²	대답하다	~ с собой	직접 가지고 가다, 지참하다
~ на вопрос	질문에 대답하다	· подожди(те)	подождать(기다리다)의 명령법
· до обеда	식사 전에 (когда?)	· минута	분 (= минутка, минуточка)
· повторять¹ [пафтарять]	반복하다	· одну минуту	잠깐만

ГРАММАТИКА 문법

1. 2인칭 명령법 (повелительное наклонение)

상대방에게 요구, 바람, 조언, 명령이나 촉구 또는 허가를 표현한다.

현재(미래) 3인칭 복수(они) 어간		ты명령법	вы명령법	~ 해라.	~ 하세요.
어간 끝이 모음으로 끝날 때		-й	-йте	Читай.	Читайте.
어간 끝이 자음으로 끝날 때	강세가 어미에 있음	-и	-ите	Смотри.	Смотрите.
	강세가 어간에 있음	-ь	-ьте	Готовь.	Готовьте.

① -ь로 끝나는 명령법 : Встань! (일어서라!), Ответь! (대답해라!), Сядь! (앉아라!), Брось! (버려라!)
② 어간 끝에 오는 자음이 두개 이상이면 강세없는 и를 사용한다. 예 Кончи! (끝내라!), Вспомни! (떠올려봐!)

2. 그 외의 다른 표현

(1) 명령법 앞에 대명사가 있으면 강한 명령이 된다.
    Ты скажи!   **Вы** скажите!

(2) 동사원형이 명령법으로 사용되면 강한 명령이 된다.
    Не курить!   Встать!   Не трогать!

(3) 명령법 뒤에 -ка를 붙여 명령의 뜻을 부드럽게 한다.
    Скажите-ка мне.   Послушай-ка.   Пойдём-ка со мной.

3. 명령법 형태의 관용적 표현

Здравствуйте!	안녕하세요.
Извините.	미안합니다.
Простите.	실례합니다.
Будьте добры, ...	죄송합니다만, ~ 해 주세요.
Будьте любезны, ...	제발 부탁하는데, ~ 해 주세요.
Будь здоров. Будь здорова.	건강해라.
Будь осторожен. Будь осторожна.	조심해라.

4 Запо́мните! 기억하세요!

Чита́йте текст.	본문을 읽으세요.
Откро́йте кни́гу.	책을 펴세요.
Обрати́те внима́ние.	주목하세요. 주의하세요.
Говори́те по-ру́сски.	러시아어로 말하세요.
Смотри́те на до́ску.	칠판을 보세요.
Слу́шайте и повторя́йте.	듣고 따라하세요.
Отве́тьте на вопро́сы.	질문들에 대답하세요.
Посмотри́те на рису́нки.	그림들을 보세요.
Восстанови́те диало́ги.	대화문들을 완성하세요.
Соста́вьте предложе́ния.	문장들을 만드세요.
Зако́нчите предложе́ния.	문장들을 완성하세요.
Сравни́те.	비교하세요.
Спроси́те друг у дру́га.	서로에게 물어보세요.
Попро́буйте рассказа́ть.	이야기해 보세요.
Произнеси́те пра́вильно.	정확하게 발음하세요.
Запо́мните!	기억하세요! 외우세요!
Не забу́дьте!	잊지 마세요!
Подожди́те мину́тку.	잠깐만 기다리세요.
Отдыха́йте.	쉬세요.
Вста́ньте.	일어나세요.
Сади́тесь.	앉으세요.
Иди́те сюда́.	이리 오세요.

УПРАЖНЕ́НИЯ 연습문제

1 Слу́шайте меня́ внима́тельно.
2 Расскажи́ о себе́. Не слы́шу. Говори́ гро́мче.
3 Мо́йте ру́ки пе́ред едо́й.
4 Не забыва́йте меня́.
5 Будь здоро́в, ми́лый мой сын!

УРОК 17 семнадцатый | Кто лю́бит изуча́ть ру́сский язы́к?

ЧТЕ́НИЕ 읽기

– Кто лю́бит изуча́ть ру́сский язы́к?

   – Он лю́бит изуча́ть ру́сский язы́к.

– У кого́ есть ли́шний биле́т?

   – У него́ есть ли́шний биле́т.

– Кому́ она́ ве́рит?

   – Она́ ве́рит ему́.

– Кого́ вы лю́бите?

   – Я люблю́ его́.

– С кем она́ говори́т по-ру́сски?

   – Она́ говори́т с ним.

– О ком вы ча́сто говори́те?

   – Я ча́сто говорю́ о нём.

СЛОВА́ 단어

- кто — 누구 (남성 단수)
- люби́ть² — *инф* ~하는 것을 좋아하다
- у кого́ [ука_во_] — 소유주(누가 갖고 있어요?)
- ли́шний — 여분의, 남는
- биле́т — 표, 입장권
- у него́ [уни_во_] — 소유주(그가 갖고 있다)
- ве́рить² — *кому-чему?* ~을 믿다
- люби́ть² — *кого-что?* ~을 좋아하다
- говори́ть² — *с кем?* ~와 말하다
- говори́ть² — *о ком-чём?* ~에 대해서 말하다

ГРАММАТИКА 문법

1 격(падéж)변화 : 어미변화

명사, 형용사, 대명사, 수사는 문장의 역할에 따라 여러 형태의 어미로 변형되는데 이러한 어미변화를 **격변화**라고 하며, 형태에 따라 1격에서 6격까지 나눈다.

격	형태	기능 및 의미	예	
1격	кто　что [што]	• 문장의 주어 • 문장의 술어	Он студéнт. У меня́ был он.	он
2격	когó　чегó [кавó] [чивó]	• 한정어 역할(명사+명사) • 소유 표현, 존재부정 • 비교대상, 방향 표현 • 2격 지배 전치사와 함께 • 2격 지배 동사의 보어	Это кни́га брáта. Егó нет дóма. Онá стáрше егó. У брáта есть кни́га. Я бою́сь егó.	егó [ивó]
3격	комý　чемý	• 간접목적어 • 의미상의 주어 • 3격 지배 전치사와 함께 • 3격 지배 동사의 보어	Я пишý емý. Емý хóлодно. Я идý к брáту. Я помогáю емý.	емý
4격	когó　что [кавó] [што]	• 직접목적어 • 시간 표현, 방향 표현 • 4격 지배 전치사와 함께 • 4격 지배 동사의 보어	Я люблю́ егó. Я рабóтаю кáждый день. Спаси́бо за урóк. Егó тошни́т.	егó [ивó]
5격	кем　чем	• 행위의 수단 및 방법 • 의미상의 주어 • быть 과거·미래형의 보어 • 5격 지배 전치사와 함께 • 5격 지배 동사의 보어	Я пишý перóм. Это полýчено им вчерá. Я был / бýду студéнтом. Я поговори́л с брáтом. Я занимáюсь спóртом.	им
6격	(о) ком (о) чём ☺주의! 항상 전치사와 함께	• 이야기의 화제 • 위치, 장소, 시간 • 수단(교통, 악기, 언어) • 6격 지배 동사의 보어	о музéе, о нём в клáссе, на кýрсе на самолёте, на роя́ле учáстовать в чём	(о) нём

① 러시아어 격이 지닌 의미와 한국어 조사의 의미가 반드시 일치하는 것은 아니다.
② 1격은 전치사의 지배를 받지 않고 단독으로 쓰인다.
③ 6격은 언제나 전치사의 지배를 받기 때문에 단독으로 쓰이지 못한다.
④ 2, 3, 4, 5격은 단독으로 쓰이거나 또는 그 격을 지배하는 전치사와 함께 쓰인다.
⑤ кто(он)는 활동체(사람, 동물) 명사를, что(онó)는 비활동체(사물, 식물) 명사를 대표한다.

ГРАММАТИКА 문법

2 << 문장성분

	· 문장의 주요성분 : (1격)주어, 술어
	· 문장의 이차적 성분 : 보어, 한정어, 상황어
(1격) 주어 (подлежа́щее)	술어의 주체
	Кто? Что?
술어 (сказу́емое)	주어의 움직임이나 상태, 성질 등을 설명
	Что он де́лает? Како́й предме́т? (Кака́я? Како́е? Каки́е?) Како́в предме́т? (Какова́? Каково́? Каковы́?) Кто он?
보어 (1격 이외의 격, инф) (дополне́ние)	술어의 내용을 보충해 주는 요소
	У кого́ есть слова́рь? Кому́ он помога́ет? Что он лю́бит? Чем он занима́ется? О ком он говори́т? Я люблю́ танцева́ть.
한정어 (определе́ние)	사람·사물의 특징
	Како́й? (Кака́я? Како́е? Каки́е?) Чей? (Чья? Чьё? Чьи?) Кото́рый? (Кото́рая? Кото́рое? Кото́рые?)
상황어 (обстоя́тельство)	행위의 장소, 시간, 원인, 목적, 방법
	Где? Куда́? Отку́да? Когда́? Почему́? Заче́м? Как?

3 << 문장분석법

(1) 술어(①)를 찾는다.

(2) 술어를 모든 격의 기준인 기본형 1격(②)과 일치시킨다.

(3) 나머지 부분은 술어를 보충하는 요소인 보어(③)이다.

술어에 따른 문장 분류
· 인칭문 = ① 술어(1격에 해당하는 형태) + ② 1격 + ③ 보어
· 무인칭문 = ① 술어(оно́형) + ② 1격 없음 + ③ 보어
· 불특정인칭문 = ① 술어(они́형) + ② 1격 없음 + ③ 보어

УПРАЖНЕНИЯ 연습문제

1 누가 이 책을 갖고 있었지?
2 무슨(무엇에 관해서) 얘기하고 계세요?
3 당신은 뭘 좋아하세요?
4 Со́ня는 어제 누구와 있었어요?
5 예전에 그는 누구 집에서(어디서) 살았어요(жить)?

• 의문사 кто와 что

кто : 활동체(사람, 동물) 명사에 대한 의문사로 он과 동일하게 사용한다.   예 Кто был там?
что : 비활동체(사물, 식물) 명사에 대한 의문사로 оно́와 동일하게 사용한다.   예 Что бы́ло в су́мке?

• 3인칭대명사가 전치사와 함께 쓰일 때 나타나는 н- ➡ 26과
он/оно́ : у него́, к нему́, про него́, с ним, о нём
она́ : у неё, к ней, про неё, с ней, о ней
они́ : у них, к ним, про них, с ни́ми, о них
☺주의! 소유대명사 его́, её, их(절대 불변)와는 구별할 것 ➡ 4과
   예 его́ брат : у его́ бра́та, к его́ бра́ту
      её брат : у её бра́та, к её бра́ту
      их брат : у их бра́та, к их бра́ту

УРОК 18 восемнадцатый | Этот студент любит танцевать.

ЧТЕНИЕ

– Кто любит танцевать?
  – Этот студент любит танцевать.
– У кого есть конфеты и мороженое?
  – У студента есть.
– Кому она помогает?
  – Она всё время помогает студенту.
– Кого ты спрашиваешь?
  – Я спрашиваю студента.
– С кем она разговаривает?
  – Она разговаривает со студентом.
– О ком они говорят?
  – Они говорят о студенте и его характере.

СЛОВА

· танцевать¹	춤추다	· всё время	언제나, 늘 (= всегда)
· конфета	사탕	· спрашивать¹	*кого?* ~에게 *о чём* ~을 물어보다
· мороженое	아이스크림	· разговаривать¹	*с кем?* ~와 이야기를 나누다
· помогать¹	*кому?* ~을 도와주다	· характер	성격, 성품

ГРАММАТИКА 문법

1 << 남성명사의 단수 6격변화

남성명사		-자음	-й	-ь	의문사
студе́нт 학생 музе́й 박물관 гость 손님	1격	студе́нт -	музе́ й	гост ь	*кто-что*
	2격	студе́нт а	музе́ я	го́ст я	*кого́-чего́*
	3격	студе́нт у	музе́ ю	го́ст ю	*кому́-чему́*
	4격	1격(비활동체) 또는 2격(활동체)			*кого́-что*
	5격	студе́нт ом	музе́ ем	го́ст ем	*кем-чем*
	6격	студе́нт е	музе́ е	го́ст е	*о ком-чём*

① 4격 : 비활동체 명사는 1격과 동일하고, 활동체 명사는 2격과 동일하다.
② 명사 격변화 어미에서 나타나는 경–연모음의 대응관계

경모음 :	а	ы	у	о
연모음 :	я	и	ю	е ё

2 << 일정한 보어를 갖는 동사

тре́бовать	*кого́-чего́* ~을 요구하다	Это тре́бует вре́мени и де́нег.
помога́ть	*кому́-чему́* ~을 도와주다	Я всегда́ помога́ю бра́ту.
учи́ть	*кого́* ~에게 *чему́* ~을 가르치다	Я учу́ студе́нтов му́зыке.
стать	*кем* ~이 되다	Она́ ста́ла писа́телем.
уча́ствовать	*в чём* ~에 참가 · 참여하다	Мы уча́ствовали в семина́ре.
проводи́ть	*(вре́мя) как* ~시간을 보내다	Как вы прово́дите пра́здники?
жить	*где* ~에 살다	Он жил в го́роде.
опа́здывать	*куда́* ~에 늦다	Я не бу́ду опа́здывать на уро́к.

УПРАЖНЕ́НИЯ 연습문제

1 우리 아이들은 아빠와 얘기하는 것을 좋아합니다.
2 Ива́н에게 심각한(серьёзный) 문제(пробле́ма)가 생겼어요.
3 그녀는 올해(в э́том году́) Серге́й와 함께 영어를 배울 거예요.
4 저는 세미나(семина́р)에 대한 다른(друго́й) 의견(мне́ние)을 갖고 있어요.
5 그녀는 아주 가끔(ре́дко) 남편을 도와준다.

УРОК 19 девятнадцатый | Моя жена́ лю́бит рисова́ть.

ЧТЕ́НИЕ 읽기

– Кто лю́бит рисова́ть?
  – Моя́ жена́ лю́бит рисова́ть.
– У кого́ есть блокно́т?
  – У жены́ есть блокно́т.
– Кому́ он меша́ет?
  – Он меша́ет жене́ рабо́тать.
– Кого́ вы обожа́ете?
  – Я обожа́ю жену́.
– Кем он горди́тся?
  – Он всегда́ горди́тся жено́й.
– О ком ты расска́зываешь?
  – Я расска́зываю о жене́ и о её сестре́.

СЛОВА́ 단어

- рисова́ть[1] 그림을 그리다
- блокно́т 수첩
- меша́ть[1] *кому-чему?* ~을 방해하다
- рабо́тать[1] 일하다, 근무하다
- обожа́ть[1] *кого-что?* ~을 열렬히 사랑하다
- всегда́ [фсигда́] 항상, 언제나
- горди́ться[2] [-ца] *кем-чем?* ~을 자랑스러워 하다
- расска́зывать[1] *о ком-чём* ~에 대해서 이야기하다

ГРАММАТИКА 문법

 여성명사의 단수 6격변화

여성명사		-а	-я	-ь	의문사
жена́ 아내 неде́ля 일주일 пло́щадь 광장 [площи́ть]	1격	жен а́	неде́л я	пло́щад ь	*кто-что*
	2격	жен ы́	неде́л и	пло́щад и	*кого-чего*
	3격	жен е́	неде́л е	пло́щад и	*кому-чему*
	4격	жен у́	неде́л ю	пло́щад ь	*кого-что*
	5격	жен о́й	неде́л ей	пло́щад ью	*кем-чем*
	6격	жен е́	неде́л е	пло́щад и	*о ком-чём*

① 4격 : 비활동체, 활동체 구분없이 -у(-ю), -ь를 사용한다.
② 명사 격변화 어미에서 나타나는 경-연모음의 대응관계

경모음 :	а	ы	у	о
연모음 :	я	и	ю	е ё

 -ся 동사 ➡ 56과

(1) -ся를 뺀 부분을 규칙에 따라 1식 또는 2식 동사로 변화시킨다.
(2) 모음 + -сь : учу́сь, у́читесь (과거: учи́лась, учи́лось, учи́лись)
   자음 + -ся : учи́ться, у́чишься, у́чится, у́чимся, у́чатся (과거: учи́лся)

인칭 \ 인ф	занима́ться¹ 공부하다, 하다	увлека́ться¹ 열중하다	нра́виться² 마음에 들다	учи́ться² 배우다	находи́ться² 위치하다
я	занима́ юсь	увлека́ юсь	нра́вл юсь	уч у́сь	нахож у́сь
ты	занима́ ешься	увлека́ ешься	нра́в ишься	у́ч ишься	нахо́д ишься
он/она́	занима́ ется	увлека́ ется	нра́в ится	у́ч ится	нахо́д ится
мы	занима́ емся	увлека́ емся	нра́в имся	у́ч имся	нахо́д имся
вы	занима́ етесь	увлека́ етесь	нра́в итесь	у́ч итесь	нахо́д итесь
они́	занима́ ются	увлека́ ются	нра́в ятся	у́ч атся	нахо́д ятся

 발음 Tip

① -сь [с] [쓰]
② -ться, -тся [ца] [짜]

УПРАЖНЕНИЯ 연습문제

1 그는 항상 아내를 도와준다.
2 우리는 그녀의 일(рабо́та)에 대해서 얘기했다.
3 그는 러시아(Росси́я)와 러시아의 자연(приро́да)을 좋아해요.
4 Ната́ша는 여자 친구와 같이 숙제하고 있어요.
5 무슨 공부하고 있니(занима́ться)? 수학(матема́тика)이요.

-овать 동사, -евать 동사

рисова́ть[1] 그림을 그리다	воева́ть[1] 싸우다	танцева́ть[1] 춤추다
рису́ю	вою́ю	танцу́ю
рису́ешь	вою́ешь	танцу́ешь
рису́ет	вою́ет	танцу́ет
рису́ем	вою́ем	танцу́ем
рису́ете	вою́ете	танцу́ете
рису́ют	вою́ют	танцу́ют
рисова́л(-а, -о, -и)	воева́л(-а, -о, -и)	танцева́л(-а, -о, -и)

① -овать : -ова-를 -у-로 교체한 뒤 1식 변화시킨다.
② -евать : -ева-를 -ю-로 교체한 뒤 1식 변화시킨다.
③ танцева́ть : 철자규칙에 따라 ц뒤에는 -ю를 쓸 수 없으며, 그 대신 -у로 쓴다.

урок 20 двадцатый | Что было у вас в руках?

ЧТЕНИЕ

– Что было у вас в руках? – У меня был журнал «Наше время».

– Где справочное бюро? – Оно вон там.

– Что вы хотите? Кофе с молоком или …? – Без молока, пожалуйста.

– Какие у вас планы на будущее? – Я не знаю пока.

– Что вы предпочитаете вино или пиво? – Я всё люблю.

Всё хорошо, что хорошо кончается.

Слава богу, всё будет хорошо!

디저트는 무엇으로 하실래요?
– Что вы хотите на десерт?
– Мне мороженое.
– Вам нравится?
– Очень вкусно.

СЛОВА

• в руках	손에	• план	계획
• справочный	문의 · 조회하는	• будущее	미래, 장래
• бюро (с.불변)	사무소	• планы на будущее	장래 계획
• вон	바로 저기(에 있다)	• пока	당분간, 아직은
• хотеть	*кого-что?* ~을 원하다	• предпочитать[1]	*кого-что?* ~을 더 좋아하다
• кофе (м.불변)	커피	• вино	포도주
• молоко	우유	• пиво	맥주
• кофе с молоком	밀크커피	• кончаться[1]	끝나다
• без	*кого-чего?* ~없이	• слава богу	다행히도, 고맙게도

ГРАММАТИКА 문법

1. 중성명사의 단수 6격변화 : 남성명사 격변화와 동일

중성명사		-о	-е	-мя	의문사
слово 단어 мо́ре 바다 вре́мя 시간	1격	сло́в о	мо́р е	вре́ мя	что
	2격	сло́в а	мо́р я	вре́ мени	чего́
	3격	сло́в у	мо́р ю	вре́ мени	чему́
	4격	1격(비활동체)			что
	5격	сло́в ом	мо́р ем	вре́ менем	чем
	6격	сло́в е	мо́р е	вре́ мени	о чём

① 비활동체인 중성명사 격변화 : 남성명사 격변화와 동일하다.
② 4격 : 1격과 동일하다.

2. 동사 хоте́ть : *инф* ~ 하고 싶다, ~ 하고 싶어하다

хоте́ть	
я	хочу́
ты	хо́чешь
он/она́	хо́чет
мы	хоти́м
вы	хоти́те
они́	хотя́т
хоте́л(-а, -о, -и)	

Я хочу́ пить. 나는 마시고 싶다. (목마르다)
Он хо́чет есть. 그는 먹고 싶어한다. (배고프다)
Де́ти хотя́т спать. 아이들은 자고 싶어한다. (졸리다)
Мы хоте́ли игра́ть в футбо́л.
Моя́ сестра́ хоте́ла занима́ться спо́ртом.

3. 전치사 с / без

Како́й?	С чем? (~이 들어간)	Без чего́? (~이 없는)
Како́й ко́фе?	ко́фе со сли́вками	ко́фе без молока́
Како́й чай?	чай с са́харом	чай без са́хара
Како́й хлеб?	хлеб с сы́ром	хлеб без сы́ра

외래어로 된 중성명사 : 격변화하지 않는다.

пальто́	외투	ра́дио	라디오
жюри́	심사위원	хо́бби	취미
метро́	지하철	кафе́	카페
такси́	택시	интервью́	인터뷰

УПРАЖНЕНИЯ 연습문제

1 뭐 마시고(пить) 싶어요? 크림(сли́вки)이 들어간 커피를 마시고 싶어요.
2 그녀는 사과(я́блоко)를 먹고(есть) 싶어해요.
3 여기에 작은 카페(кафе́)가 있었다.
4 만약(е́сли) 너에게 시간이 있다면, 일에 대해 얘기하고(поговори́ть) 싶다.
5 미안해, 지금 시간 없어(вре́мя의 2격인 вре́мени사용 ☞ 29과).

- 음료수(напи́тки)

вода́	물	молоко́	우유	чай	차	ко́фе (м.)	커피
сок	주스	вино́	포도주	во́дка	보드카	квас	끄바스(호밀로 만듦)
пи́во	맥주	ви́ски	위스키	конья́к	꼬냑	шампа́нское	샴페인

УРОК 21
двадцать первый
Студенты любят играть в шахматы.

ЧТЕНИЕ

– Кто любит играть в шахматы?

   – Студенты любят играть в шахматы.

– У кого есть занятия?

   – У студентов есть занятия.

– Кому доверяет наш учитель?

   – Он доверяет студентам.

– Кого он учит русскому языку?

   – Он учит русскому языку студентов.

– С кем разговаривает секретарь?

   – Он разговаривает со студентами.

– О ком думает наша учительница?

   – Она думает только о студентах.

СЛОВА

- шахматы — 서양장기 (복수로 사용)
- играть в шахматы — 서양장기를 두다
- занятие — 수업
- думать¹ — *о ком-чём?* ~에 대해 생각하다
- учить² — *кого?* ~에게 *чему?* ~를 가르치다
- секретарь (м.) — 비서 (ж. *секретарша*)
- доверять¹ — *кому-чему?* ~을 신뢰하다
- только — ~만, ~뿐

ГРАММАТИКА 문법

1 « 남성·여성·중성 명사의 복수 6격변화

복수 (мн.ч.)					의문사
남성명사					
студе́нт 대학생 музе́й 박물관 гость 손님	1격	студе́нт ы	музе́ и	го́ст и	кто-что
	2격	студе́нт ов	музе́ ев	гост е́й	кого-чего
	3격	студе́нт ам	музе́ ям	гост я́м	кому-чему
	4격	1격(비활동체) 또는 2격(활동체)			кого-что
	5격	студе́нт ами	музе́ ями	гост я́ми	кем-чем
	6격	студе́нт ах	музе́ ях	гост я́х	о ком-чём
여성명사					
же́нщина 여자 неде́ля 일주일 пло́щадь 광장	1격	же́нщин ы	неде́л и	пло́щад и	кто-что
	2격	же́нщин	неде́л ь	пло́щад е́й	кого-чего
	3격	же́нщин ам	неде́л ям	пло́щад я́м	кому-чему
	4격	1격(비활동체) 또는 2격(활동체)			кого-что
	5격	же́нщин ами	неде́л ями	пло́щад я́ми	кем-чем
	6격	же́нщин ах	неде́л ях	пло́щад я́х	о ком-чём
중성명사					
сло́во 단어 мо́ре 바다 вре́мя 시간	1격	слов а́	мор я́	вре мена́	что
	2격	слов	мор е́й	вре мён	чего
	3격	слов а́м	мор я́м	вре мена́м	чему
	4격	1격(비활동체)			что
	5격	слов а́ми	мор я́ми	вре мена́ми	чем
	6격	слов а́х	мор я́х	вре мена́х	о чём

① 남성·여성 활동체 명사의 복수 4격 : 2격(кого)과 동일하다
② 남성·여성·중성 비활동체 명사의 복수 4격 : 1격(что)과 동일하다.
③ 명사 격변화 어미에서 나타나는 경-연모음의 대응관계

경모음 :	а	ы	у	о
연모음 :	я	и	ю	е ё

ГРАММАТИКА 문법

2. 출몰모음 현상

(1) 명사 격변화 시 어간에서 모음 o/e/ё가 탈락되거나 추가되는 현상

отéц 아버지 : отцá – отцý – отцá – отцóм – об отцé

óкна 창문들 : óкон – óкнам – óкна – óкнами – об óкнах

(2) 복수 2격 어간에서 모음 -o-, -e-, -ё-가 나타나는 경우

- 어간 끝에 오는 자음이 к인 경우 : o/e를 추가

  шáпка (шáпок) 털모자   дéвушка (дéвушек) 아가씨

  чáшка (чáшек) 찻잔   студéнтка (студéнток) 대학생

- 어간 끝에 오는 자음 앞에 -й-나 -ь-가 있는 경우 : й, ь를 모음 е로 교체

  балалáйка (балалáек) 발랄라이카(악기이름)   письмó (пи́сем) 편지

  копéйка (копéек) 코페이카(화폐단위)   дéньги (дéнег) 돈

  ☺주의! яйцó 달걀 (복수 я́йца – яи́ц – я́йцам – я́йца – я́йцами – о я́йцах)

- 기타

  сестрá (сестёр) 자매   пéсня (пéсен) 노래

3. 러시아인 성(фами́лия)의 6격변화

(1) 명사ㆍ형용사의 혼합변화 : Николáев, Никити́н ➡ 30과

(2) 형용사와 동일한 변화 : Чайкóвский (-ая, -ие), Бели́нский (-ая, -ие) ➡ 30과

(3) 남성명사와 동일한 변화 : Гóголь, Станкéвич와 같은 남자의 성

(4) 불변

- Гóголь, Станкéвич와 같은 여자의 성
- 자음으로 끝나는 비러시아적 어미를 가진 성 : Пушны́х, Черны́х
- 모음으로 끝나는 비러시아적 성(외국어 어원) : Зóля, Сальéри

외국인 성(фами́лия)의 6격변화

(1) 자음으로 끝나는 남자의 성(남성명사와 동일한 변화) : Шмидт

(2) 자음으로 끝나는 여자의 성(불변) : Шмидт, Ким, Мо́царт

(3) 모음으로 끝나는 남자 · 여자의 성과 이름(불변) : Ли Донсу

УПРАЖНЕНИЯ 연습문제

1 학생들은 선생님들과 시험(экза́мен)에 대해 이야기를 나눴다.
2 도시에 있는(в го́роде) 박물관들은 유명해요(изве́стный).
3 이 패션(мо́дный) 잡지들은 아주 재미있어요.
4 어제 우리 집에 친척(ро́дственник)들이 왔다 갔어요(быть).
5 그의 작품(произведе́ние)들에 대해 어떤 생각을 하고 계십니까?

학교	학생	학년	수업	수업장소	교사
университе́т (종합)대학교	студе́нт студе́нтка	курс	ле́кция заня́тие па́ра	аудито́рия	преподава́тель преподава́тельница профе́ссор
шко́ла 초·중·고등학교	шко́льник шко́льница	класс	уро́к заня́тие	класс	учи́тель учи́тельница

① нача́льная шко́ла (초등학교), сре́дняя шко́ла (중학교), вы́сшая шко́ла (고등학교)
② вуз (вы́сшее уче́бное заведе́ние 고등교육기관) : 기능에 따라 종합대학과 특수대학으로 나뉘며, университе́т, институ́т, консервато́рия 등이 있다.

명사격변화 총정리

성·격 \ 수	단수 (ед.ч.)			복수 (мн.ч.)			의문사
남성(м.)	-자음	-й	-ь	-ы	-и	-и	
студе́нт / стол / музе́й / геро́й / гость / слова́рь — 1격	студе́нт	музе́й	гост ь	стол ы́	геро́ и	словар и́	кто-что
2격	студе́нт а	музе́ я	го́ст я	стол о́в	геро́ ев	словар е́й	кого́-чего́
3격	студе́нт у	музе́ ю	го́ст ю	стол а́м	геро́ ям	словар я́м	кому́-чему́
4격	1격(비활동체) 또는 2격(활동체)						кого́-что
5격	студе́нт ом	музе́ ем	го́ст ем	стол а́ми	геро́ ями	словар я́ми	кем-чем
6격	студе́нт е	музе́ е	го́ст е	стол а́х	геро́ ях	словар я́х	о ком-чём
여성(ж.)	-а	-я	-ь	-ы	-и	-и	
жена́ / же́нщина / пе́сня / неде́ля / пло́щадь / тетра́дь — 1격	жен а́	пе́сн я	пло́щад ь	же́нщин ы	неде́л и	тетра́д и	кто-что
2격	жен ы́	пе́сн и	пло́щад и	же́нщин	неде́л ь	тетра́д ей	кого́-чего́
3격	жен е́	пе́сн е	пло́щад и	же́нщин ам	неде́л ям	тетра́д ям	кому́-чему́
4격	жен у́	пе́сн ю	пло́щад ь	1격(비활동체) 또는 2격(활동체)			кого́-что
5격	жен о́й	пе́сн ей	пло́щад ью	же́нщин ами	неде́л ями	тетра́д ями	кем-чем
6격	жен е́	пе́сн е	пло́щад и	же́нщин ах	неде́л ях	тетра́д ях	о ком-чём
중성(с.)	-о	-е	-мя	-а	-я	-мена	
окно́ / сло́во / мо́ре / по́ле / вре́мя / и́мя — 1격	окн о́	мо́р е	вре́ мя	слов а́	пол я́	и мена́	что
2격	окн а́	мо́р я	вре́ мени	слов	пол е́й	и мён	чего́
3격	окн у́	мо́р ю	вре́ мени	слов а́м	пол я́м	и мена́м	чему́
4격	1격(비활동체)						что
5격	окн о́м	мо́р ем	вре́ менем	слов а́ми	пол я́ми	и мена́ми	чем
6격	окн е́	мо́р е	вре́ мени	слов а́х	пол я́х	и мена́х	о чём

① 남성명사
ж, ш, ч, щ로 끝나는 명사 복수 2격어미 : -ей   예) эта́ж → этаже́й
ж, ш, ч, щ, ц로 끝나는 명사 단수 5격어미: -о́м/ -ем(강세 없음)   예) оте́ц → отцо́м, ме́сяц → ме́сяцем
ц로 끝나는 명사 복수 2격어미 : -о́в/ -ев(강세 없음)   예) оте́ц → отцо́в, ме́сяц → ме́сяцев

② 여성명사
жа, ша, ча, ща, ца로 끝나는 명사 단수 5격어미: -о́й/ -ей(강세 없음)   예) моча́ → мочо́й, у́лица → у́лицей

③ 중성명사
же, ше, че це로 끝나는 명사 복수 2격어미: -е를 없앰   예) учи́лище → учи́лищ

КОНТРОЛЬНАЯ РАБОТА 쪽지시험

1 다음 문장에서 ( ) 안의 단어를 알맞은 형태로 바꾸세요.

(1) Я разгова́риваю с (друг).

(2) На́ши шко́льники ду́мали об (уро́к). ◎**주의!** 전치사 об : а, ы, у, э, о, и로 시작하는 단어와 함께 사용

(3) Он был с (Та́ня) на конце́рте.

(4) Мы говори́ли об (учи́тель).

(5) Позавчера́ газе́ты писа́ли о (раке́та).

(6) Я купи́ла стол со (стул).

(7) Моя́ дочь слы́шала о (Москва́).

(8) Я о́чень люблю́ ко́фе с (молоко́).

(9) Вот чай с (варе́нье).

(10) Он хоте́л хлеб с (сыр).

2 다음 문장에서 밑줄 친 단어의 성·수·격을 확인하고 그것의 원형을 쓰세요.

(1) Я о́чень люблю́ зелёный <u>чай</u>.

(2) Он занима́ется интере́сным <u>де́лом</u>.

(3) У меня́ есть глубо́кий интере́с к совреме́нной <u>му́зыке</u>.

(4) Сейча́с профе́ссор встреча́ется со свои́ми <u>студе́нтами</u>.

(5) Она́ верну́лась домо́й на <u>самолёте</u>?

3 다음 문장에서 ( ) 안의 단어를 알맞은 형태로 바꾸세요.

(1) Вчера́ ве́чером она́ чита́ла (кни́га) и (журна́л).

(2) Мы со студе́нтами изуча́ем (грамма́тика).

(3) Твой сын си́льно лю́бит (моро́женое и шокола́д).

(4) Он ча́сто говори́т о (Та́ня).

(5) Они́ быва́ли в (библиоте́ка).

(6) По (у́лицы) хо́дят мои́ де́ти.

(7) Моя́ подру́га Ве́ра говори́ла с (Анто́н).

(8) У (её студе́нты) бу́дут кани́кулы.

(9) Она́ горди́тся (его́ рабо́та).

(10) Сейча́с я чита́ю кни́ги без (слова́рь).

РАЗДЕЛ II

ДОМ РУССКОГО ЯЗЫКА

УРОК 22 двадцать второй
Я люблю чай с сахаром.

ЧТЕНИЕ

Я люблю чай с сахаром.

Её дети играют у окна.

У меня глубокий интерес к музыке.

Благодарю вас за внимание.

Завтра я лечу в Москву на самолёте.

Я совсем забыла о его просьбе.

За домом находится широкая зелёная улица.

Расскажите, пожалуйста, ещё раз про новогодний праздник.

СЛОВА

- чай [чяй] 차(茶)
- сахар 설탕
- у *кого-чего?* ~옆에
- глубокий 깊은
- интерес *к кому-чему?* ~에 대한 관심
- музыка 음악
- благодарить² *кого?* ~에게 감사하다
- за *что?* ~때문에
- внимание 배려, 관심, 주의
- Москва 모스크바
- в Москву 모스크바로 (куда?)
- самолёт 비행기
- на самолёте *на чём?* ~을 타고
- забыть¹ *о ком-чём* ~에 대해 잊다
- просьба [прозьба] 부탁
- за *кем-чем?* ~뒤에 (где?)
- находиться² *где?* ~에 위치하다
- зелёный 초록의, 녹음의
- ещё раз [рас] 한 번 더
- про *кого-что?* ~에 대해서
- новогодний 새해의
- праздник [празник] 명절, 경축일

ГРАММАТИКА 문법

1 << 전치사 (предлог)

명사나 대명사 앞에 놓여 어떤 일이 일어나는 장소나 시간 또는 원인이나 목적을 나타내기 위해 사용되며 각 전치사마다 지배하는 격이 정해져 있다.

격 \ 종류	격을 지배하는 전치사
2격	у, без, до, из, с, от, для, óколо, мúмо, пóсле, вокрýг, крóме, средú, вóзле, близ, вблизú, нúже, позадú, вмéсто, вдоль, прéжде, внутрú, вслéдствие, относúтельно, напрóтив, впередú, вне, из-за, из-под, рáди, прóтив
3격	к, по, благодаря́, соглáсно, вопрекú, навстрéчу, сообрáзно, соотвéтственно
4격	за, в, на, про, чéрез, по, сквозь, с, под, спустя́
5격	с, за, над, под, пéред, мéжду
6격	о, в, на, при, по

У брáта есть интерéсная кнúга.   *У кого?*
У неё был интерéс к мýзыке.   *К чему?*
Спасúбо вам за звонóк.   *За что?*
Онá былá с друзья́ми.   *С кем?*
Отéц говорúт о теáтре.   *О чём?*

2 << 교통수단 : На чём вы éдете? 무엇을 타고 가세요?

교통수단 (трáнспорт)		На чём?	Как?
автóбус	버스	на автóбусе	автóбусом
самолёт	비행기	на самолёте	самолётом
пóезд	기차	на пóезде	пóездом
трамвáй	트람바이	на трамвáе	трамвáем
парохóд	배	на парохóде	парохóдом
таксú	택시	на таксú	–
метрó	지하철	на метрó	–

22 Я люблю́ чай с сáхаром. | **99**

ГРАММАТИКА 문법

3<< 전치사 к와 함께 사용되는 표현 : 감정의 대상

интере́с	관심, 흥미	интере́с к иностра́нному языку́
дове́рие	믿음, 신임	дове́рие к партнёру
любо́вь	사랑, 애정	любо́вь к му́зыке
стремле́ние	열정, 열의	стремле́ние к уче́нию
скло́нность	취미, 취향	скло́нность к матема́тике
во́ля	의지, 의욕	во́ля к побе́де

4<< 전치사 за와 함께 사용되는 표현 : 감사, 존경, 용서하는 내용

благодари́ть	감사하다	благодари́ть вас за по́мощь
люби́ть	좋아하다	люби́ть вас за доброту́
цени́ть	높이사다	цени́ть вас за спосо́бности
уважа́ть	존경하다	уважа́ть вас за и́скренность
извини́ть	용서하다	извини́ть вас за беспоко́йство

5<< о ком-чём을 보어로 취하는 동사 : 생각, 기억, 이야기의 대상

ду́мать	생각하다	ду́мать о семье́
мечта́ть	상상하다, 꿈꾸다	мечта́ть об о́тдыхе
говори́ть	말하다	говори́ть о му́зыке
слы́шать	듣다(들리다), 들어서 알다	слы́шать о студе́нтах
по́мнить	기억하다	по́мнить о встре́че
вспомина́ть	회상하다	вспомина́ть о дру́ге
забыва́ть	잊다	забыва́ть о вре́мени

УПРАЖНЕНИЯ 연습문제

1 아이들이 창가에서 놀고 있었다.
2 Та́ня는 문학(литерату́ра)에 관심이 있다.
3 그는 서울에(в Сеу́л) 기차(по́езд)로 가요(е́дет).
4 그녀는 Андре́й와 함께 여기에 있었어요.
5 무슨 상상하니(мечта́ть)? 자동차(маши́на)에 대해서.

УРОК 23 | Где вы живёте?
двадцать третий

ЧТЕНИЕ

– Где вы живёте? – Я давно́ живу́ в райо́не Санбон.

– Где нахо́дится ва́ша кварти́ра? – Недалеко́ отсю́да.

– Зна́ете ли вы, где де́вочки? – Они́ сейча́с на уро́ке.

– Где твой брат? – На рабо́те. Он рабо́тает в ба́нке в це́нтре.

– Где бы́ли молоды́е лю́ди вчера́ ве́чером? – Они́ бы́ли в кинотеа́тре.

– Како́й фильм ты там смотре́л? – Я смотре́л фильм «Восто́к-За́пад».

– Где ты ча́сто быва́ешь? – Я быва́ю в музе́ях и на конце́ртах.

– Вы зна́ете, что на восто́ке уже́ зима́? – Да, в гора́х лежи́т снег.

– Как дела́? – Спаси́бо, норма́льно. Всё в поря́дке.

СЛОВА 단어

· жить¹ [жы́ть]	где? ~에 살다	· кинотеа́тр	영화관
· давно́	오래 전부터	· фильм	영화
· райо́н	지역, 구(행정단위)	· восто́к	동, 동쪽, 동방
· недалеко́	멀지 않다	· за́пад [за́пат]	서, 서쪽, 서방, 서구
· отсю́да	여기서부터	· быва́ть¹	где? ~에 방문하다, 있다
· де́вочка	소녀 (ма́льчик 소년)	· уже́ [ужэ́]	이미, 벌써
· рабо́та	직장, 일터	· зима́	겨울
· банк	은행	· гора́	산
· центр [цэ́нтр]	중심지, 시내	· лежа́ть²	где? ~에 (놓여, 누워) 있다
· молодо́й	젊은	· норма́льный	정상적인, 보통의
· лю́ди	사람들 (ед.ч. челове́к)	· поря́док	순조로움, 질서, 정상

ГРАММАТИКА 문법

1. 전치사 B/на와 함께 사용되는 〈장소 6격〉 : Где?

в/на + 장소 6격					
◎주의! 전치사의 선택은 뒤에 오는 명사에 따름					
В			НА		
страна́	나라	в стране́ [ф]	ро́дина	고향, 조국	на ро́дине
райо́н	지역	в райо́не	се́вер	북, 북쪽	на се́вере
го́род	도시	в го́роде	юг	남, 남쪽	на ю́ге
дере́вня	시골, 마을	в дере́вне	за́пад	서, 서쪽	на за́паде
центр	중심지	в це́нтре [ф]	восто́к	동, 동쪽	на восто́ке
аэропо́рт	공항	в аэропорту́	рабо́та	일터	на рабо́те
университе́т	대학교	в университе́те	заво́д	공장	на заво́де
институ́т	단과대학	в институ́те	бе́рег	강변	на берегу́
аудито́рия	강의실	в аудито́рии	факульте́т	학부	на факульте́те
лаборато́рия	연구소	в лаборато́рии	курс	과정, 학년	на ку́рсе
библиоте́ка	도서관	в библиоте́ке	заня́тие	수업	на заня́тии
шко́ла	학교	в шко́ле [ф]	уро́к	수업	на уро́ке
класс	교실, 학년	в кла́ссе [ф]	ле́кция	강의	на ле́кции
теа́тр	(예술)극장	в теа́тре [ф]	по́чта	우체국	на по́чте
парк	공원	в па́рке [ф]	ры́нок	시장	на ры́нке
гости́ница	호텔	в гости́нице	спекта́кль	공연	на спекта́кле
кино́	영화관	в кино́ [ф]	вы́ставка	전시회	на вы́ставке

① 일부 남성명사는 단수 6격 어미로 -ý(-ю́)를 사용한다.   ☞ 30과
② -ий, -ия, -ие 로 끝나는 명사는 단수 6격 어미로 -ии를 사용한다.   ☞ 30과
③ кино́ : 불변명사
④ в [ф] : 뒤에 오는 무성자음에 의해 동화되어 в를 [ф]로 읽는다.

2. 전치사 y와 함께 사용되는 장소 표현

– Где моя́ кни́га? – У окна́.   창가에 (У чего́? 어디 옆에?)

– Где бы́ли го́сти? – У Бори́са.   보리스 집에 (У кого́? 누구 집에?)

3 где를 보어로 취하는 동사

жить¹ 살다	быть¹ 있다	лежа́ть² 누워/놓여 있다	стоя́ть² 서/놓여 있다	сиде́ть² 앉아 있다	висе́ть² 걸려 있다
жив у́	бу́д у	леж у́	сто ю́	сиж у́	виш у́
жив ёшь	бу́д ешь	леж и́шь	сто и́шь	сид и́шь	вис и́шь
жив ёт	бу́д ет	леж и́т	сто и́т	сид и́т	вис и́т
жив ём	бу́д ем	леж и́м	сто и́м	сид и́м	вис и́м
жив ёте	бу́д ете	леж и́те	сто и́те	сид и́те	вис и́те
жив у́т	бу́д ут	леж а́т	сто я́т	сид я́т	вис я́т

4 далеко́와 бли́зко : 〈멀다〉, 〈가깝다〉

— Кинотеа́тр далеко́?

　— Нет, недалеко́.

— Далеко́ ли отсю́да?

　— Нет, о́чень бли́зко.

— Далеко́ ли от Москвы́ до Петербу́рга?

　— Да, дово́льно далеко́.

5 장소 표현에 사용되는 전치사 над, под, пе́ред, за, ря́дом с

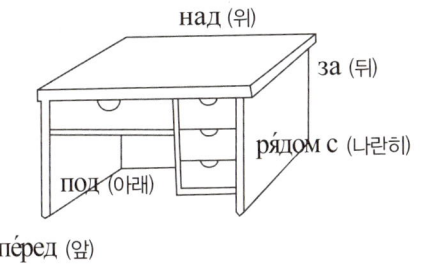

над (위)
за (뒤)
ря́дом с (나란히)
под (아래)
пе́ред (앞)

над	
под	
пе́ред	чем?
за	
ря́дом с	

УПРАЖНЕНИЯ 연습문제

1 나의 삼촌(дя́дя)은 시골(дере́вня)에 살고 계시다.
2 우리 가족은 공원(парк)에서 산책하는 것을 좋아한다.
3 이틀 전에(два дня наза́д) 그는 부모님(роди́тели)과 남쪽 지방에 있었다.
4 크레믈린(Кремль)과 붉은 광장(Кра́сная пло́щадь)은 시내에 위치해 있다.
5 그는 뻬제르부르그(Петербу́рг)에 자주 갔었다(быва́ть).

어떻게 지내세요?

– Как ва́ши дела́? – Спаси́бо, ничего́.
– Как вы пожива́ете? – У нас всё хорошо́, как обы́чно.

❀ Парус ❀

Белеет парус одинокий
(   ) моря голубом!..
Что ищет он (   ) далекой?
Что кинул он (   ) родном?..

(   ) волны – ветер свищет,
И мачта гнётся и скрипит...
Увы! Он счастия не ищет
И не от счастия (   )!

(   ) струя светлей лазури,
(   ) луч солнца золотой...
А он, мятежный, просит бури,
Как будто (   ) есть покой!

М. Ю. Лермонтов (1814-1841)

УРОК 24 двадцать четвёртый

«Евгéний Онéгин» – ромáн Пýшкина.

ЧТЕНИЕ

«Евгéний Онéгин» – ромáн Пýшкина. (Алексáндр Сергéевич Пýшкин)

Сеýл – столи́ца Корéи. Москвá – столи́ца Росси́и.

Байкáл – сáмое глубóкое óзеро ми́ра.

Веснá, лéто, óсень и зимá – временá гóда.

Вчерá бы́ло прáзднование Дня гóрода.

Они́ все дéятели наýки и культýры.

Достижéния наýки – в жизнь!

Вот смотри́, э́то нáше расписáние урóков.

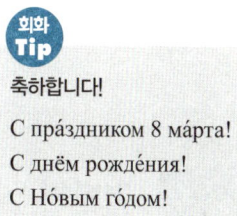

축하합니다!
С прáздником 8 мáрта!
С днём рождéния!
С Нóвым гóдом!

СЛОВА 단어

· «Евгéний Онéгин»	예브게니 오네긴	· врéмя гóда	계절 (= сезóн)
· ромáн	소설	· прáзднование	축하, 축제(прáздник)
· Пýшкин	러시아 시인 뿌쉬낀	· День гóрода	도시의 날
· Сеýл	서울	· все [фсе]	모든 사람들 (복수로 사용)
· Корéя	한국	· дéятель (м.)	활동가
· столи́ца	수도	· наýка	과학, 학문
· сáмый	가장, 제일의	· культýра	문화
· óзеро	호수	· достижéние [дастижэ́ние]	업적, 달성
· мир	세계, 평화	· жизнь [жы́знь] (ж.)	삶, 생활
· лéто	여름	· в жизнь	삶 속으로(실생활에 적용)
· óсень (ж.)	가을	· расписáние	시간표

ГРАММАТИКА 문법

1 << 〈한정어 2격〉: Какой? Чей?

명사와 명사가 결합하여 명사구를 만들게 되는데, 이 때 수식받는 명사인 핵심어가 앞에 위치하고 그 뒤로 수식하는 명사가 한정어 2격(кого-чего)의 형태로 오게된다. 한정어 2격은 핵심어가 격변화하더라도 형태적으로 변화하지 않고 그대로 사용된다.

수식받는 명사(핵심어) + 수식하는 명사(한정어2격) = 새로운 명사(구)

роман	Пушкина	뿌쉬낀의 소설
театр	оперы и балета	오페라발레극장
время	года	계절
день	рождения	생일
номер	телефона	전화번호
прогноз	погоды	일기예보
остановка	автобуса	버스정류장
салон	красоты	미용실
учитель	русского языка	러시아어 선생님

2 << 격변화: 앞에 위치한 핵심어가 격변화할 때 뒤에 있는 한정어 2격은 그대로 있다.

Чей это роман? 누구의 소설입니까?
Роман Пушкина. 뿌쉬낀의 소설

(роман Пушкина)	что
(романа Пушкина)	чего
(роману Пушкина)	чему
(роман Пушкина)	что
(романом Пушкина)	чем
(о романе Пушкина)	о чём

Какой это театр? 어떤 극장입니까?
Театр оперы и балета. 오페라발레극장

(театр оперы и балета)	что
(театра оперы и балета)	чего
(театру оперы и балета)	чему
(театр оперы и балета)	что
(театром оперы и балета)	чем
(о театре оперы и балета)	о чём

3. 〈~이다〉의 의미를 갖는 ' – ' : 횡선 (тире)

(1) | кто-что | = | кто-что |

   Вре́мя – де́ньги.
   А.С. Пу́шкин – са́мый вели́кий ру́сский поэ́т.

(2) | инф | = | инф |

   Жизнь прожи́ть – не по́ле перейти́.   인생을 산다는 건 쉽지만은 않다.
   Пешко́м ходи́ть – до́лго жить.   걸으면 오래 산다.

(3) | инф | = | кто-что | 또는 | кто-что | = | инф |

   Учи́ться – на́ша зада́ча.   배우는 것은 우리의 과제이다.
   Наш долг – боро́ться за мир.   우리의 의무는 평화를 위한 투쟁이다.

4. 계절과 하루의 시간표현

Како́е вре́мя го́да? 무슨 계절		Когда́? 언제		Како́е вре́мя дня? 하루 중 어떤 시간		Когда́? 언제	
весна́	봄	весно́й	봄에	у́тро	아침	у́тром	아침에
ле́то	여름	ле́том	여름에	день	낮	днём	낮에
о́сень	가을	о́сенью	가을에	ве́чер	저녁	ве́чером	저녁에
зима́	겨울	зимо́й	겨울에	ночь	밤	но́чью	밤에

УПРАЖНЕНИЯ 연습문제

1. 이 분이 물리학(фи́зика) 선생님입니다.
2. 지금은 3월(март) 초순(нача́ло)입니다.
3. Евге́ний Оне́гин은 뿌쉬낀 소설의 주인공(геро́й)이다.
4. 가을은 내가 좋아하는(люби́мый) 계절이에요.
5. 어제가 친구 생일(день рожде́ния)이었어요.

УРОК 25 двадцать пятый | Сколько студентов у вас на курсе?

ЧТЕНИЕ

– Сколько студентов у вас на курсе?
  – Много студентов, кроме меня 53 человека.

– Сколько у вас детей? – У меня два сына и маленькая дочь.

– Сколько стоит эта книга? – Её стоимость составляет 200 рублей.

– Какие хорошие часы! Сколько они стоят? – 100 долларов.

– Скажите, пожалуйста, сколько времени? – 2 часа 15 минут.

– Когда начинается лекция по литературе? – В 9 часов.

– А когда заканчивается? – Она заканчивается в 3 часа.

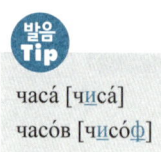

часа [чиса]
часов [чисоф]

СЛОВА 단어

сколько	*кого-чего?* 몇, 얼마	рубль (м.)	루블(러시아의 화폐단위)
курс	학년, 과정	часы [чисы]	시계 (복수로 사용)
много	*кого-чего?* ~가 많다	сто	100
кроме	*кого-чего?* ~이외에	доллар	달러
~ меня	나 이외에	час [чяс]	시
пятьдесят	50	минута	분
три	3	пятнадцать	15
человек	사람, 명 (мн. ч. *люди*)	начинаться[1]	시작되다
стоить[2] (стоит/стоят)	~의 값이다	лекция [лекцыя]	*по чему?* ~에 대한 강의
стоимость (ж.)	가격, 값, 가치	литература	문학
составлять[1]	(얼마)이다	девять	9
двести	200	заканчиваться[1]	끝나다

ГРАММАТИКА 문법

1 〈수량 2격〉: Ско́лько?

수사(1은 제외)와 결합되는 명사는 **수량 2격(кого́-чего́)**의 형태를 취한다.

> 2/3/4 + 수량 2격(단수)
> 5이상 + 수량 2격(복수)
> мно́го, ма́ло + 수량 2격(단수/복수)

1	оди́н (+남성명사) одна́ (+여성명사) одно́ (+중성명사)	студе́нт ко́мната сло́во	музе́й неде́ля по́ле	성 · 수 · 격 일치
2	два (+남성명사) две (+여성명사) два (+중성명사)	студе́нта ко́мнаты сло́ва	музе́я неде́ли по́ля	수량 2격 (단수)
3	три	студе́нта ко́мнаты сло́ва	музе́я неде́ли по́ля	
4	четы́ре	студе́нта ко́мнаты сло́ва	музе́я неде́ли по́ля	
5~20 25~30 35~40	пять … два́дцать два́дцать пять … три́дцать пять …	студе́нтов ко́мнат слов	музе́ев неде́ль поле́й	수량 2격 (복수)

☺ **주의!** 합성수사(21~29, 31~39, 101~109 등)일 경우 : 마지막에 오는 수사에 위 규칙을 적용

얼마, 몇 많다, 많은 적다, 적은 약간, 몇몇	ско́лько мно́го ма́ло не́сколько	студе́нтов ко́мнат слов	музе́ев неде́ль поле́й	수량 2격 (단수/복수)
		наро́да (наро́д 대중, 사람들) воды́ (вода́ 물) молока́ (молоко́ 우유) ры́бы (ры́ба 물고기, 생선)		

① 수사 1 : оди́н/одна́/одно́ (성에 따라 구분하여 사용)
② 수사 2 : два/две (два는 남 · 중성명사와, две는 여성명사와 사용)
③ 합성수사는 두 개 이상의 단어로 구성되어 있는 수사이다.　　예 21 два́дцать оди́н
④ 수사 0 : ноль (= нуль) 뒤에는 수량 2격으로 복수를 사용한다.　　예 0℃ ноль гра́дусов
⑤ 집합수사 (дво́е, тро́е, че́тверо …) 뒤에는 수량 2격으로 복수를 사용한다.　　예 дво́е дете́й　　☞ 65과
⑥ наро́д (대중, 사람들)　　예 Там мно́го наро́да (наро́ду). = Там мно́го люде́й.

ГРАММАТИКА 문법

2. 수량수사와 순서수사

(1) 단일수사(어근 하나로 이루어진 한 단어) : 1 (оди́н) ~ 10 (де́сять), 40 (со́рок), 100 (сто), 1000 (ты́сяча) ⋯

(2) 복합수사(어근 두개로 이루어진 한 단어) : 11 (оди́ннадцать) ~ 20 (два́дцать), 30 (три́дцать), 200 (две́сти) ⋯

(3) 합성수사(두개 이상의 수사) : 21 (два́дцать оди́н) ~ 29 (два́дцать де́вять), 31~39, 41~49 ⋯⋯ 101 (сто оди́н) ~ 109 (сто де́вять) ⋯

수량수사 (коли́чественные числи́тельные)	순서수사 (поря́дковые числи́тельные)
1. оди́н/одна́/одно́	пе́рвый (-ая, -ое, -ые)
2. два (+남·중성명사) / две (+여성명사)	второ́й (-а́я, -о́е, -ы́е)
3. три	тре́тий (-ья, -ье, -ьи)
4. четы́ре	четвёртый (-ая, -ое, -ые)
5. пять	пя́тый (-ая, -ое, -ые)
6. шесть	шесто́й (-а́я, -о́е, -ы́е)
7. семь	седьмо́й (-а́я, -о́е, -ы́е)
8. во́семь	восьмо́й (-а́я, -о́е, -ы́е)
9. де́вять	девя́тый (-ая, -ое, -ые)
10. де́сять	деся́тый (-ая, -ое, -ые)
11. оди́ннадцать	оди́ннадцатый (-ая, -ое, -ые)
12. двена́дцать	двена́дцатый (-ая, -ое, -ые)
13. трина́дцать	трина́дцатый (-ая, -ое, -ые)
14. четы́рнадцать	четы́рнадцатый (-ая, -ое, -ые)
15. пятна́дцать	пятна́дцатый (-ая, -ое, -ые)
16. шестна́дцать	шестна́дцатый (-ая, -ое, -ые)
17. семна́дцать	семна́дцатый (-ая, -ое, -ые)
18. восемна́дцать	восемна́дцатый (-ая, -ое, -ые)
19. девятна́дцать	девятна́дцатый (-ая, -ое, -ые)
20. два́дцать	двадца́тый (-ая, -ое, -ые)
21. два́дцать оди́н/одна́/одно́	два́дцать пе́рвый (-ая, -ое, -ые)
22. два́дцать два/две	два́дцать второ́й (-а́я, -о́е, -ы́е)
30. три́дцать	тридца́тый (-ая, -ое, -ые)
40. со́рок	сороково́й (-а́я, -о́е, -ы́е)
50. пятьдеся́т	пятидеся́тый (-ая, -ое, -ые)
60. шестьдеся́т	шестидеся́тый (-ая, -ое, -ые)

70. се́мьдесят	семидеся́тый (-ая, -ое, -ые)
80. во́семьдесят	восьмидеся́тый (-ая, -ое, -ые)
90. девяно́сто	девяно́стый (-ая, -ое, -ые)
100. сто	со́тый (-ая, -ое, -ые)
101. сто оди́н/одна́/одно́	сто пе́рвый (-ая, -ое, -ые)
140. сто со́рок	сто сороково́й (-а́я, -о́е, -ы́е)
190. сто девяно́сто	сто девяно́стый (-ая, -ое, -ые)
200. две́сти	двухсо́тый (-ая, -ое, -ые)
300. три́ста	трёхсо́тый (-ая, -ое, -ые)
400. четы́реста	четырёхсо́тый (-ая, -ое, -ые)
500. пятьсо́т	пятисо́тый (-ая, -ое, -ые)
600. шестьсо́т	шестисо́тый (-ая, -ое, -ые)
700. семьсо́т	семисо́тый (-ая, -ое, -ые)
800. восемьсо́т	восьмисо́тый (-ая, -ое, -ые)
900. девятьсо́т	девятисо́тый (-ая, -ое, -ые)
1000. ты́сяча	ты́сячный (-ая, -ое, -ые)
1001. ты́сяча оди́н/одна́/одно́	ты́сяча пе́рвый (-ая, -ое, -ые)
2000. две ты́сячи	двухты́сячный (-ая, -ое, -ые)
5000. пять ты́сяч	пятиты́сячный (-ая, -ое, -ые)
10.000. де́сять ты́сяч	десятиты́сячный (-ая, -ое, -ые)
100.000. сто ты́сяч	стоты́сячный (-ая, -ое, -ые)
1.000.000. миллио́н	миллио́нный (-ая, -ое, -ые)
10억 миллиа́рд	миллиа́рдный (-ая, -ое, -ые)

3≪ 시간 표현

(1) Ско́лько вре́мени? (= Кото́рый час?) : 몇 시예요?

수사	час 시	мину́та 분	секу́нда 초
1 (+ 1격)	(оди́н) час	(одна́) мину́та	(одна́) секу́нда
2/3/4 (+ 단수2격)	два часа́	две мину́ты	две секу́нды
5 ~ 20 (+ 복수2격)	пять часо́в	пять мину́т	пять секу́нд

☺ **주의!** 합성수사(21~29, 31~39, 101~109 등)일 경우 마지막에 오는 수사에 위 규칙을 적용

21시	два́дцать <u>оди́н час</u>
22분	два́дцать <u>две мину́ты</u>
25초	два́дцать <u>пять секу́нд</u>

ГРАММАТИКА 문법

(2) 시간 관련 용어 (су́тки 주야, 24시간)

у́тро	아침	07:00	семь часо́в утра́
день (м.)	낮	14:00	два часа́ дня
ве́чер	저녁	22:00	де́сять часо́в ве́чера
ночь (ж.)	밤	03:00	три часа́ но́чи
по́лдень (м.)	정오	рассве́т	새벽
по́лночь (ж.)	자정	су́мерки	황혼

(3) Во ско́лько? : 몇 시에?   ➡ 65과

> Когда́?
>
> в + 시간 4격
>
> 시/분/초, 요일, 나이, 년대

– Когда́ начина́ется э́та о́пера?   – В семь часо́в ве́чера.
– Когда́ конча́ется э́тот бале́т?   – В три часа́.
– В како́й день неде́ли бу́дет ле́кция? – В пя́тницу.
– Во ско́лько лет он был в Москве́?   – В два́дцать семь лет.

УПРАЖНЕНИЯ 연습문제

1. 내 친구 Ира는 많은 언어를 알고 있다.
2. 너의 집엔 책이 아주 많구나.
3. 도시 중심지에는 항상 차(автомоби́ль)와 사람이 많다.
4. 공연(спекта́кль)이 언제 끝납니까? 10시에 끝납니다.
5. 시계 있어요? 지금 몇 시인지 아세요? 12시예요.

УРОК 26 двадцать шестой | Я хочу́ встре́титься с тобо́й.

ЧТЕ́НИЕ

Он спра́шивает у меня́: «Ты меня́ лю́бишь?»

Он не бои́тся меня́.

У неё есть дове́рие к вам. Она́ ве́рит вам.

Я люблю́ её. Я отвеча́ю за неё.

Я хочу́ встре́титься с тобо́й. Я горжу́сь тобо́й.

– Чем вы интересу́етесь? – Мы интересу́емся му́зыкой.

– Ты не́ был на уро́ках? В чём де́ло? – У меня́ была́ анги́на.

– Что с ни́ми случи́лось? – Ничего́ стра́шного.

На нём лежи́т отве́тственность за результа́т.

Ка́ждый челове́к отвеча́ет за себя́.

Расскажи́те о себе́, пожа́луйста.

СЛОВА

- спра́шивать[1]   у кого́? ~에게 물어보다
- боя́ться[2]   кого́-чего́? ~을 무서워하다
- дове́рие   к кому́-чему́? ~에 대한 믿음
- отвеча́ть[1]   за кого́-что ~에 책임지다
- встре́титься[2]   с кем-чем? ~와 만나다
- интересова́ться[1]   кем-чем? ~에 흥미를 가지다
- В чём де́ло? [фчёмде́ла] 무슨 일 있나요?
- анги́на   편도선염
- случи́ться[2]   с кем? ~에게 (일이) 생기다
- ничего́ [ничиво́] 아무 일도 아니다
- ~ стра́шного [стра́шнава] 별일 아니다
- отве́тственность (ж.) 책임감
- результа́т 결과
- ка́ждый 각각, 각자 모두
- себя́ 〈자기 자신〉의 4격
- о себе́ 〈자기 자신〉의 6격

ГРАММАТИКА 문법

1. 인칭대명사 (ли́чные местоиме́ния) 6격변화

수	단수				복수			의문사	재귀대명사
격	1인칭	2인칭	3인칭 남·중성	3인칭 여성	1인칭	2인칭	3인칭		
1격	я	ты	он/оно́	она́	мы	вы	они́	*кто-что*	-
2격	меня́	тебя́	его́	её	нас	вас	их	*кого́-чего́*	себя́
3격	мне	тебе́	ему́	ей	нам	вам	им	*кому́-чему́*	себе́
4격	меня́	тебя́	его́	её	нас	вас	их	*кого́-что*	себя́
5격	мной	тобо́й	им	ей (е́ю)	на́ми	ва́ми	и́ми	*кем-чем*	собо́й
6격	обо мне	о тебе́	о нём	о ней	о нас	о вас	о них	*о ком-чём*	о себе́

① 4격 = 2격
② 3인칭이 격변화 할 때 앞에 전치사가 있으면 н-을 첨가한다.　　예 у него́, с ней, о них
③ она́의 5격은 ей, е́ю 두 가지가 있는데 보통 ей를 사용한다.
④ 전치사 о　*о　: 자음이나 e, ё, ю, я로 시작하는 단어　　예 о пла́не, о языке́
　　　　　　*об　: а, ы, у, э, о, и로 시작하는 단어　　예 об уро́ке, об отце́, об Анне
　　　　　　*обо : обо мне, обо всём (всё: 모든 것), обо всех (все: 모든 사람들)

2. 재귀대명사 (возвра́тные местоиме́ния) : 〈자기 자신〉

모든 인칭대명사 대신에 사용되며, 문장에서는 1격 주어와 동일 인물을 나타낸다.

Сего́дня он у себя́ до́ма.	그는 오늘 (자신의) 집에 있어요.
Я дала́ себе́ сло́во.	난 자신에게 약속했습니다.
Как вы себя́ чу́вствуете?	(당신 자신의) 기분이 어떠세요?
Мы взя́ли с собо́й зо́нтик.	우리는 우산을 챙겼어요.
Он ве́рит в себя́.	그는 자신을 믿는다.

УПРАЖНЕНИЯ 연습문제

1. 그들은 음악과 예술(иску́сство)에 관심을 갖고 있습니다.
2. Влади́мир는 오후에 당신과 만나고 싶어합니다.
3. 당신은 저를 믿으십니까? 예, 당신을 믿어요.
4. 나는 너에 대해서 많이 들었다.
5. 우리는 그뿐만 아니라 그의 가족에 대해 생각하고 있어요.

-овать 동사 : -ова-를 -у-로 교체한 뒤 1식 변화

интересова́ться[1]
흥미·관심을 가지다
интересу́ юсь
интересу́ ешься
интересу́ ется
интересу́ емся
интересу́ етесь
интересу́ ются
интересова́лся (-ась -ось -ись)

무엇에 관심을 갖고 있나요?
– Чем вы интересу́етесь?
– Я интересу́юсь кни́гами о ко́смосе.

УРОК 27
двадцать седьмой
Мне очень приятно.

ЧТЕНИЕ

Мне очень приятно. Мне будет приятно видеть вас снова.

Мне было очень приятно с вами познакомиться.

Добро пожаловать! Мы будем работать вместе.

Вам удобно? Не стесняйтесь, будьте как дома.

Тебе не скучно сидеть дома? Я хочу погулять с тобой.

У Анны был грипп, наверно, ей было плохо.

К счастью, теперь ей хорошо. Ей стало лучше.

Андрей часто болеет. Мне жаль, что ему нездоровится.

СЛОВА

- приятно (무인칭술어) 기쁘다, 반갑다
- снова (= ещё раз) 다시, 또
- познакомиться[2] *с кем?* ~와 알게되다
- удобно (무인칭술어) 편하다
- добро (무인칭술어) 좋다
  - ~ пожаловать[1] 환영합니다
- стесняться[1] 사양하다
- будьте [бутти] быть의 명령법
- как ~처럼
- скучно [скушна] (무인칭술어) 지루하다
- погулять[1] 잠깐 산책하다

- грипп 유행성 감기, 독감
- наверно (삽입어) 아마 틀림없이
- плохо (무인칭술어) (몸상태가) 안 좋다
- счастье [щасьтье] 행운, 행복
- к счастью [кщасьтью] 다행히
- хорошо (무인칭술어) (몸상태가) 좋다
- стать[1] *как?* ~게 되다
- лучше [лучшэ] 더 좋게 (хорошо의 비교급)
- болеть[1] 아프다, 앓다
- жаль (= жалко) (무인칭술어) 안타깝다, 속상하다
- нездоровиться[2] (무인칭술어) 건강이 안 좋다 ☞40과

ГРАММАТИКА 문법

1. 술어 부사 (предикати́вное наре́чие)

-о로 끝나는 부사가 몸과 마음의 상태를 나타내는 술어가 되는 문장을 **무인칭문**이라 한다. 상태를 경험하는 주체자는 кому́로 표시하며, 시제는 бы́ло(과거), бу́дет(미래)를 사용한다.

무인칭문	문법상의 1격(кто-что)이 나오지 않는 문장

кому́ (бы́ло/бу́дет)

Как? 어때요?	
хорошо́	좋다
пло́хо	나쁘다
прия́тно	기쁘다, 즐겁다
ве́село	유쾌하다, 신이 나다
гру́стно [гру́сна]	슬프다, 우울하다
интере́сно	흥미롭다, 재미있다
ску́чно [ску́шна]	지루하다, 지겹다
бо́льно	괴롭다, 아프다
оби́дно	불쾌하다, 마음상하다
тру́дно	힘들다
тяжело́	아주 힘들다, 괴롭다
легко́ [лихко́]	쉽다
поле́зно	도움이 되다
стра́шно	무섭다, 두렵다
сты́дно	부끄럽다
любопы́тно	알고싶다, 관심을 갖다

+ инф 또는 다른 보어

Мне интере́сно изуча́ть иностра́нный язы́к.
Нам бу́дет прия́тно вас ви́деть ещё раз.
В университе́те Ива́ну бы́ло ску́чно слу́шать ле́кцию по литерату́ре.
Меня́ спра́шивают, тру́дно ли води́ть таку́ю дли́нную маши́ну.
Людми́ле гру́стно, потому́ что идёт дождь.
Ходи́ть пешко́м – поле́зно для здоро́вья.
Прия́тно, что все друзья́ меня́ по́мнят.

ГРАММАТИКА 문법

2 ‹‹ 감정의 표현에 사용되는 전치사 К

к сча́стью	다행히
к сожале́нию	유감스럽게도
к у́жасу	무섭게도
к удивле́нию	놀랍게도

УПРАЖНЕНИЯ 연습문제

1. 난 너랑 얘기하는 것이 재미있어.
2. 운전하는(води́ть маши́ну) 것은 항상 어렵다.
3. (저는) 당신과 함께 공부하게 되어 정말 기뻐요.
4. 그녀의 이모(тётя)는 어제 집에 있었는데, 몹시 심심해했어요.
5. 비가 내릴 때, 나는 왠지(что-то) 우울하다(гру́стно).

❀ Как здесь хорошо и приятно ❀

Как здесь (   ) и (   ),
Как запах дерев я (   )!
Орешника лист ароматный
(   ) я в тени настелю.

Я (   ), у подножья аула,
(   ) шелковицы нарву,
А лошадь и бурого мула
Мы пустим в густую траву.

Ты (   ) у фонтана приляжешь,
Пока не минуется зной,
Ты (   ) улыбнешься и скажешь,
Что ты не устала (   ).

А. К. Толстой (1817-1875)

УРОК 28 | Ско́лько вам лет?
двадцать восьмой

ЧТЕ́НИЕ

– Ско́лько вам лет? – Мне два́дцать оди́н год.

Э́то моя́ ми́лая до́ченька. Ско́ро ей бу́дет три ме́сяца.

Че́рез ме́сяц Ири́не испо́лнится два́дцать два го́да.

Её отцу́ со́рок два го́да, а её ма́тери со́рок лет. Мать моло́же отца́.

Он поступи́л в педагоги́ческий институ́т, когда́ мне бы́ло 20 лет.

Мы до́лго не ви́делись, а пото́м встре́тились в середи́не ле́та.

Ско́лько лет, ско́лько зим!

실제 나이보다 어려 보여요.
– Вы вы́глядите моло́же свои́х лет.
– Ра́да э́то слы́шать.

СЛОВА́

· Ско́лько лет?	몇 살이에요?	· испо́лниться²	(кому) 어떤 나이에 이르다
вам	вы의 3격 (나이의 주체자 кому?)	· со́рок	40
год	살(연령) (수량 2격: го́да(단수)/лет(복수))	· моло́же (비교급)	кого? ~보다 더 젊다
оди́н год	한 살	· поступи́ть²	куда? ~에 들어가다
ми́лый	귀여운, 사랑스러운	· педагоги́ческий	교육의, 교육학의
до́ченька	딸 (= дочь, до́чка)	· институ́т	대학교, 단과대학, 연구소
ско́ро	곧, 조금 있으면	· до́лго	오랫동안
ме́сяц	달, 개월	· ви́деться²	с кем-чем? ~을 만나다
че́рез	что(시간 4격) ~후에, 지나서	· середи́на	중간, 한가운데

ГРАММАТИКА 문법

1 << 나이 표현

〈몇 살이에요? Сколько лет?〉은 **무인칭문**으로 나이의 주체자 또는 대상은 кому́-чему́ 로 나타내며, 시제는 бы́ло(과거), бу́дет(미래)로 나타낸다.

무인칭문	문법상의 1격(кто-что)이 나오지 않는 문장

кому́ чему́	1 год			
	2/3/4 го́да			
	5~20 лет	21 год	22/23/24 го́да	25~30 лет

– Ско́лько вам лет? – Мне два́дцать лет.

– Ско́лько вам бы́ло лет в про́шлом году́? – Мне бы́ло 19 лет.

– Ско́лько вам бу́дет лет в бу́дущем году́? – Мне бу́дет 21 год.

– Ско́лько лет теа́тру о́перы и бале́та? – Ему́ уже́ сто лет.

  Когда́ ей испо́лнилось 15 лет, она́ уже́ рабо́тала.

2 << 〈когда́/пока́/е́сли + 문장〉 : ~일 때, ~할 때, ~한다면

Когда́ тепло́ – хорошо́, когда́ хо́лодно – то́же хорошо́.

Когда́ отдыха́ю, я встреча́юсь с друзья́ми.

Звони́те, пиши́те, пока́ есть вре́мя.

Мне ну́жно ра́но верну́ться домо́й, пока́ светло́.

Е́сли мы бережём здоро́вье, мы живём до́льше.

3 давно́와 до́лго

давно́와 до́лго는 둘 다 '오래전에, 오랫동안'을 의미한다. 다만 давно́는 행위가 과거에 시작해서 현재에 계속 중인 경우에 사용되며, до́лго는 시작과 끝이 있거나, 있었거나, 앞으로 있을 오랜 기간을 의미한다는 점에서 차이를 갖는다.

давно́ 과거 + 현재	до́лго 과거 · 현재 · 미래 각각의 의미
Я давно́ живу́ в Сеу́ле.	Он до́лго реша́л зада́чу.
Он давно́ жена́т.	Я до́лго рабо́таю над те́кстом.
Мы давно́ договори́лись об э́том.	Как до́лго бу́дет па́дать рубль?

УПРАЖНЕНИЯ 연습문제

1 그가 몇 살인지 아세요? 아마 스물 세 살일거야.
2 나는 내년에(в бу́дущем году́) 열 여덟 살이 된다.
3 그때 네가 몇 살이었지? 아마 스무 살 아니면 스물 한 살이었을 거야.
4 몇 살인지 물어 봐도 됩니까(мо́жно спроси́ть)?
5 이 도시는(э́тому го́роду) 벌써 500년이 되었습니다.

문법 Tip

-ц로 끝나는 남성명사 복수 2격 어미 : -о́в, -ев(강세 없음)
· оте́ц (아버지) ⇒ отцо́в
· ме́сяц (개월, 달) ⇒ ме́сяцев

연령이 ~가 되다		
кому́	исполня́ется испо́лнилось испо́лнится	ско́лько лет
Вчера́ мне испо́лнилось 18 лет.		

28 Ско́лько вам лет?

УРОК 29 — двадцать девятый

У меня нет времени.

ЧТЕНИЕ

– У вас есть время? – Нет, у меня нет времени.

– У неё есть дети? – Нет, детей у неё ещё нет.

– У вас есть вопрос? – Всё ясно, вопросов нет!

К счастью, здесь, как всегда, нет проблем.

Временами у меня не́ было денег на еду. Я был на нуле.

Одно ясно: по вторникам здесь не будет спектаклей.

В чашке не́ было воды. Ничего не было.

У него нет ни отца, ни матери, ни братьев, ни сестёр.

Говорят, что вчера у нас в клубе не́ было вечеринки.

СЛОВА

· нет	*кого-чего?* ~이 없다	· вторник [фторник]	화요일
· не́ было	~이 없었다	· по + чему (시간 관련 단어의 복수)	~마다
· не будет	~이 없을 것이다	· спектакль (м.)	공연, 공연물
· вопрос	질문, 의문	· чашка [чя́шка]	찻잔
· ясно	분명하다, 확실하다	· вода	물
· проблема	문제, 문제점, 문제거리	· ничего [ничиво́]	아무 것도 (ничто́의 2격)
· временами	때때로 (= иногда)	· ни	~도 (강조조사)
· денег [де́ник]	돈 (де́ньги의 2격)	· Говорят, что ~	~라고들 한다
· еда	식사, 먹는 것	· клуб [клуп]	클럽
· нуль (м.)	제로, 영 (= ноль)	· вечеринка	저녁모임 (= ве́чер)

ГРАММАТИКА 문법

1 <존재 부정 2격> : Кого́ нет? Чего́ нет?

'없다', '가지고 있지 않다'의 뜻을 가진 нет (не́ было, не бу́дет)이 술어가 되는 **무인칭문**이다. 존재하지 않는 대상을 2격으로 표시하며, 그것을 **존재 부정 2격**이라고 부른다.

| У меня́ нет 존재 부정 2격. | **무인칭문** | 문법상의 1격(кто/что)이 나오지 않는 문장 |

У кого́	нет	кого́-чего́	~이 없다
Где	не́ было	кого́-чего́	~이 없었다
Когда́	не бу́дет	кого́-чего́	~이 없을 것이다

인칭문
У меня́ есть уро́к.
В шко́ле был уро́к.
За́втра бу́дет уро́к.

무인칭문
У меня́ нет уро́ка.
В шко́ле не́ было уро́ка.
За́втра не бу́дет уро́ка.

2 불특정인칭문 (неопределённо-ли́чное предложе́ние)

화자의 주된 관심이 행위 사실에 집중될 경우 행위자인 주어를 생략하고 **3인칭 복수(они́)**의 동사를 사용한다. 경우에 따라 피동으로 해석된다.

Говоря́т, что он уже́ здесь.   그가 이미 이 곳에 와 있다고들 한다.
Вас ждут.   당신을 (불특정 다수 또는 불특정 1인이) 기다리고 있다.
В кио́ске продаю́т газе́ты.   가판대에서 신문들이 팔리고 있다.
Меня́ там хорошо́ принима́ли. 나는 그 곳에서 환대를 받았어요.

3 소유의 표현을 나타내는 동사 име́ть : *кого́-что* ~을 갖다, 소유하다

(1) 소유물이 추상명사일 경우

Э́то име́ет большо́е значе́ние.
Ка́ждый совершенноле́тний граждани́н име́ет пра́во голосова́ть.

ГРАММАТИКА 문법

(2) 소유주가 표현되지 않을 경우

Там нельзя́ име́ть ли́чный самолёт.

В Росси́и же́нщины име́ют таки́е же права́, как и мужчи́ны.

4 강조소사 и, ни, да́же, же

(1) 긍정문

Это и ребёнок понима́ет. 그거라면 어린아이도 이해한다.

(2) 부정문

Не могу́ ждать ни мину́ты. 잠시도 기다릴 수가 없다.

На не́бе ни о́блака. 하늘에 구름 한 점 없다. (술어 нет이 종종 생략)

(3) 기타 : 말하는 사람의 바라는 정서적·감정적 뉘앙스를 부가하는 역할

Это да́же ребёнок понима́ет. 그거라면 심지어 어린아이도 이해한다.

Об э́том да́же не сто́ит ду́мать. 이것에 대해서는 생각할 필요도 없다.

За́втра же понеде́льник. 월요일은 바로 내일입니다.

Я же тебе́ говори́л. 바로 내가 너한테 말했잖아.

5 속담 (посло́вицы)

Семь бед, оди́н отве́т. 일곱 가지 재난에 보답은 하나.

Ме́ньше слов – бо́льше де́ла. 말은 적게하고, 행동은 많이하라.

Одни́м уда́ром уби́ть двух за́йцев. 일석이조.

Где мно́го слов, там ма́ло де́ла. 말 많은 곳에 실천은 적다.

Семь раз отме́рь, оди́н раз отре́жь. 일곱 번 재고 한 번 자르라.

Одна́ голова́ хорошо́, а две лу́чше. 백지장도 맞들면 낫다.

УПРАЖНЕНИЯ   연습문제

1 질문 있어요? 아니요, 질문 없습니다.
2 옛날에는 알파벳(алфави́т)조차(да́же) 없었다고 합니다.
3 내일은 스승의 날입니다. 학교에 수업이 없을 것입니다.
4 그 때는 아직(ещё) 한노(коре́йско-ру́сский)사전이 없었습니다.
5 밖에(на у́лице) 바람(ве́тер)도 없고 비도 안 와요(нет 사용).

Когда́? Как ча́сто?

по вто́рникам	화요일마다	=	ка́ждый вто́рник
по суббо́там	토요일마다		ка́ждую суббо́ту
по утра́м и вечера́м	아침, 저녁마다		ка́ждое у́тро и ка́ждый ве́чер
по выходны́м	주말마다		ка́ждые выходны́е

УРОК 30 тридцать | В саду́ како́й-то мужчи́на гуля́ет оди́н.

ЧТЕНИЕ

В саду́ како́й-то мужчи́на гуля́ет оди́н.

С самолёта мо́жно ви́деть всё: города́, луга́, доли́ны, дома́ и дере́вья.

Он кру́глый сирота́.

У него́ нет ни отца́, ни ма́тери, ни бра́тьев, ни сестёр.

В году́ двена́дцать ме́сяцев.

Он изве́стный учёный в Росси́и.

Вон там столо́вая. Я хочу́ что-нибу́дь (чего́-нибу́дь) пое́сть.

Ко́ля – э́то Никола́й, а Аня – э́то Анна.

Ко́ля, Аня – дру́жеская, неофициа́льная фо́рма обраще́ния.

СЛОВА

- в саду́ [фсаду́] 정원에서 (где?)
- како́й-то 어떤 ☞ 51과
- мужчи́на [мущи́на] 남자 (же́нщина 여자)
- с самолёта 비행기에서 (отку́да?)
- мо́жно (무인칭술어) инф ~할 수 있다 ☞ 37과
- го́род [го́рат] 도시 (мн.ч. *города́*)
- луг [лук] 초원 (мн.ч. *луга́*)
- доли́на 계곡
- де́рево 나무 (мн.ч. *дере́вья*)
- кру́глый 완전한
- сирота́ 고아 (총성명사)
- в году́ 일년에는
- изве́стный [изве́сный] 유명한
- учёный 학자 (명사화된 형용사)
- Росси́я 러시아
- столо́вая 식당 (명사화된 형용사)
- что-нибу́дь 무엇이든 ☞ 51과
- пое́сть *что? чего?* ~을 조금 먹다
- дру́жеский 다정한, 정다운
- неофициа́льный 비공식의
- фо́рма 형태
- обраще́ние 대우, 호칭

ГРАММАТИКА 문법

1 « 남성명사의 예외적 변화

(1) -ý(-ю́)로 끝나는 남성명사 단수 6격

일부 남성명사가 전치사 в, на의 지배를 받아 〈장소〉나 〈때〉를 표현할 경우 단수 6격에서 규칙어미 -e 대신 강세 있는 -ý(-ю́)가 사용된다.

сад	정원	в саду́ [ф]	бе́рег	강가	на берегу́
лес	숲	в лесу́	мост	다리	на мосту́
рай	천국	в раю́	край	변두리	на краю́
год	일년	в году́	Дон	돈 (강 이름)	на Дону́

(2) -а(-я)로 끝나는 남성명사 단수 1격

- 원래 자연성이 남성인 명사 : па́па(아빠), дя́дя(아저씨), де́душка(할아버지)
- 남자이름의 애칭 : Ми́ша (Михаи́л), Ко́ля (Никола́й), Ва́ня (Ива́н)

1격	мой люби́мый па́па
2격	моего́ люби́мого па́пы
3격	моему́ люби́мому па́пе
4격	моего́ люби́мого па́пу
5격	мои́м люби́мым па́пой
6격	моём люби́мом па́пе

* 어미 변화 : 여성명사 변화와 동일
* 형용사, 대명사 : 남성형으로 성·수·격 일치

(3) -á(-я́)로 끝나는 남성명사 복수 1격

дом (집) – дома́
го́род (도시) – города́
глаз (눈, 시력) – глаза́
цвет (색) – цвета́
до́ктор (박사) – доктора́

учи́тель (선생님) – учителя́
ве́чер (저녁, 모임) – вечера́
но́мер (번호, 방) – номера́
край (변두리) – края́
ла́герь (야영장, 캠프) – лагеря́

(4) -у(-ю)로 끝나는 남성명사 단수 2격

наро́д (대중) – наро́ду
сыр (치즈) – сы́ру

чай (차) – ча́ю
снег (눈, 雪) – сне́гу

ГРАММАТИКА 문법

(5) -анин, -янин의 복수 1격 : -ане, -яне

гражданин (시민) – граждане　　крестьянин (농민) – крестьяне

англичанин (영국사람) – англичане　　дворянин (귀족) – дворяне

сеульчанин (서울사람) – сеульчане　　россиянин (러시아인) – россияне

(6) 복수 2격 = 단수 1격

단수 1격	глаз 눈, 시력	солдат 군인	раз 번, 회	человек 사람	
복수 1격	глаза́	солда́ты	разы́	лю́ди	лю́ди
2격	глаз	солда́т	раз	челове́к	люде́й
3격	глаза́м	солда́там	раза́м	челове́кам	лю́дям
4격	глаза́	солда́т	разы́	челове́к	люде́й
5격	глаза́ми	солда́тами	раза́ми	челове́ками	людьми́
6격	глаза́х	солда́тах	раза́х	челове́ках	лю́дях

　сколько глаз, много солдат, несколько раз

– Сколько человек там? – Много людей. Двадцать человек.

☺주의! человек은 수량수사와 함께 사용

(7) -ов(-ев), -ин로 끝나는 러시아인의 성(фамилия)

수 격	단수		복수
	м.	ж.	
1격	Ива́нов	Ива́нова	Ива́новы
2격	Ива́нова	Ива́новой	Ива́новых
3격	Ива́нову	Ива́новой	Ива́новым
4격	Ива́нова	Ива́нову	Ива́новых
5격	Ива́новым	Ива́новой	Ива́новыми
6격	Ива́нове	Ива́новой	Ива́новых

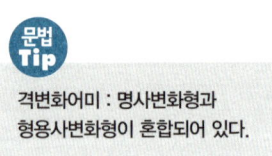
격변화어미 : 명사변화형과 형용사변화형이 혼합되어 있다.

　Московский университет был основан М.В. Ломоносовым.
　У Натальи Нестеровой два сына, внук и внучка.

2 여성명사 мать(어머니), дочь(딸) : 어간에 -ер- 첨가

수\격	단수 (ед.ч.)		복수 (мн.ч.)	
1격	мать	дочь	ма́тери	до́чери
2격	ма́тери	до́чери	матере́й	дочере́й
3격	ма́тери	до́чери	матеря́м	дочеря́м
4격	мать	дочь	матере́й	дочере́й
5격	ма́терью	до́черью	матеря́ми	дочерьми́
6격	ма́тери	до́чери	матеря́х	дочеря́х

3 주의해야 할 중성명사 복수 1격

у́хо (귀) – у́ши   плечо́ (어깨) – пле́чи   не́бо (하늘) – небеса́

коле́но (무릎) – коле́ни   я́блоко (사과) – я́блоки   чу́до (기적) – чудеса́

4 총성명사 (существи́тельные о́бщего ро́да)

-а(-я)로 끝나는 총성명사의 성은 당사자에 따라 남성 또는 여성으로 사용된다.

> * 어미 변화   : 여성명사 변화와 동일
> * 형용사, 대명사 : 주이 당사자의 성에 따라 선택

성\격	형용사		총성명사
1격	кру́гл ый	кру́гл ая	сирот а́
2격	кру́гл ого	кру́гл ой	сирот ы́
3격	кру́гл ому	кру́гл ой	сирот е́
4격	кру́гл ого	кру́гл ую	сирот у́
5격	кру́гл ым	кру́гл ой	сирот о́й
6격	кру́гл ом	кру́гл ой	сирот е́

Он кру́глый сирота́. (고아)
Она́ кру́глая сирота́.

Он мой колле́га. (동료)
Она́ моя́ колле́га.

Како́й у́мница! (똑똑한 사람)
Кака́я у́мница!

ГРАММАТИКА 문법

5 << 특수 변화

(1) -ий, -ия, -ие로 끝나는 명사

수·격	성	М.	Ж.	С.
단수	1격	гéний 천재	лéкция 강의	здáние 건물
	2격	гéния	лéкции	здáния
	3격	гéнию	лéкции	здáнию
	4격	гéния	лéкцию	здáние
	5격	гéнием	лéкцией	здáнием
	6격	гéнии	лéкции	здáнии
복수	1격	гéнии	лéкции	здáния
	2격	гéниев	лéкций	здáний
	3격	гéниям	лéкциям	здáниям
	4격	гéниев	лéкции	здáния
	5격	гéниями	лéкциями	здáниями
	6격	гéниях	лéкциях	здáниях

① 여성명사 단수 3격 어미 : -ии
② 남성·여성·중성명사 단수 6격 어미 : -ии
③ 여성·중성명사 복수 2격 어미 : -ий

санатóрий (요양소), комментáрий (주석, 코멘트), планетáрий (천문대), аудитóрия (강의실)
истóрия (역사, 이야기), лаборатóрия (실험실), консерватóрия (음악원), общежи́тие (기숙사),
заня́тие (수업), мнéние (의견), собрáние (모임), сочинéние (작문), отношéние (태도, 관계)

(2) 복수형이 단수형과 다른 경우

1격	лю́ди (человéк) 사람	дéти (ребёнок) 아이	сосéди (сосéд) 이웃
2격	людéй	детéй	сосéдей
3격	лю́дям	дéтям	сосéдям
4격	людéй	детéй	сосéдей
5격	людьми́	детьми́	сосéдями
6격	лю́дях	дéтях	сосéдях

1격	друзья́ (друг) 친구	сыновья́ (сын) 아들	мужья́ (муж) 남편
2격	друзе́й	сынове́й	муже́й
3격	друзья́м	сыновья́м	мужья́м
4격	друзе́й	сынове́й	муже́й
5격	друзья́ми	сыновья́ми	мужья́ми
6격	друзья́х	сыновья́х	мужья́х

1격	бра́тья (брат) 형제	дере́вья (де́рево) 나무	сту́лья (стул) 의자
2격	бра́тьев	дере́вьев	сту́льев
3격	бра́тьям	дере́вьям	сту́льям
4격	бра́тьев	дере́вья	сту́лья
5격	бра́тьями	дере́вьями	сту́льями
6격	бра́тьях	дере́вьях	сту́льях

(3) 명사화된 형용사

수·격	성	М.	Ж.	С.
단수	1격	учён ый 학자	столо́в ая 식당	бу́дущ ее 미래
	2격	учён ого	столо́в ой	бу́дущ его
	3격	учён ому	столо́в ой	бу́дущ ему
	4격	учён ого	столо́в ую	бу́дущ ее
	5격	учён ым	столо́в ой	бу́дущ им
	6격	учён ом	столо́в ой	бу́дущ ем
복수	1격	учён ые	столо́в ые	ру́сск ие 러시아인들
	2격	учён ых	столо́в ых	ру́сск их
	3격	учён ым	столо́в ым	ру́сск им
	4격	учён ых	столо́в ые	ру́сск их
	5격	учён ыми	столо́в ыми	ру́сск ими
	6격	учён ых	столо́в ых	ру́сск их

① 남성명사 : больно́й (환자), взро́слый (어른), рабо́чий (노동자), прохо́жий (보행자)
② 여성명사 : мостова́я (포장도로), запята́я (쉼표), мастерска́я (아틀리에), душева́я (샤워실)
③ 중성명사 : осо́бенное (특별한 것), хоро́шее (좋은 것), интере́сное (재미난 것), гла́вное (중요한 것)

ГРАММАТИКА 문법

(4) -мя로 끝나는 중성명사

1격	вре́мя 시간	времена́	и́мя 이름	имена́	пле́мя 종족	племена́
2격	вре́мени	времён	и́мени	имён	пле́мени	племён
3격	вре́мени	времена́м	и́мени	имена́м	пле́мени	племена́м
4격	вре́мя	времена́	и́мя	имена́	пле́мя	племена́
5격	вре́менем	времена́ми	и́менем	имена́ми	пле́менем	племена́ми
6격	вре́мени	времена́х	и́мени	имена́х	пле́мени	племена́х

1격	зна́мя 깃발	знамёна	се́мя 종자	семена́	стре́мя 등자	стремена́
2격	зна́мени	знамён	се́мени	семя́н	стре́мени	стремя́н
3격	зна́мени	знамёнам	се́мени	семена́м	стре́мени	стремена́м
4격	зна́мя	знамёна	се́мя	семена́	стре́мя	стремена́
5격	зна́менем	знамёнами	се́менем	семена́ми	стре́менем	стремена́ми
6격	зна́мени	знамёнах	се́мени	семена́х	стре́мени	стремена́х

1격	пла́мя 불길	те́мя 정수리	бре́мя 짐	вы́мя 동물 젖
2격	пла́мени	те́мени	бре́мени	вы́мени
3격	пла́мени	те́мени	бре́мени	вы́мени
4격	пла́мя	те́мя	бре́мя	вы́мя
5격	пла́менем	те́менем	бре́менем	вы́менем
6격	пла́мени	те́мени	бре́мени	вы́мени

① 단수 2, 3, 6격 어미는 -мени로 동일하다.
② 복수 2격 어미는 се́мя, стре́мя를 제외하고는 -мён으로 동일하다.
③ зна́мя 복수형의 강세는 모두 (어미가 시작되는 모음) -ё-에 있다.
④ пла́мя, те́мя, бре́мя, вы́мя의 복수형은 거의 쓰이지 않는다.

6 ≪ 의문사-то, 의문사-нибудь : 불확실하거나 불특정한 사람, 사물, 장소, 시간을 표현 ➡ 51과

Ра́но у́тром кто́-то звони́л. 　 아침 일찍 누군가가 전화했다.
Он о чём-то ду́мает. 　 그는 뭔가를 생각하고 있다.

Мы где́-то встреча́лись.　　우리는 어디선가 만났었다.
Ему́ что́-нибудь переда́ть?　　그에게 뭐라고 전해 줄까요?
Она́ полю́бит кого́-нибудь.　　그녀는 앞으로 누군가를 사랑할 것이다.

УПРАЖНЕНИЯ 연습문제

1 그녀에겐 딸이 없어요. 아들만 둘 있어요.
2 우리 대학교에는 훌륭한 강사들이 있습니다.
3 아이들이 Крым 강가에서 쉬었어요.
4 그녀의 눈은 아주 예뻐요, 그렇죠(не пра́вда ли)?
5 식당에 항상 사람이 많아요. 음식을 잘 하는 것 같아요(ка́жется).

잠시 이야기할 수 있을까요?
– Мо́жно поговори́ть с ва́ми?
– Да, разуме́ется. С удово́льствием.

애칭 – 인명

Алёша, Лёша – Алексе́й	Лёня – Леони́д
А́ля – Алекса́ндра, Али́са, А́лла, Альби́на	Ли́да – Ли́дия
Анто́ш(к)а, Анто́ха – Анто́н	Ли́за – Елизаве́та
А́ня – Ани́сия, А́нна, Антони́на	Лю́ба – Любо́вь
Ари́ша – Ари́на	Лю́да, Ми́ла – Людми́ла
А́ся – Анастаси́я, А́нна	Мари́ша – Мари́на
Афо́ня – Афана́сий	Ма́ша – Мари́я
Бо́ря – Бори́с	Ми́тя – Дми́трий
Ва́ля – Валенти́н, Валенти́на, Вале́рий	Ми́ша – Михаи́л
Ва́ня – Ива́н	На́дя – Наде́жда
Ва́ря – Варва́ра	На́стя – Анастаси́я
Ва́ся – Васи́лий, Васили́са	Ната́ша – Ната́лья, Ната́н
Ве́ня – Вениами́н	Ни́ка – Верони́ка, Никола́й
Ви́ка – Викто́рия	Ни́на – Антони́на
Ви́тя – Ви́ктор, Вита́лий, Викто́рия	О́ля – О́льга
Воло́дя, Во́ва – Влади́мир, Все́волод	Па́ша – Па́вел, Параске́ва, Праско́вья
Га́ля – Гали́на	Пе́тя – Пётр
Го́га, Го́ша – Гео́ргий, И́горь	Ра́я – Раи́са, Ираи́да
Гри́ша – Григо́рий	Ри́на – Ари́на, Ири́на, Мари́на
Да́ша – Да́рья	Ро́ма – Рома́н
Де́ня – Дени́с	Са́ша, Са́ня – Алекса́ндр, Алекса́ндра
Ди́ма – Дми́трий	Све́та, Ла́на – Светла́на
Жа́нка – Жа́нна	Серёжа – Серге́й
Же́ня – Евге́ний, Евге́ния	Сла́ва – Вячесла́в, Святосла́в
Зи́на – Зинаи́да	Со́ня – Со́фья
И́да – Антони́да, Ираи́да, Зинаи́да	Та́ня – Татья́на
И́ра,Ири́нка – Ири́на, Ираи́да	Тёма – Артём
Ка́тя, Катю́ша – Екатери́на	То́ля – Анато́лий, Капитоли́на
Ко́ля – Никола́й	То́ма – Тама́ра
Ко́стя – Константи́н	У́ля – Улья́на
Ла́ра – Кла́ра, Лари́са	Фе́дя – Фёдор, Федо́т
Ле́на – Еле́на, Алёна, Владиле́на	Шу́ра – Алекса́ндр, Алекса́ндра
Ле́ра – Вале́рия, Вале́рий, Валериа́н	Ю́ля – Ю́лия
Лёва – Лев	Ю́ра – Ю́рий, Гео́ргий

УРОК 31 тридцать первый
Новый студент может написать сочинение.

ЧТЕНИЕ

Новый студент может написать сочинение на тему «Кем быть?».

У нас есть специальная программа для новых студентов.

Все профессора хотят помочь новым студентам.

Твоя коллега любит нового студента. Мне тоже он нравится.

Моя старшая сестра общается с новым студентом.

Этот преподаватель часто говорит о новых студентах.

Какое время года тебе нравится больше всего и почему?

도와 주세요!

Помогите мне.
Мне нужна ваша помощь.

СЛОВА

- мочь¹   *инф* ~할 수 있다
- тема   주제, 테마
- Кем быть?   무엇이 될까?
- специальный   특별한
- программа   프로그램
- для   *кого-чего?* ~을 위한
- помочь¹   *кому?* ~을 도와주다
- коллега   동료 (총성명사) ☞ 30과
- нравиться²   *кому?* ~의 마음에 들다
- старший   손위의 (↔ младший)
- общаться¹   *с кем-чем?* ~와 친하다
- преподаватель (м.)   강사 *(ж. преподавательница)*
- больше всего   가장 많이
- почему   왜, 무엇 때문에

ГРАММАТИКА 문법

1 << 형용사 (и́мя прилага́тельное)의 종류

(1) 성질형용사 : 사람·사물의 여러 가지 성질을 나타낸다.
　　　　　　　장어미와 단어미가 있으며, 비교급을 만들 수 있다.

(2) 관계형용사 : 부사 о́чень(매우)를 붙일 수 없는 형용사로 사물의 특징만을 나타낸다.
　　　　　　　장어미만 있으며, 비교급을 만들 수 없다.
　　　　　　　예) ка́менный(돌로 된), ле́тний(여름의)

2 << 형용사 장어미의 6격변화 : 수식하는 명사와 성·수·격 일치

경변화

성·수 격	남성	중성	여성	복수
1격	но́вый	но́вое	но́вая	но́вые
2격	но́вого		но́вой	но́вых
3격	но́вому		но́вой	но́вым
4격	1격/2격	но́вое	но́вую	1격/2격
5격	но́вым		но́вой	но́выми
6격	но́вом		но́вой	но́вых

① 남성 단수 4격 : 수식관계에 있는 명사에 따라 1격(비활동체) 또는 2격(활동체)을 사용한다.
② 여성 단수 4격 : 활동체, 비활동체 구분없이 -ую 사용한다.
③ 복수 4격 : 수식관계에 있는 명사에 따라 1격(비활동체) 또는 2격(활동체)을 사용한다.

연변화

성·수 격	남성	중성	여성	복수
1격	си́ний	си́нее	си́няя	си́ние
2격	си́него		си́ней	си́них
3격	си́нему		си́ней	си́ним
4격	1격/2격	си́нее	си́нюю	1격/2격
5격	си́ним		си́ней	си́ними
6격	си́нем		си́ней	си́них

문법 Tip

	он/оно́	они́
	его́	их
	ему́	им
	-	-
	им	и́ми
	(н)ём	(н)их

① 남성 단수 4격 : 수식관계에 있는 명사에 따라 1격(비활동체) 또는 2격(활동체)을 사용한다.
② 여성 단수 4격 : 활동체, 비활동체 구분없이 -юю 사용한다.
③ 복수 4격 : 수식관계에 있는 명사에 따라 1격(비활동체) 또는 2격(활동체)을 사용한다.

예

격\수	남성 단수		남성 복수		의문사	
					남·중성 단수	복수
1격	но́вый	студе́нт	ста́рые	дома́	*какой какое*	*какие*
2격	но́вого	студе́нта	ста́рых	домо́в	*какого*	*каких*
3격	но́вому	студе́нту	ста́рым	дома́м	*какому*	*каким*
4격	но́вого	студе́нта	ста́рые	дома́	1격/2격 *какое*	1격/2격
5격	но́вым	студе́нтом	ста́рыми	дома́ми	*каким*	*какими*
6격	но́вом	студе́нте	ста́рых	дома́х	*каком*	*каких*

격\수	여성 단수		여성 복수		의문사	
					여성 단수	복수
1격	си́няя	шля́па	хоро́шие	пе́сни	*какая*	*какие*
2격	си́ней	шля́пы	хоро́ших	пе́сен	*какой*	*каких*
3격	си́ней	шля́пе	хоро́шим	пе́сням	*какой*	*каким*
4격	си́нюю	шля́пу	хоро́шие	пе́сни	*какую*	1격/2격
5격	си́ней	шля́пой	хоро́шими	пе́снями	*какой*	*какими*
6격	си́ней	шля́пе	хоро́ших	пе́снях	*какой*	*каких*

① 남성 단수 4격 : 수식관계에 있는 명사에 따라 1격(비활동체) 또는 2격(활동체)을 사용한다.
② 여성 단수 4격 : 활동체, 비활동체 구분없이 -yю 사용한다.
③ 복수 4격 : 수식관계에 있는 명사에 따라 1격(비활동체) 또는 2격(활동체)을 사용한다.

3 тако́й : 이런, 저런, 그런

격\성·수	단수			복수
	남성	중성	여성	
1격	тако́й	тако́е	така́я	таки́е
2격	тако́го		тако́й	таки́х
3격	тако́му		тако́й	таки́м
4격	1격/2격	тако́е	таку́ю	1격/2격
5격	таки́м		тако́й	таки́ми
6격	о тако́м		тако́й	таки́х

ГРАММАТИКА 문법

Да́йте мне таку́ю же газе́ту, каку́ю вы прочита́ли.

У меня́ есть тако́й же журна́л, како́й у тебя́.

На столе́ не́ было таки́х книг, каки́е мне нужны́.

4<< 연변화하는 형용사

(1) 계절 관련 단어 : весе́нний, ле́тний, осе́нний, зи́мний
(2) 시간 관련 단어 : вчера́шний, сего́дняшний, за́втрашний, нового́дний,
у́тренний, вече́рний, ра́нний, по́здний, тогда́шний
(3) 위치 관련 단어 : ве́рхний, сре́дний, ни́жний, вну́тренний,
бли́жний, да́льний, сосе́дний, после́дний

5<< 동사 люби́ть와 нра́виться : 〈좋아하다〉, 〈마음에 들다〉

люби́ть는 대상에 대해 평가를 내릴 수 있을 만큼 익숙해진 상태에서 그 대상에 대한 좋아하는 마음을 강력하게 보이는 반면, нра́виться는 단순히 '마음에 든다'는 인상적 측면을 보인다.

я люблю́ = мне нра́вится

люби́ть *кто*가 *кого-что/инф*을 좋아하다	нра́виться *кто-что/инф*가 *кому*마음에 들다
Я люблю́ Макси́ма.	Макси́м мне нра́вится.
Он лю́бит ру́сский язы́к.	Ему́ нра́вится ру́сский язы́к.
Де́ти лю́бят э́ти кни́ги.	Де́тям нра́вятся э́ти кни́ги.
Бори́с люби́л э́ту о́перу.	Бори́су нра́вилась э́та о́пера.
Я люблю́ гуля́ть в па́рке.	Мне нра́вится гуля́ть в па́рке.
Он лю́бит дари́ть пода́рки.	Ему́ нра́вится дари́ть пода́рки.

6 동사 мочь와 уме́ть : 〈할 수 있다〉, 〈할 줄 안다〉

둘 다 '할 수 있다'의 의미를 갖고 있지만, мочь는 가능성, 허락 등 육체적 능력이나 상황 의존적 능력을 의미하는데 반해, уме́ть는 학습이나 정신적 능력에 의해 어떤 행위를 할 수 있다는 의미로 '할 줄 안다'로 해석한다.

Я не могу́ пла́вать.　　　　　　(나는 수영할 수 없다: 시간적, 육체적인 이유로)

Я не уме́ю пла́вать.　　　　　　(나는 수영할 줄 모른다: 배우지 않아서)

УПРАЖНЕНИЯ 연습문제

1 당신은 몇 층(эта́ж)에 사세요? 11층에 살아요.
2 소년(ма́льчик)에겐 파란색 연필이 없었다.
3 나는 밝은(све́тлый) 미래를 꿈꾼다.
4 내일 있을(за́втрашний) 연주회에 대해서 알고 계신가요?
5 오른쪽(пра́вый) 손에는 사탕, 왼쪽(ле́вый) 손에는 초콜릿(шокола́д)이 있어요.

문법 Tip

мочь¹ 할 수 있다
могу́
мо́жешь
мо́жет
мо́жем
мо́жете
мо́гут
мог(-ла́ -ло́ -ли́)

Я могу́　чита́ть.
　　　　писа́ть.
　　　　де́лать.
　　　　реши́ть.

помо́чь¹ 도와주다
помогу́
помо́жешь
помо́жет
помо́жем
помо́жете
помо́гут
помо́г(-ла́ -ло́ -ли́)

Я помогу́ тебе́ перейти́ доро́гу.
Он помо́г мне реши́ть зада́чу.

31 Но́вый студе́нт мо́жет написа́ть сочине́ние.

УРОК 32 | Дéти должны́ мно́го читáть.

тридцáть второ́й

ЧТЕ́НИЕ

Дéти должны́ мно́го читáть. Они́ должны́ тáкже занимáться спо́ртом.

– Что он до́лжен дéлать? – Я дýмаю, он до́лжен говори́ть прáвду.

– Где должнá былá стоя́ть маши́на?

   – Онá должнá былá стоя́ть пéред до́мом.

Сего́дня должны́ игрáть нáши лýчшие комáнды «Спартáк», «Динáмо».

Ско́лько иеро́глифов до́лжен знать образо́ванный человéк в Китáе?

– Кто вам нýжен? – Мне нужнá Óльга Кли́мовна.

– Что тебé бýдет нýжно? – Мне бýдут нужны́ хлеб, соль и фрýкты.

Я так рáда ви́деть тебя́ здесь! И рáда, что у тебя́ всё хорошо́.

СЛОВА́

- до́лжен (должнá, -о́, -ы́) *инф* ~해야 한다
- тáкже [тáгжэ] 역시, 또한, ~도
- занимáться¹ *чем?* ~을 하다
- спорт 운동
- прáвда 진실, 사실
- маши́на [машы́на] 자동차
- пéред *кем-чем?* ~앞에 (где?)
- игрáть¹ 경기하다
- лýчший 가장 훌륭한

- комáнда 팀 (스포츠)
- иеро́глиф 한자
- образо́ванный 교양 있는
- Китáй 중국
- нýжен (нужнá, -о, -ы́) *комý?* ~에게 필요하다
- хлеб [хлеп] 빵
- соль (ж.) 소금
- фрýкты 과일 (복수로 사용)
- рад (-а, -о, -ы) *инф* ~하는 것이 기쁘다

ГРАММАТИКА

1 행위의 의무감이나 대상의 필요성

(1) ~을 해야 한다 : до́лжен, должна́, должно́, должны́

현재	до́лжен (должна́, -о́, -ы́) + инф	
과거	до́лжен (должна́, -о́, -ы́) + быть의 과거형 + инф	
미래	до́лжен (должна́, -о́, -ы́) + быть의 미래형 + инф	

кто-что	술어(현재 · 과거 · 미래시제)			инф
я	до́лжен	был	бу́ду	
	должна́	была́		
ты	до́лжен	был	бу́дешь	
	должна́	была́		
он	до́лжен	был		동사원형
она́	должна́	была́	бу́дет	
оно́	должно́	бы́ло		
мы	должны́	бы́ли	бу́дем	
вы	должны́	бы́ли	бу́дете	
они́	должны́	бы́ли	бу́дут	

Вы должны́ бы́ли знать об э́том.

Я до́лжен/должна́ рабо́тать ка́ждый день.

Они́ должны́ бу́дут помо́чь врачу́.

Температу́ра в ко́мнате не должна́ быть вы́ше 17 гра́дусов.

(2) ~이 필요하다 : ну́жен, нужна́, ну́жно, нужны́ ➡ 37과 (ну́жно + инф)

кому́ 주체자	ну́жен нужна́ ну́жно нужны́	кто-что 필요한 대상

Мне ну́жен са́мый но́вый журна́л.

Ему́ нужна́ была́ ва́ша по́мощь.

ГРАММАТИКА 문법

– Что вам бу́дет ну́жно? – Мне нужна́ бу́дет ви́за.

– Кто тебе́ ну́жен? – Мне нужна́ она́.

2. необходи́м (-а, -о, -ы)와 необходи́мо

необходи́м (-а, -о, -ы) кто-что가 꼭 필요하다	необходи́мо кому는 꼭 инф해야한다
Почему́ необходи́м перево́д?	Что необходи́мо сде́лать?
Вам необходи́ма ви́за.	Ей необходи́мо получи́ть ви́зу.
Что необходи́мо для э́того?	Кому́ необходи́мо име́ть аттеста́т?
Жиры́ необходи́мы мо́згу.	Необходи́мо знать об э́тих зако́нах.

3. рад (-а, -о, -ы)와 прия́тно

рад (-а, -о, -ы) кто는 инф해서 기쁘다	прия́тно кому는 инф해서 기쁘다
Я рад вас ви́деть.	Мне прия́тно вас ви́деть.
Мы ра́ды рабо́тать вме́сте.	Нам прия́тно рабо́тать вме́сте.
Я бу́ду ра́да э́то услы́шать.	Мне бу́дет прия́тно э́то услы́шать.
Я ра́да, что у тебя́ всё хорошо́.	Мне прия́тно узна́ть, что у тебя́ всё хорошо́.

4. 동사 игра́ть

- Во что вы игра́ете? 무슨 운동하세요?
- На чём вы игра́ете? 어떤 악기를 연주합니까?
- Как игра́ли и пе́ли арти́сты? 배우들의 연기는 어땠어요?
- Он игра́ет пе́рвую скри́пку. 그는 지도자적 역할을 하고 있다.
- Игра́ет прекра́сная му́зыка. 좋은 음악이 흐른다 (= звучи́т).

УПРАЖНЕНИЯ 연습문제

1 내일 아침에 우리는 일찍 일어나야 합니다(встать).
2 그녀는 집에 혼자 있어야만 했습니다.
3 이제 너는 운동을 많이 해야 한다.
4 뭐가 필요하세요? 야채(о́вощи)와 과일(фру́кты)이 필요합니다.
5 인간에게 맑은 공기(све́жий во́здух)와 깨끗한(чи́стый) 물이 필요합니다.

출몰모음현상 : 어간 끝에 자음이 연속되는 남성형에서는 보통 두 자음사이에 모음 o, e가 삽입된다.

(ну́жный 필요한)	ну́жен	(я́ркий 환한)	я́рок
	нужна́		ярка́
	ну́жно		я́рко
	нужны́		я́рки

УРОК 33
тридцать третий
Он бо́дрый. Он бодр.

ЧТЕНИЕ

Он бо́дрый. Она́ то́же бо́драя. Они́ все бо́дрые и весёлые.

Он бодр. Она́ то́же бодра́. Они́ все бодры́ и ве́селы.

Он бо́лен. Она́ тоже больна́. – Чем они́ больны́? Гри́ппом?

– На кого́ похо́ж твой сын Юра? – Он похо́ж на меня́.

– Ты дово́лен результа́том экза́мена? – Да, я о́чень дово́лен им.

Он хоро́ш собо́й. Она́ то́же хороша́ собо́й. Они́ хороши́ собо́й.

Мне хорошо́ ря́дом с тобо́й. Это хорошо́.

Я был уве́рен, что она́ хорошо́ говори́т по-ру́сски, почти́ без оши́бок.

СЛОВА

- бо́дрый (бодр, бодра́, бо́дро, бодры́) 활기 넘치다, 생기가 있다
- весёлый (ве́сел, весела́, ве́село, ве́селы) 명랑하다, 쾌활하다
- больно́й (бо́лен, больна́, бо́льно, больны́) *чем*(병명)? ~으로 아프다
- похо́жий (похо́ж, похо́жа, похо́же, похо́жи) *на кого́-что?* ~을 닮다
- дово́льный (дово́лен, дово́льна, дово́льно, дово́льны) *кем-чем?* ~에 만족하다
- хоро́ший (хоро́ш, хороша́, хорошо́, хороши́) 잘생겼다, 멋지다, 좋다
- уве́ренный (уве́рен, уве́рена, уве́рено, уве́рены) 확신하다
- экза́мен [эгза́мин] 시험 (= тест)
- лицо́ 얼굴
- ря́дом *с кем-чем?* ~과 나란히
- почти́ 거의
- оши́бка [аши́пка] 실수
- без оши́бок 실수 없이

ГРАММАТИКА 문법

1. 형용사 단어미 (како́в, какова́, каково́, каковы́)

형용사에는 장어미 형용사(성·수·격 변화)이외에 단어미(성·수 변화) 형용사가 있다. 단어미 형용사는 성질형용사(사람·사물의 여러 가지 성질을 나타냄)에서 만들어지며 술어로만 사용된다.

(1) 형태

변화 어미	성·수	남성	여성	중성	복수
경변화	장어미	-ый/-о́й	-ая	-ое	-ые
	단어미	-	-а	-о	-ы
연변화	장어미	-ий	-яя	-ее/-о́е	-ие
	단어미	-ь	-я	-е	-и

① 단수 여성형에서는 강세가 어미로 이동하는 경우가 많다.
② 단수 중성형과 복수형의 강세 위치가 같은 경우가 많다.
③ 어간 끝에 자음이 연속되는 남성형에서는 보통 두 자음사이에 모음 о, е가 삽입된다. 예 ну́жный ⇒ ну́жен, я́ркий ⇒ я́рок
④ 단수 중성형은 동작의 모양이나 동작의 질을 나타내는 부사(как)로 사용된다.

(2) 용법 : 서술적 용법으로만 사용 ☺주의! 부사로 사용되는 ⑦의 경우는 제외

| 1격(주어) 　 단어미(술어) |　　성·수 일치 |

① 인칭문의 술어(문어체) : 장어미와 마찬가지로 1격(주어)과 성·수를 일치시킨다.
② 사람·사물의 일시적인 특징과 상태 또는 상대적인 의미를 나타낼 경우
③ 일정한 보어와 함께 사용 : 어떤 대상에 대한 특정적인 설명이 부가될 경우
④ 장어미형용사와 의미상의 차이를 보이는 경우　Он хоро́ший челове́к. Он хоро́ш.
⑤ 무인칭문 술어 (оно́형)　Мне хорошо́.
⑥ 1격이 대명사 э́то일 경우 (оно́형)　Э́то хорошо́.
⑦ 술어를 수식하는 부사 (оно́형)　Он хорошо́ говори́т по-ру́сски.

ГРАММАТИКА 문법

2. 단어미로 많이 사용되는 단어들 (일시적 또는 상대적인 의미)

장어미	단어미				술어
	남성	여성	중성	복수	
гото́вый 준비된	гото́в	гото́ва	гото́во	гото́вы	준비되다.
больно́й 아픈	бо́лен	больна́	больно́	больны́	아프다.
здоро́вый 건강한	здоро́в	здоро́ва	здоро́во	здоро́вы	건강하다.
дорого́й 비싼, 소중한	до́рог	дорога́	до́рого	до́роги	비싸다.
дешёвый 값싼, 하찮은	дёшев	дешева́	дёшево	дёшевы	값싸다.
счастли́вый 행복한	сча́стлив	сча́стлива	сча́стливо	сча́стливы	행복하다.
ну́жный 필요한	ну́жен	нужна́	ну́жно	нужны́	필요하다.
за́нятый 바쁜	за́нят	занята́	за́нято	за́няты	바쁘다.
свобо́дный 한가한	свобо́ден	свобо́дна	свобо́дно	свобо́дны	한가하다.
-	до́лжен	должна́	должно́	должны́	해야 한다.
	рад	ра́да	ра́до	ра́ды	기쁘다.

Я рад с ва́ми познако́миться.

Друзья́! Я бу́ду рад вас ви́деть.

Мне нужна́ ва́ша по́мощь.

Нам был ну́жен надёжный партнёр.

Мы гото́вы занима́ться с ва́ми ру́сским языко́м.

Это сли́шком до́рого, де́нег нет.

Ты до́лжен быть здоро́вым! Кто здоро́в, тот сча́стлив.

3. 관용적인 표현

Бу́дьте добры́, ...	부탁드립니다만, ~
Бу́дьте любе́зны, ...	실례합니다만, ~
Бу́дьте осторо́жны.	조심하세요.
Бу́дьте здоро́вы.	건강하세요.

УПРАЖНЕНИЯ 연습문제

1 잠깐만요. 지금 바쁘세요?
2 이 자리에 사람 있나요?
3 (당신은) 누가 필요합니까?
4 만약(если) 그들이 행복하고 건강하면, 나도 행복할 거예요.
5 그는 축구장에 갈(идти на футбол) 준비가 되어 있어요.

바빠요? 자리 있어요? 통화중이예요?

– Вы за́няты? – Да, я за́нят/занята́.
– Это ме́сто за́нято и́ли свобо́дно? – Свобо́дно. Сади́тесь.
– За́нят ли телефо́н? – Да. На́до бу́дет перезвони́ть.

형용사 총정리

1 ≪ 종류

(1) 성질형용사 : дóбрый(착한), трýдный(어려운), широ́кий(넓은)과 같은 사람·사물의 여러 가지 성질을 나타내는 형용사로서 장·단어미를 가지며 비교급을 만들 수 있다.

(2) 관계형용사 : кáменный(돌로 된), осéнний(가을의), городско́й(도시의)와 같이 부사 о́чень(매우)를 붙일 수 없는 형용사로 사물의 특징을 나타낸다. 장어미만을 가지며, 비교급을 만들 수 없다.

2 ≪ 용법

장어미	· 한정적 용법 – 수식하는 명사와 성·수·격 일치 : 한정어 · 술어적 용법 – 1격(주어)와 성·수 일치 : 술어 *Како́й? Кака́я? Како́е? Каки́е?*
단어미	· 술어적 용법 – 1격(주어)와 성·수 일치 : 술어 *Како́в? Какова́? Каково́? Каковы́?*

- Како́в его́ рост?   – Его́ рост 172 сантимéтра.
- Какова́ длина́ Во́лги?   – Её длина́ 3530 км.
- Каково́ его́ состоя́ние? – Его́ состоя́ние о́чень серьёзно.
- Каковы́ их увлечéния? – Их увлечéния необы́чны.

3 ≪ 특징

(1) 문체의 차이

술어로 사용되는 형용사 장·단어미는 같은 의미를 나타내지만 문체의 차이를 보인다. 장어미 술어는 대화체로, 단어미 술어는 문어체로 사용된다.

(2) 의미상 구분

Он больно́й челове́к.   그는 병약한 체질이다. (계속적 상태)
Он сего́дня бо́лен.   그는 오늘 아프다. (일시적 상태)

Он хоро́ший (челове́к). 그는 좋은 사람이다.
Он хоро́ш. 그는 잘 생겼다.

(3) 장어미 형용사가 없는 단어미 형용사

рад (-а, -о, -ы) 기쁘다   Я рад с ва́ми познако́миться.
до́лжен (должна́, -о́, -ы́) 해야 한다   Мы должны́ есть, что́бы жить.

(4) 무인칭문 술어로 사용되는 단어미 중성형

Вам интере́сно изуча́ть ру́сский язы́к со мной?
Мне о́чень удо́бно жить в го́роде.
В э́той ко́мнате бы́ло хо́лодно.
На берегу́ Во́лги бу́дет ти́хо.

(5) 부사로 사용되는 단어미 중성형

Он интере́сно расска́зывает.
Ты свобо́дно говори́шь по-ру́сски.
Они́ жи́ли бе́дно, но дру́жно.

(6) 기타 표현

| доста́точно + 장·단어미, что́бы + инф | ~할 만큼 충분히 ~하다 |

Он доста́точно бога́т/бога́тый, что́бы купи́ть тот дом.

| сли́шком + 장·단어미, что́бы + инф | ~하기에 너무 ~하다 |

Он сли́шком мо́лод/молодо́й, что́бы меня́ учи́ть.

| тако́й + 장어미, что ~
так + 단어미 중성형, что ~ | 너무 ~해서 ~하다 |

Температу́ра така́я ни́зкая, что без шу́бы мо́жно замёрзнуть.
Она́ говори́ла так бы́стро, что тру́дно бы́ло её поня́ть.

УРОК 34
тридцать четвёртый

Тогда́ он был ещё шко́льником.

ЧТЕ́НИЕ

Тогда́ он был ещё шко́льником. Он был ма́леньким и ху́деньким.

Моя́ мла́дшая сестра́ бу́дет писа́телем и́ли перево́дчиком.

– Кем вы хоти́те стать в бу́дущем?

  – Я хочу́ стать худо́жником. Ка́жется, у меня́ есть тала́нт.

Я наде́юсь, что э́то ле́то в Сеу́ле бу́дет жа́рким и сухи́м.

Моя́ встре́ча с ним была́ роково́й.

Охо́та на со́боля всегда́ бу́дет де́лом нелёгким.

Слова́ «шко́ла», «учёба» бы́ли в то вре́мя для неё но́выми.

СЛОВА́

· ещё	아직	· тала́нт	재능
· ху́денький	마른, 여윈	· наде́яться[1]	기대하다, 바라다
· мла́дший	손아래의 (↔ ста́рший)	· сухо́й	건조한 (↔ сыро́й)
· писа́тель (м.)	작가 (ж. писа́тельница)	· встре́ча [фстре́ча]	с кем? ~와의 만남
· перево́дчик	번역가 (ж. перево́дчица)	· роково́й	운명적인
· стать[1]	кем? ~이 되다	· охо́та	на кого́-что? 사냥
· бу́дущее	미래 (명사화된 형용사)	· со́боль (м.)	족제비
· в бу́дущем	앞으로, 미래에	· нелёгкий [нилёхкий]	쉽지 않은 (тру́дный)
· худо́жник	화가	· учёба	학문, 공부
· ка́жется [ка́жыца] (삽입어)	~인 것 같다	· для	кого́-чего́? ~에게 있어서

ГРАММАТИКА 문법

1 « 일시적 상태를 나타내는 〈상태 5격〉
: кем-чем, каки́м-како́й-каки́м-каки́ми

(1) 과거의 일시적(회고적) 상태 또는 변화하기를 소망하는 마음의 표현

стать	~이 되다	Он стал дипломáтом. Я стáну актри́сой.
быть	~이(었)다	Оте́ц был учи́телем. Он был талáнтливым.
рабóтать	~로 일하다	Онá рабóтает диза́йнером.

(2) 일에 대한 전념의 상태

занимáться	~을 하다	Онá занимáется спóртом.
увлекáться	~에 열중하다	Он увлекáется мýзыкой.
интересовáться	~에 관심을 갖다	Я интересýюсь поли́тикой.

2 « 〈수단, 방법〉 및 〈행위의 주체자〉로 사용되는 кем-чем

Де́ти едя́т суп лóжкой.	아이들이 숟가락으로 스프를 먹는다.
Ле́на говори́т ти́хим гóлосом.	레나는 작은 목소리로 말한다.
Эта дáча былá постро́ена Николáем.	이 별장은 니꼴라이에 의해 지어졌다.

3 « 5격 지배 동사

казáться – показáться	~처럼 보이다	Он мне показáлся интере́сным.
называ́ться – назвáться	~로 불리다	С тех пор цветóк стал называ́ется рóзой.
окáзываться – оказáться	~로 밝혀지다	Это оказáлось оши́бкой.
явля́ться – яви́ться	~이다	Онá явля́ется женóй режиссёра.
считáться	~로 생각되다	Пари́ж считáется мировы́м це́нтром мóды.

УПРАЖНЕНИЯ 연습문제

1 Ле́нин의 아버지는 선생님이었다.
2 내 여동생은 어렸을 때 의사(врач)가 되길 원했다.
3 그는 지금 총책임자(генера́льный дире́ктор)로 일하고 있다.
4 젊었을 때(в мо́лодости) 그녀는 예의바르고(ве́жливый) 똑똑했었다(у́мный).
5 그의 딸은 뭐가 되길 원해? 컴퓨터 프로그래머(компью́терный программи́ст)야.

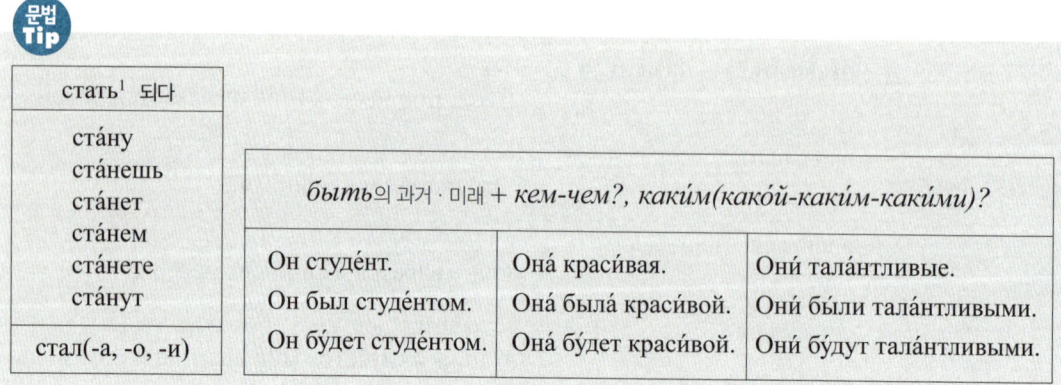

УРОК 35 Вам не хо́лодно?

тридцать пя́тый

ЧТЕ́НИЕ

– Вам не хо́лодно? – Хо́лодно, нам на́до тепло́ одева́ться.

В ко́мнате бы́ло жа́рко. На́до бы́ло откры́ть дверь.

Весно́й тепло́, ле́том жа́рко, о́сенью прохла́дно, зимо́й хо́лодно.

Я́рко све́тит со́лнце. На у́лице со́лнечно.

Бу́дет небольшо́й дождь. На дворе́ па́смурно и сы́ро.

Ду́ет ве́тер. Сего́дня в Москве́ бу́дет ве́трено.

– Кака́я сего́дня пого́да? – Я́сная, со́лнечная пого́да.

날씨 정말 좋군요!
Кака́я хоро́шая пого́да!
Кака́я прекра́сная пого́да!
Посмотри́те! Кака́я замеча́тельная пого́да!

СЛОВА́

· хо́лодно	춥다, 춥게	· прохла́дно	서늘하다
· на́до (무인칭술어)	инф ~해야 한다 ☞ 37과	· я́рко	밝게, 환하게
· тепло́	따뜻하다, 따뜻하게	· свети́ть²	빛나다, 빛을 내다
· одева́ться¹	옷을 입다	· со́лнце [со́нцэ]	태양
· жа́рко	덥다, 덥게	· со́лнечно	화창하다
· откры́ть¹	열다	· двор	마당
~ дверь (ж.)	문을 열다	· па́смурно	흐리다 (= о́блачно)
· весно́й	봄에 (когда́?)	· сы́ро	습하다
· ле́том	여름에 (когда́?)	· ду́ть¹	불다
· о́сенью	가을에 (когда́?)	· ве́тер	바람
· зимо́й	겨울에 (когда́?)	· ве́трено	바람이 불다 (= Ду́ет ве́тер.)

ГРАММАТИКА 문법

1. 날씨 표현에 사용되는 무인칭문 술어

-о로 끝나는 술어부사는 1격이 나오지 않는 무인칭문의 술어가 되는데 더위나 추위를 느끼는 주체자는 кому́, 시제는 бы́ло(과거), бу́дет(미래)를 사용한다.

Кому́ Где Когда́	бы́ло бу́дет	тепло́ жа́рко прохла́дно хо́лодно

Мне хо́лодно, и я уста́ла.

В саду́ бы́ло жа́рко, хоте́лось пить.

За́втра бу́дет тепло́, как ле́том.

2. 인칭문과 무인칭문의 비교

인칭문 (1격 있음)		무인칭문 (1격 없음)	
Весна́ тёплая.	봄은 따뜻하다.	Весно́й тепло́.	봄에는 따뜻하다.
Ле́то жа́ркое.	여름은 덥다.	Ле́том жа́рко.	여름에는 덥다.
О́сень прохла́дная.	가을은 선선하다.	О́сенью прохла́дно.	가을에는 선선하다.
Зима́ холо́дная.	겨울은 춥다.	Зимо́й хо́лодно.	겨울에는 춥다.

3. 일기예보 (Како́й прогно́з пого́ды на за́втра?)

Пого́да улучша́ется.   Пого́да ухудша́ется.

Дождь усилива́ется.   Дождь ослабева́ет.

К ве́черу похолода́ет до ми́нус 10 гра́дусов.

Температу́ра во́здуха поднима́ется (↔ опуска́ется) до 23 гра́дусов.

УПРАЖНЕНИЯ 연습문제

1 오늘 날씨가 어때요? 아주 나빠요: 춥고, 흐리고, 바람이 불어요.
2 눈이 와요(идёт). 점점(постепе́нно) 추워질 거예요(холода́ть).
3 날씨가 점점 좋아지고 있어요(улучша́ться).
4 우리 나라의 여름은 후덥지근합니다(ду́шно).
5 해가 비칠 때, 그는 공원길을 따라(по па́рку) 산책하는 것을 좋아한다.

откры́ть¹ 열다	свети́ть² 빛나다
откро́ю	свечу́
откро́ешь	све́тишь
откро́ет	све́тит
откро́ем	све́тим
откро́ете	све́тите
откро́ют	све́тят
откры́л(-а, -о, -и)	свети́л(-а, -о, -и)

температу́ра во́здуха 기온
гра́дус 온도
плюс 영상 (↔ ми́нус)
ни́же нуля́ 영하 (↔ вы́ше нуля́)

УРОК 36 тридцать шестой
В летние каникулы мы едем на юг.

ЧТЕНИЕ

В летние каникулы мы едем на юг в деревню.

– Куда вы сейчас идёте? – Я иду в школу.

– Куда вы сейчас едете? – Я еду на Урал в Екатеринбург.

– Откуда ты идёшь? – Я иду с работы.

– Откуда ты едешь? – Я еду из Сеула.

В зимние каникулы некоторые люди едут в Америку на стажировку.

Этот автобус идёт в центр города.

어디로 서둘러 가세요?

– Куда вы спешите?
– На почту. Где я могу её найти?
– Идите прямо по этой улице.
– Спасибо большое!

СЛОВА

· летний	여름의	· идти¹ [итти]	(걸어)가다/오다
· каникулы	방학 (복수로 사용)	· ехать¹	(타고)가다/오다
· юг [юк]	남, 남부, 남쪽 지방	· зимний	겨울의
· деревня	시골, 마을, 농촌	· некоторый	어떤, 일부의
· куда	어디로? *도착점	· стажировка [стажыровка]	연수
· откуда	어디로부터? *출발점	· автобус [афтобус]	버스

ГРАММАТИКА 문법

1 운동동사의 보어로 사용되는 〈방향 4격〉, 〈방향 2격〉 : 이동의 도착점과 출발점

КУДА? (어디로)	ОТКУДА? (어디로부터)
в/на + 방향 4격	из/с + 방향 2격
к кому-чему	от кого-чего

 주의! 전치사 в/на의 선택은 뒤에 오는 명사에 따름

В		Куда́?	Отку́да?
страна́	나라	в страну́ [ф]	из страны́ [ис]
го́род	도시	в го́род	из го́рода
дере́вня	시골	в дере́вню	из дере́вни
центр	중심지	в центр [ф]	из це́нтра [ис]
аэропо́рт	공항	в аэропо́рт	из аэропо́рта
университе́т	대학교	в университе́т	из университе́та
гости́ница	호텔	в гости́ницу	из гости́ницы
шко́ла	학교	в шко́лу [ф]	из шко́лы [ис]
класс	교실	в класс [ф]	из кла́сса [ис]
теа́тр	극장	в теа́тр [ф]	из теа́тра [ис]
больни́ца	병원	в больни́цу	из больни́цы

НА		Куда́?	Отку́да?
ро́дина	고향, 조국	на ро́дину	с ро́дины
восто́к	동, 동쪽	на восто́к	с восто́ка
за́пад	서, 서쪽	на за́пад	с за́пада
юг	남, 남쪽	на юг	с ю́га
се́вер	북, 북쪽	на се́вер	с се́вера
рабо́та	직장	на рабо́ту	с рабо́ты
фестива́ль	페스티벌	на фестива́ль	с фестива́ля
вы́ставка	전시회	на вы́ставку	с вы́ствки
по́чта	우체국	на по́чту	с по́чты
уро́к	수업	на уро́к	с уро́ка
ле́кция	강의	на ле́кцию	с ле́кции

ГРАММАТИКА 문법

К		Куда?	Откуда?
отéц	아빠	к отцý	от отцá
Áнна	안나	к Áнне	от Áнны
окнó	창문	к окнý	от окнá
пóезд	기차	к пóезду	от пóезда

2 ≪ 목적의 표현 : Зачéм? Для чегó? С какóй цéлью?

(1) за *кем-чем*   Он идёт в магазúн за хлéбом.

(2) чтóбы *инф*   Онá éдет в Россúю, чтóбы получúть образовáние.

(3) для *тогó*, чтóбы   Я вернýлся домóй для тогó, чтóбы взять кнúги.

3 ≪ 비교 : 방향표현과 장소표현

Куда?	Откуда?	Где?
в/на + 방향 4격	из/с + 방향 2격	в/на + 장소 6격
к кому-чему	от кого-чего	у кого-чего
домóй	**из дóма**	**дóма**

① 전치사 в/на는 방향표현과 장소표현(23과)에 모두 사용된다.
② 전치사마다 구체적인 의미를 갖기도 한다. (к: ~쪽으로, от: ~로부터 떨어져서, у: ~옆에, ~의 집에)

– Кудá ты идёшь?   – Я идý в библиотéку.
                    – Я идý к Ивáну. – Я идý к бéрегу.
– Откýда ты идёшь? – Я идý из библиотéки.
                    – Я идý от Ивáна. – Я идý от бéрега.
– Где ты был?   – Я был в библиотéке.
                    – Я был у Ивáна. – Я был у бéрега.

전치사 B와 H의 차이점

· в чём	~ (속)에	· на чём	~ (표면)에
· во что	~ (속)으로	· на что	~ (표면)으로
· из чего	~ (속)으로부터	· с чего	~ (표면)으로부터
Кни́га лежи́т в столе́.		Ла́мпа стои́т на столе́.	
Я положи́л кни́гу в стол.		Я поста́вил ла́мпу на стол.	
Я вы́нул кни́гу из стола́.		Я убра́л ла́мпу со стола́.	

УПРАЖНЕНИЯ 연습문제

1 너의 이모는 지금 어디 가시니? 우체국(по́чта)에 가세요.
2 우리는 편의점(круглосу́точный магази́н)에 가요.
3 여름에 우리는 시골 부모님 댁에 갑니다.
4 당신은 어디에서 오셨나요(прие́хать)? 러시아에서 왔어요.
5 나는 어제 선생님 댁에 놀러갔었어요(ходи́ть в го́сти).

идти́¹ 걸어가다	е́хать¹ 타고가다
иду́	е́ду
идёшь	е́дешь
идёт	е́дет
идём	е́дем
идёте	е́дете
иду́т	е́дут
шёл, шла, шло, шли	е́хал(-а, -о, -и)
иди́(те)	поезжа́й(те) [ж]

УРОК 37 тридцать седьмой | Мо́жно поговори́ть с ва́ми?

ЧТЕ́НИЕ

– Мо́жно поговори́ть с ва́ми? – Да, разуме́ется. С удово́льствием.

Мне ну́жно ра́но верну́ться домо́й, пока́ светло́.

У тебя́ хоро́ший го́лос, тебе́ ну́жно серьёзно учи́ться пе́нию (= петь).

Необходи́мо сро́чно вы́звать врача́ (на́ дом).

Нельзя́ кури́ть в кла́ссе. Не кури́те здесь!

Спать сли́шком до́лго нельзя́. У нас есть дела́.

Уже́ по́здно. Извини́те, нам пора́ (идти́) домо́й.

Вся́кое де́ло на́до люби́ть, что́бы хорошо́ его́ де́лать. (М. Го́рький)

СЛОВА́

мо́жно (무인칭술어)	инф ~해도 된다, 할 수 있다	пе́ние	노래(공부), 성악
разуме́ется	물론이지 (= коне́чно)	необходи́мо (무인칭술어)	инф ~해야 한다
удово́льствие	만족	сро́чно	급히, 서둘러
ну́жно (무인칭술어)	инф ~할 필요가 있다	вы́звать[1]	кого́? ~을 부르다, 호출하다
верну́ться[1]	куда́? ~로 돌아가다(오다)	врач	의사
домо́й	집으로 (куда́?)	нельзя́ (무인칭술어)	инф ~하면 안 된다, 할 수 없다
пока́	~일 때 (= когда́)	класс	교실
светло́	환하다, 밝다	спать[2]	자자다
го́лос	목소리 (мн.ч. голоса́)	пора́ (무인칭술어)	инф ~할 시간이다, ~해야 한다
серьёзно	열심히, 진지하게	вся́кий [фся́кий]	각각의, 하나하나, 모든
учи́ться[2]	чему́? инф ~을 배우다	что́бы	инф ~하기 위하여

ГРАММАТИКА 문법

1 << 행위의 가능 · 불가능, 의무, 허가, 금지 등의 행위를 나타내는 무인칭문 술어

무인칭문	문법상의 1격(кто-что)이 나오지 않는 문장
	· 행위의 주체자 : кому
	· 행위의 내용 : инф
	· 시제 : бы́ло(과거), бу́дет(미래)

мо́жно	~할 수 있다, ~해도 된다	
нельзя́	~하면 안 된다, ~할 수 없다	(비교)
на́до	~해야 한다	☞ 31과 мочь
ну́жно	~할 필요가 있다, ~해야 한다	☞ 32과 до́лжен (должна́, -о́, -ы́)
необходи́мо	~해야 한다	☞ 32과 ну́жен (нужна́, -о, -ы)
возмо́жно	~될 수 있다, ~이 가능하다	☞ 32과 необходи́м (-а, -о, -ы)
невозмо́жно	~이 불가능하다	

Вам мо́жно есть всё.

Мо́жно найти́ мно́го приме́ров.

Вам нельзя́ бы́ло выходи́ть из до́ма.

С э́тим нельзя́ не согласи́ться.

Я совсе́м не зна́ю об э́том, на́до бу́дет спроси́ть у неё.

Како́е лека́рство ей ну́жно принима́ть?

На како́й остано́вке мне ну́жно выходи́ть?

Без стре́сса жить невозмо́жно и да́же вре́дно.

Возмо́жно ли по́льзоваться интерне́том беспла́тно?

2 << 행위의 시간을 나타내는 무인칭문 술어

вре́мя		~할 시간이다
пора́	+ инф	~할 때가 되다
ра́но		~하기에 이르다
по́здно		~하기에 늦다

Де́тям вре́мя спать.

Нам пора́ обе́дать. Я го́лоден/голодна́.

Тебе́ ещё ра́но кури́ть.

Я бою́сь, что уже́ по́здно начина́ть.

ГРАММАТИКА 문법

3. 목적의 표현 : чтобы + инф

У нас слишком мало денег, чтобы помогать другим людям.

Чтобы много знать, нужно много учиться.

Чтобы быть здоровым, нужно заниматься спортом.

Она записала это (для того), чтобы не забыть.

4. нужно/надо와 нужен (нужна, -о, -ы)

무인칭술어 + инф ⟨~해야 한다⟩		형용사단어미(술어) + 1격 ⟨~이 필요하다⟩
Мне нужно купить словарь.		Мне нужен словарь.
нужно получить визу.	=	нужна виза.
нужно найти время.		нужно время.
нужно взять книги.		нужны книги.

5. видно ⟨보이다⟩, слышно ⟨들리다⟩, нужно ⟨필요하다⟩

무인칭술어 + 4격/2격		1격 + 형용사단어미(술어)
Видно дорогу.		Дорога видна.
Не видно дороги.		Дорога не видна.
Слышно музыку.	=	Слышна музыка.
Не слышно музыки.		Музыка не слышна.
Мне нужно директора.		Мне нужен директор.

УПРАЖНЕНИЯ 연습문제

1 들어가도(войти)됩니까? 예, 됩니다.
2 밤늦게 전화해도 됩니까? 아니요, 안됩니다.
3 학생들이 모든 시험에 합격해야(сдать экзáмен) 합니다.
4 이 케이크(торт) 다 먹어도(съесть) 되나요? 네, 그럼요.
5 인간은 지구(Земля́)에 대해서 생각해야 할 것이다.

무엇 때문에 이것이 필요한가요?

– Зачéм э́то ну́жно?
– Что́бы получи́ть хоро́шую оце́нку.

УРОК 38 тридцать восьмой | Эта книга интереснее, чем та.

ЧТЕНИЕ

Вот более интересная книга.

Эта книга более интересна, чем та.

Эта книга интереснее, чем та.

Эта книга интереснее той.

– Кто старше? – Вы старше меня. Я моложе вас.

– Кто сильнее: Кирилл или Виктор? – Кирилл сильнее Виктора.

– Кто был выше ростом? – Он был выше её. Она была ниже его.

Сегодня теплее, чем вчера. Думаю, что весна приближается.

Она говорит по-русски гораздо лучше меня.

Все хотят жить дольше. Но жить дольше – не значит жить лучше.

СЛОВА

- более (불변) — 더, 더 많이 (↔ менее)
- чем (+ 비교대상) — ~보다 (비교 접속사)
- интереснее — 더 재미있다
- той — 저 (та의 2격) ☞42과
- старше [старшэ] — 나이가 더 많다
- моложе [маложэ] — 나이가 더 어리다
- сильнее — 더 강하다, 더 힘세다
- высокий — 키가 큰, 높은
- выше [вышэ] — 더 크다, 더 크게
- низкий [ниский] — 키가 작은, 낮은
- ниже [нижэ] — 더 작다, 더 작게
- рост — 키, 신장, 증가
- теплее — 더 따뜻하다
- приближаться[1] — (시간, 계절이) 다가오다
- гораздо — 훨씬, 더욱 (= намного, ещё)
- лучше [лучшэ] — хорошо의 비교급 (↔ хуже)
- дольше [долшэ] — 더 오래 (долго의 비교급)
- значить[2] — 의미하다, 나타내다

ГРАММАТИКА 문법

1. 합성식 비교급 (сравнительная степень) : 한정적 · 술어적 용법

> бо́лее (더) / ме́нее (덜) + 형용사 원급 (장 · 단어미)

краси́вый 아름다운	бо́лее краси́вый (-ая, -ое, -ые)	: 장어미
	бо́лее краси́в (-а, -о, -ы)	: 단어미
интере́сный 재미있는	ме́нее интере́сный (-ая, -ое, -ые)	: 장어미
	ме́нее интере́сен (-сна, -о, -ы)	: 단어미

2. 단일식 비교급 : 성 · 수 · 격에 따른 변화가 없으며 보통 술어적 용법으로 쓰인다. 한정적 용법으로 사용될 경우에는 명사 뒤에 위치한다.

(1) 형용사 어간 + -ее/-ей   ☺ 주의! 강세는 단어미 여성형과 동일

краси́вый 아름다운	: краси́вее	(краси́ва)
интере́сный 재미있는	: интере́снее	(интере́сна)
но́вый 새로운	: нове́е	(нова́)
до́брый 착한	: добре́е	(добра́)
си́льный 강한	: сильне́е	(сильна́)
си́ний 파란	: сине́е	(синя́)

(2) 변화된 형용사 어간 (ж, ш, ч, щ) + -е   ☺ 주의! 강세는 어간에 있음

어간 끝에 오는 자음이 г, к, х, д, з, с, т, ст일 경우 ж, ч, ш, щ로 바꾸고 접미사 -е를 추가

дорого́й 비싼, 소중한	: доро́же	↔	деше́вле	(дешёвый)
молодо́й 젊은	: моло́же	↔	ста́рше	(ста́рый)
ти́хий 조용한	: ти́ше	↔	гро́мче	(гро́мкий)
жа́ркий 더운	: жа́рче	↔	холодне́е	(холо́дный)
бога́тый 부유한	: бога́че	↔	бедне́е	(бе́дный)
чи́стый 깨끗한	: чи́ще	↔	грязне́е	(гря́зный)

38 Эта кни́га интере́снее, чем та.

ГРАММАТИКА 문법

3<< 특수한 형태 (단일식 비교급 장어미)

일부 형용사는 합성식 비교급 대신 비교급 장어미형을 만들며, 수식하는 명사와 성·수·격을 일치시켜 사용한다.

원급		
хоро́ший	좋은	хорошо́
плохо́й	나쁜	пло́хо
высо́кий	높은, 키가 큰	высоко́
ни́зкий	낮은, 키가 작은	ни́зко
большо́й	큰	мно́го
ма́ленький	작은	ма́ло
ста́рый	나이든	ста́ро
молодо́й	젊은	мо́лодо

비교급		
лу́чше	лу́чший	더 좋은
ху́же	ху́дший	더 나쁜
вы́ше	вы́сший	더 높은/키가 더 큰
ни́же	ни́зший	더 낮은/키가 더 작은
бо́льше	бо́льший	더 큰/많은
ме́ньше	ме́ньший	더 작은/적은
ста́рше	ста́рший	더 나이 많은
моло́же	мла́дший	더 나이 어린

Он живёт в бо́льшем до́ме, чем мы ду́маем.
(Его́ дом бо́льше, чем мы ду́маем.)

На э́том ку́рсе нет лу́чших студе́нтов, чем Ива́н.
(Нет студе́нтов лу́чше, чем Ива́н.)

4<< 단일식 비교급의 한정적 용법

단일식 비교급은 원급의 단어미와 같이 술어 및 부사로 쓰이지만, 명사 뒤에 올 때는 명사를 수식하는 한정어로도 쓰인다.

Он чита́л рома́ны интере́снее э́того.

(Он чита́л рома́ны, кото́рые интере́снее э́того.)

Я живу́ в ко́мнате поме́ньше твое́й.

Есть ли у вас но́мер подеше́вле?

Она́ получа́ет зарпла́ту бо́льше мое́й в полтора́ ра́за.

5 비교급 구문

(1) 비교접속사 чем : чем 앞에 쉼표(,)가 필요하다.

> Сегóдня чуть теплéе, чем вчерá.
> Я бóльше люблю истóрию, чем матемáтику.
> Онá мéнее красива, чем я думал.
> Мне труднéе говорить по-русски, чем писáть.

(2) 비교 2격

단일식 비교급이 사용된 문장에서 비교의 대상이 명사나 대명사의 1격일 경우에만 비교접속사 чем을 생략하는 대신 비교대상을 кого-чего로 바꾸어 사용할 수 있다.

> Самолёт быстрéе пóезда. (= , чем пóезд)
> Мать молóже отцá на 3 гóда. (= , чем отéц)   ⓒ주의! 비교의 정도 : на + 수사4격
> Моя книга в два рáза дорóже вáшей. (= , чем вáша)   ⓒ주의! 비교의 배율 : в + 수사4격

(3) чем 비교급 А, тем 비교급 Б : ⟨А하면 할수록, 더욱 더 Б하다⟩

> Чем бóльше, тем лучше. Чем дáльше, тем лучше.
> Чем ближе к веснé, тем теплéе.
> Чем бóльше я занимáюсь, тем труднéе станóвится.

(4) 접두사 по + 단일식 비교급 : ⟨좀 더⟩라는 의미 추가

> Приходите к нам почáще.
> Онá хотéла взять журнáл поновéе.
> Я живу в кóмнате помéньше твоéй.

(5) как мóжно + 비교급 : ⟨가능한 한 ~하게⟩

как мóжно скорéе	가능한 한 신속하게
как мóжно быстрéе	될 수 있는 대로 빨리
как мóжно дешéвле	가능한 한 싸게

ГРАММАТИКА 문법

(6) 비교급을 강조하는 부사

гора́здо бо́льше	훨씬 더 크게
намно́го лу́чше	훨씬 더 좋게
не́сколько доро́же	약간 더 비싸게
немно́го деше́вле	약간 더 싸게
ещё жа́рче	더욱 뜨겁게

6 주의해야 할 비교급

원급		비교급	원급		비교급
но́вый	새로운	нове́е	ста́рый	오래된	старе́е
молодо́й	젊은	моло́же	ста́рый	나이든	ста́рше
широ́кий	넓은	ши́ре	у́зкий	좁은	у́же
сла́дкий	단, 달콤한	сла́ще	го́рький	쓴	го́рче
далёкий	먼	да́льше	бли́зкий	가까운	бли́же
глубо́кий	깊은	глу́бже	ме́лкий	얕은, 낮은	ме́льче
ча́стый	잦은	ча́ще	ре́дкий	드문	ре́же
то́нкий	가는, 가름한	то́ньше	то́лстый	두꺼운, 살찐	то́лще
коро́ткий	짧은	коро́че	дли́нный	긴	длинне́е
ра́нний	이른, 미리	ра́ньше/ра́нее	по́здний	늦은	по́зже/поздне́е

Стара́йтесь ча́ще смея́ться!

На́до дыша́ть глу́бже и не́рвничать ещё ре́же.

Я пойду́ ра́ньше вас.

Он пришёл по́зже, чем обы́чно.

Здесь на́до повтори́ть ска́занное ра́нее.

Сейча́с поздне́е, чем ты ду́маешь.

УПРАЖНЕНИЯ 연습문제

1 네가 나보다 훨씬 어리다.
2 금(зо́лото)이 은(серебро́)보다 더 비싸요(доро́же).
3 어제가 오늘보다 훨씬 더 추웠다.
4 아내가 남편보다 두 살(на два го́да) 더 많습니다.
5 오늘(сего́дняшний) 강의가 어제(вчера́шний) 강의보다 더 어려워요(трудне́е).

더 이상 ~할 수가 없다

Я бо́льше не могу́ терпе́ть.
Я уста́ла. Я бо́льше не могу́ ждать тебя́.
Спаси́бо. Я уже́ сыт, бо́льше не могу́ (есть).

~가 더 좋다

Ум хорошо́, а два лу́чше.
Одна́ голова́ хорошо́, а две лу́чше.
В гостя́х хорошо́, а до́ма лу́чше.
Ста́рый друг лу́чше но́вых двух.

УРОК 39 тридцать девятый | Это самый интересный рассказ Чехова.

ЧТЕНИЕ

Это самый интересный рассказ Чехова. Это интереснейший рассказ.

Озеро Байкал – самое глубокое озеро в мире.

Озеро Байкал – глубочайшее озеро мира (глубочайшее из озёр мира).

Я хочу читать самые горячие новости. Это лучшая газета в мире.

Все знают, что она наиболее способна(я) из этих студенток.

Он старше всех у нас в школе, но в своей семье он моложе всех.

Прежде всего, хочу сказать, самое главное – не подарок, а внимание.

Петербург – один из красивейших городов в России.

Самая высокая радость в жизни – чувствовать себя нужным и близким людям. (М. Горький)

СЛОВА

- самый (-ая, -ое, -ые) 가장, 제일의
- интереснейший 가장 재미있는
- глубокий 깊은
- глубочайший 가장 깊은
- из *кого-чего?* ~중에서
- старейший 가장 오래된
- горячий 뜨거운
- новость (ж.) 소식, 뉴스
- наиболее 가장 (↔ наименее)

- старше всех (все의 비교 2격) 가장 나이가 많다
- моложе всех (все의 비교 2격) 가장 어리다
- прежде всего (всё의 비교 2격) 무엇보다도 먼저
- главное 중요한 것 (명사화된 형용사)
- красивейший 가장 아름다운
- радость (ж.) 기쁨
- чувствовать[1] ~ *себя каким* (자기 자신을) 어떻게 느끼다
- нужный 필요한, 요구되는
- близкий [бли*с*кий] 가까운 (↔ далёкий)

ГРАММАТИКА 문법

1 합성식 최상급 (превосхо́дная сте́пень) : 한정적 · 술어적 용법

(1)
са́мый (-ая, -ое, -ые)	+ 형용사원급 (장어미)
наибо́лее	+ 형용사원급 (장 · 단어미)
наиме́нее	+ 형용사원급 (장 · 단어미)

Эрмита́ж – са́мый большо́й музе́й Санкт-Петербу́рга.
Метро́ – са́мый удо́бный вид тра́нспорта.
Э́та пе́сня наибо́лее популя́рна(я) среди́ молодёжи.

(2)
| 단일식 비교급 | + всех (все의 비교 2격) |
| | + всего́ (всё의 비교 2격) |

Я говорю́ по-япо́нски лу́чше всех.   (모든 사람들 중에서)
Лу́чше всего́ я говорю́ по-япо́нски.   (모든 언어들 중에서)
Ху́же всего́ он игра́ет в те́ннис. Я ста́рше/моло́же всех.

2 단일식 최상급 : 한정적 · 술어적 용법

(1) 형용사 어간 + -е́йший (-ая, -ее, -ие)   ☺주의! 강세는 비교급과 동일

до́брый	(добре́е)	: добре́йший	가장 착한
но́вый	(нове́е)	: нове́йший	가장 새로운
си́льный	(сильне́е)	: сильне́йший	가장 강한
краси́вый	(краси́вее)	: краси́вейший	가장 아름다운

(2) 변화된 형용사 어간 (ж, ш, ч, щ) + -а́йший (-ая, -ее, -ие)   ☺주의! 강세는 -а́-에 있음

глубо́кий	(глу́бже)	: глубоча́йший	가장 깊은
стро́гий	(стро́же)	: строжа́йший	가장 엄격한
ти́хий	(ти́ше)	: тиша́йший	가장 조용한
вели́кий	(бо́льше)	: велича́йший	가장 위대한

ГРАММАТИКА 문법

(3) 단일식 비교급 장어미

лу́чший (↔ ху́дший)   Го́лод – лу́чшая припра́ва.
вы́сший (↔ ни́зший)   Хра́брость – вы́сшее ка́чество челове́ка.
ста́рший (↔ мла́дший)   Он ста́рший нау́чный сотру́дник.
бо́льший (↔ ме́ньший)   Как напеча́тать бо́льший разме́р?

(4) 접두사 **наи** + 최상급 : 최상급의 의미를 강조

наилу́чший (= са́мый лу́чший)   최상의
наибо́льший (= са́мый большо́й)   최대의
наивы́сший (= са́мый вы́сший)   최고의
наиху́дший (= са́мый ху́дший)   최악의

3 최상급 구문

- 형용사 최상급 + из, среди́ + 2격 : ~(중)에서
- 형용사 최상급 + в, на + 6격 : ~에서
- 형용사 최상급 + 명사 + 한정어 2격 : ~에서

Кремль – са́мый интере́сный из музе́ев Москвы́.

Како́й смартфо́н явля́ется са́мым популя́рным среди́ россия́н?

Са́мый весёлый пра́здник в Росси́и – Ма́сленица!

Я люблю́ му́зыку бо́льше всего́ на све́те.

Во́лга – са́мая дли́нная река́ Евро́пы.

УПРАЖНЕНИЯ 연습문제

1 이것이 가장 어려운 수학문제(задáча по математике)예요.
2 어떤 도시가 러시아에서 가장 커요?
3 Пýшкин은 가장 위대한 러시아 시인입니다.
4 그가 우리 중에 나이가 가장 어리군요.
5 나는 생크림(слúвки)을 얹은 딸기(клубнúка)를 가장 좋아해요.

~ 중에 하나

одúн из	Кúев – одúн из древнéйших городóв Еврóпы.
однá из	Это однá из сáмых популя́рных пéсен средú молодёжи.
однó из	Ивáн – однó из сáмых извéстных имён.

КОНТРОЛЬНАЯ РАБОТА 쪽지시험

1 다음 문장에서 ( ) 안에 있는 단어를 문맥에 맞도록 고치세요.

(1) Позавчера мы были у (друг Антона).

(2) Экзамен по (русский язык) будет через неделю.

(3) Извини, (я) пора идти домой.

(4) (Дети) понравился этот мультфильм.

(5) В этом доме 3 (этаж).

(6) (Я) можно спросить, сколько вам (год)?

(7) Тогда у меня не было (деньги).

(8) Он был (прилежный студент).

(9) На улице (пасмурный). Будет дождь. (Ты) надо взять зонтик.

(10) (Кто) нельзя курить здесь в комнате?

(11) Андрей говорит по-корейски гораздо (хорошо) Виктора.

(12) Я (молодой) его на 4 года.

(13) Озеро Севан – (красивейший) из озёр Армении.

(14) Пушкин – величайший из (русские поэты) 19 века.

(15) Прямая – (самый краткий) расстояние между двумя точками.

2 다음 문장에서 ( ) 안에 알맞은 전치사를 넣으세요.

(1) Сейчас студенты идут (   ) университет.

(2) Летом мы обычно ездим в Киев (   ) родителям.

(3) В 8 часов я уже иду (   ) дома на лекцию.

(4) Мы будем проводить Рождество (   ) бабушки в деревне.

(5) Когда мы отдыхали (   ) юге, мы купались и загорали.

(6) – Откуда вы? – (   ) почты.

(7) Ей нравится слушать русские песни (   ) классе.

(8) Моя мама любит покупать свежие овощи (   ) магазинах.

(9) Сегодня я опаздываю, и еду (   ) такси.

(10) Приходи чаще (   ) нам в гости!

РАЗДЕЛ III

ДОМ РУССКОГО ЯЗЫКА

УРОК 40 сороковой | Мне нездоровится ещё с вечера.

ЧТЕНИЕ

Светает. Светало. Будет светать.

Вечереет. Вечерело. Начало вечереть.

Я сильно болен. Мне нездоровится ещё с вечера.

Моей сестре нездоровилось. Она заболела гриппом.

Как жаль, что она простудилась.

Что-то мне не спится в последнее время.

Моему брату не спалось от шума.

Нам не работается (работалось). Просто не хотелось (хочется) работать.

Меня тошнит и острая боль в животе.

Твоего отца знобит. Ему надо поехать к врачу.

СЛОВА

· светать¹ (무인칭동사)	날이 밝아오다, 동트다	· в последнее время	최근에
· вечереть¹ (무인칭동사)	날이 저물다, 저녁이 되다	· от шума	소음 때문에
· начать¹ [начять]	инф ~하기 시작하다	· работаться¹ (무인칭동사)	(кому) 일이 잘 되다
· сильно	심하게	· просто	그냥, 이유 없이
· болен (больна, -о, -ы)	아프다 (형용사 단어미)	· хотеться (무인칭동사)	инф ~하고 싶어지다
· с вечера	저녁부터, 저녁 이후로	· тошнить² (무인칭동사)	(кого) 메슥거리다
· заболеть¹	чем? ~병에 걸리다	· острый	심한, 격렬한, 급성의
· простудиться²	감기에 걸리다	· боль (ж.)	아픔, 고통
· что-то	무언가, 왜 그런지	· живот [жывот]	배, 복부
· спаться² (무인칭동사)	(кому) 잠이 오다	· знобить² (무인칭동사)	(кого) 오한이 나다

ГРАММАТИКА 문법

1 << 무인칭동사 (безли́чные глаго́лы)

> 자연현상, 주체의 의지와는 무관하게 뜻대로 되지 않는 사람의 상태를 표현할 경우 그리고 필연성 등을 나타낼 때 사용되는 동사로 **문법상의 1격(кто-что)이 나오지 않는 무인칭문**의 술어가 되기 때문에 형태는 **оно́형**만이 사용된다.

(1) 자연현상

Света́ет. Вечере́ет. В лесу́ темне́ет. К ве́черу похолода́ло.

(2) 사람의 상태

Мне не спало́сь. Ей почему́-то нездоро́вится.
Ма́льчику не сиде́лось на ме́сте.

(3) 필연성

Тебе́ сто́ит посмотре́ть э́тот фильм.
Мне прихо́дится рабо́тать, что́бы плати́ть за Интерне́т.

(4) 분명하지 못한 희망이나 생각

Мне хо́чется пить. Де́тям хоте́лось гуля́ть.
(비교) Я хочу́ пить. Де́ти хоте́ли гуля́ть.

2 << 동사원형이 술어인 문장 : 무인칭문

Что де́лать мне сего́дня?	오늘 나는 무엇을 할까?
Куда́ нам пое́хать?	우리는 어디로 가야 합니까?
Отку́да ей взять де́ньги?	그녀는 어디서 돈을 구할까?
С кем мне посове́товаться?	나는 누구와 상담해야 합니까?
Когда́ позвони́ть вам?	언제 당신에게 전화하면 됩니까?
Всем собра́ться в три часа́.	모두 3시에 집합하시오.

ГРАММАТИКА 문법

3. 동사 боле́ть

(1) боле́ть¹   *чем?* ~(병)을 앓다, 병에 걸리다

– Чем она́ боле́ет?   – Она́ боле́ет гри́ппом.
– Чем она́ боле́ла?   – Она́ боле́ла анги́ной.

(2) боле́ть²   *что?* ~(신체부위)가 아프다

– Что у вас боли́т?   – У меня́ боли́т голова́.
– Что у вас боле́ло?   – У меня́ боле́ли рука́ и нога́.

(3) 알아두어야 할 표현

На что вы жа́луетесь? (Что вас беспоко́ит?)	어디가 불편하세요?
Как давно́ заболе́ли?	언제부터 아팠어요?
У вас была́ температу́ра?	열이 있었어요?
Тру́дно ли вам дыша́ть?	숨쉬기가 어렵나요?
Како́е у вас давле́ние?	혈압이 얼마예요?
Как принима́ть э́то лека́рство?	약은 어떻게 먹어요?
Принима́йте лека́рство по́сле еды́.	약은 식후에 드세요.

4. 신체 (те́ло) 관련 단어

머리	голова́	어깨	плечо́ (мн. ч. *пле́чи*)
얼굴	лицо́	팔	рука́
눈	глаз (мн. ч. *глаза́*)	손	кисть (ж.)
코	нос	가슴	грудь (ж.)
입	рот	배	живо́т [жыво́т]
귀	у́хо (мн. ч. *у́ши*)	다리	нога́
목	ше́я	발	ступня́
입술	губа́	등	спина́
치아	зуб	무릎	коле́но (мн.ч. *коле́ни*)

УПРАЖНЕНИЯ 연습문제

1 오늘 제가 몸이 안 좋아요.
2 어디가 아프세요? 감기예요.
3 이상하게(стра́нно) 웬일인지 잠이 오지 않아요.
4 어제는 아주 추웠어요. 영하(моро́з) 17도(гра́дус)였어요.
5 잠이 오지 않을 때 따뜻한 우유를 드세요(попро́буйте пить).

기분이 어때요?

– Как вы себя́ чу́вствуете сего́дня?
– У меня́ сего́дня настрое́ние хоро́шее, да́же отли́чное.
  Я чу́вствую себя́ так, как бу́дто то́лько что роди́лся.

무인칭문 술어 총정리

1 감정표현, 자연현상, 행위의 양상표현 :
кому(주체자) / бы́ло(과거), бу́дет(미래) ➡ 27과, 35과, 37과

   Мне хорошо́ (пло́хо, прия́тно, ве́село, ску́чно, интере́сно).
   Вчера́ на у́лице бы́ло тепло́ (жа́рко, прохла́дно, хо́лодно).
   Мне мо́жно (нельзя́, на́до, ну́жно, вре́мя, пора́) + инф.
   (비교) мочь, до́лжен (должна́, -о́, -ы́), ну́жен (нужна́, -о, -ы)

2 사람·사물의 부재 : нет, не́ бы́ло, не бу́дет + 존재부정 2격 ➡ 29과

   У меня́ нет уро́ков.
   На у́лице ве́тра и дождя́ нет.
   Об э́том вопро́сов не́ было.
   Послеза́втра в клу́бе не бу́дет конце́рта.

3 무인칭동사 : 주체의 의지와는 무관한 상태를 동사의 оно́형으로 표현 ➡ 40과

   Света́ет. Вечере́ет. Холода́ет.
   Мне не спи́тся. Ей почему́-то нездоро́вится.
   Меня́ зноби́ло. Большо́му хоте́лось пить.
   Нам пришло́сь уе́хать из Москвы́.

4 부정대명사·부정부사 + инф :
кому́(주체자) / бы́ло(과거), бу́дет(미래) ➡ 52과

   Мне не́кого бы́ло люби́ть.   나에겐 사랑할 사람이 없었다.
   Ей не́ с кем бу́дет посове́товаться.   그녀에겐 함께 의논할 사람이 없을 것이다.
   Ему́ не́когда чита́ть кни́ги.   그는 책 읽을 시간이 없다.

5 피동형동사 과거 단어미 중성형 : бы́ло(과거), бу́дет(미래) ➡ 61과

   Об э́том нигде́ не напи́сано.   (= не написа́ли)   이것은 어디에도 쓰여 있지 않다.
   Про это бы́ло забы́то.   (= забы́ли)   이것에 대해 잊혀졌다.
   Хорошо́ ска́зано.   (= сказа́ли)   이야기가 잘 되었다.
   Ещё ничего́ не сде́лано.   (= не сде́лали)   아직 아무것도 된 것이 없다.

УРОК 41 сорок первый
О чьём семинаре она рассказывает вам?

ЧТЕНИЕ

– О чьём семинаре она рассказывает вам?

  – Она рассказывает мне о вашем семинаре.

– Вы гордитесь своей страной? – Да, я рад, что живу в Корее.

– Чем ты гордишься? – Я горжусь нашей родиной и её историей.

– Что ты делаешь? – Я читаю твою статью.

– О чьих детях заботится Катя? – Она заботится о своих детях.

Бабушка и дедушка любят своего внука и свою внучку.

Он иногда играл на рояле не для моих детей, а для детей учителя.

У каждой женщины есть своя тайна.

У каждого из вас есть свои планы.

СЛОВА 단어

· чей, чья, чьё, чьи	누구의 (것)?
· свой, своя, своё, свои	자기 자신의
· семинар	세미나
· страна	나라
· родина	조국, 고향
· история	역사, 이야기
· статья	논문, 기사
· заботиться²	*о ком-чём?* ~을 보살피다
· иногда	가끔, 때때로
· бабушка	할머니
· дедушка (м.)	할아버지
· внучка	손녀 (внук 손자)
· играть	*на чём?* ~악기를 연주하다
· рояль (м.)	그랜드 피아노
· женщина [жэнщина]	여자 (мужчина 남자)
· тайна	비밀, 신비

ГРАММАТИКА 문법

 소유대명사(притяжа́тельные местоиме́ния)의 6격변화

사람이나 사물의 소유를 나타내는 대명사로 **수식하는 명사와 성·수·격이 일치**한다.

(1) 1인칭·2인칭 소유대명사 : мой, твой, наш, ваш

성·수 격	단수			복수	단수			복수
	남성	중성	여성		남성	중성	여성	
1격	мой	моё	моя́	мои́	ваш	ва́ше	ва́ша	ва́ши
2격	моего́		мое́й	мои́х	ва́шего		ва́шей	ва́ших
3격	моему́		мое́й	мои́м	ва́шему		ва́шей	ва́шим
4격	1격/2격	моё	мою́	1격/2격	1격/2격	ва́ше	ва́шу	1격/2격
5격	мои́м		мое́й	мои́ми	ва́шим		ва́шей	ва́шими
6격	моём		мое́й	мои́х	ва́шем		ва́шей	ва́ших

① 1·2인칭 소유대명사는 수식관계에 있는 명사와 성·수·격을 일치시킨다.
② 3인칭 소유대명사 его́, её, их는 한 가지 형태로 성·수·격에 따른 어미변화가 없다.
③ твой, наш, чей의 격변화는 мой, ваш의 격변화와 동일하다.

(2) 의문사 : чей, чья, чьё, чьи

성·수 격	단수			복수
	남성	중성	여성	
1격	чей	чьё	чья	чьи
2격	чьего́		чьей	чьих
3격	чьему́		чьей	чьим
4격	1격/2격	чьё	чью	1격/2격
5격	чьим		чьей	чьи́ми
6격	чьём		чьей	чьих

① 어간이 чь-이며 연변화한다.
② 남성 단수 4격 : 수식관계에 있는 명사에 따라 1격(비활동체) 또는 2격(활동체)을 사용한다.
③ 여성 단수 4격 : 수식관계에 있는 명사에 따라 활동체, 비활동체 구분없이 чью를 사용한다.
④ 복수 4격 : 수식관계에 있는 명사에 따라 1격(비활동체) 또는 2격(활동체)을 사용한다.

(3) 재귀 소유대명사 : 〈자기 자신의〉 뜻으로 문장의 주체자와 동일한 사람일 경우에 사용

성·수 격	단수			복수
	남성	중성	여성	
1격	свой	своё	своя́	свои́
2격	своего́		свое́й	свои́х
3격	своему́		свое́й	свои́м
4격	1격/2격	своё	свою́	1격/2격
5격	свои́м		свое́й	свои́ми
6격	своём		свое́й	свои́х

Я рабо́таю в свое́й (= мое́й) ко́мнате.
Са́ша чита́ет свою́ кни́гу.   사샤는 자신의 책을 읽고 있다.
Са́ша чита́ет его́ кни́гу.   사샤는 그의(누군가 다른 사람) 책을 읽고 있다.

◎ **주의!** 주체자가 он, она́, оно́, они́일 경우에는 반드시 свой를 사용해야 한다.

2 << 소유의 표현

누구의 잡지		① 나의 잡지		② 그녀의 잡지		③ 이반의 잡지	
чей	журна́л	мой	журна́л	её	журна́л	журна́л	Ива́на
чьего́	журна́ла	моего́	журна́ла	её	журна́ла	журна́ла	Ива́на
чьему́	журна́лу	моему́	журна́лу	её	журна́лу	журна́лу	Ива́на
чей	журна́л	мой	журна́л	её	журна́л	журна́л	Ива́на
чьим	журна́лом	мои́м	журна́лом	её	журна́лом	журна́лом	Ива́на
чьём	журна́ле	моём	журна́ле	её	журна́ле	журна́ле	Ива́на

① мой журна́л : мой와 журна́л은 일치의 관계로 성·수·격 변화가 함께 일어난다.
② её журна́л : 3인칭 소유대명사(её, его́, их)는 변화하지 않고 журна́л만 격변화한다.
③ журна́л Ива́на : 한정어 2격(Ива́на)은 핵심어(журна́л)가 격변화 하더라도 변하지 않고 그대로 있다.

УПРАЖНЕНИЯ 연습문제

1 누구의 손수건(полотéнце)이 책상 위에 있나요? 그녀의 것입니다.
2 나는 내 옛(стáрый)친구한테 향수(духи́)를 선물했어요(подари́ть).
3 그는 자신의 작품(произведéние)들을 자랑스럽게 생각해요.
4 김 교수님의 강의가 맘에 들었어요.
5 너 자신에 대해 반드시(обязáтельно) 생각해야 한다.

어떤 악기를 연주하세요?

– На какóм инструмéнте вы игрáете?
– Я игрáю на гитáре.

гитáра	기타	балалáйка	발랄라이카 (러시아의 현악기)
пиани́но (불변)	피아노	скри́пка	바이올린
трубá	트럼펫	флéйта	플루트
саксофóн	색소폰	áрфа	하프

УРОК 42 сорок второй | Какими книгами вы увлекаетесь?

ЧТЕНИЕ 읽기

– Какими книгами вы увлекаетесь? – Я увлекаюсь этими книгами.

Эта книга называется «Страницы истории». В ней много интересного.

– Где живёт наш великий учёный? – Он живёт в этом же городе.

В этом доме 12 этажей. Этот дом выше того.

Красная площадь – это центр Москвы. Об этом знает весь мир.

Все люди уважают и любят его за скромность, доброту.

Говорят, что всю свою жизнь он заботится обо всех и обо всём.

Все были рядом. Спасибо вам за всё.

– Кто это сделает? – Светлана Николаевна, вы сами можете сделать всё.

Мыслить – это значит говорить с самим собой и слышать самого себя.

СЛОВА 단어

- увлекаться¹ — *кем-чем?* ~에 열중하다
- страница (= стр.) — 쪽, 페이지
- интересное — 재미난 것 (명사화된 형용사)
- великий — 위대한
- же [жэ] — 바로 (강조소사)
- этаж [эташ] — (건물의) 층 (복수 2격 этажей)
- весь, вся, всё, все — 전체, 모든
- уважать¹ — *кого-что?* ~을 존경하다
- скромность (ж.) — 겸손
- доброта — 선량, 친절
- всю свою жизнь — 평생동안 (시간 4격)
- сделать¹ [зделать] — *что?* ~을 해내다
- сам, сама, само, сами — 자신, 바로 그 자체
- мыслить² — *о ком-чём?* ~을 생각하다
- собой — 〈자기 자신〉의 5격
- себя — 〈자기 자신〉의 4격

ГРАММАТИКА 문법

1. 지시대명사 (указа́тельные местоиме́ния)의 6격변화

사람이나 사물의 위치를 나타내는 대명사로 수식하는 명사와 성·수·격이 일치한다.

성·수 격	단수						복수	
	남성	중성	남성	중성	여성			
1격	э́тот	э́то	тот	то	э́та	та	э́ти	те
2격	э́того		того́		э́той	той	э́тих	тех
3격	э́тому		тому́		э́той	той	э́тим	тем
4격	1격/2격	э́то	1격/2격	то	э́ту	ту	1격/2격	
5격	э́тим		тем		э́той	той	э́тими	те́ми
6격	об э́том		о том		э́той	той	э́тих	тех

① 남성 단수 4격: 수식관계에 있는 명사에 따라 1격(비활동체) 또는 2격(활동체)을 사용한다.
② 여성 단수 4격: 활동체, 비활동체 구분없이 э́ту, ту를 사용한다.
③ 복수 4격: 수식관계에 있는 명사에 따라 1격(비활동체) 또는 2격(활동체)을 사용한다.

예

성·수 격	남성 단수		남성 복수		의문사			
					남성	중성	여성	복수
1격	э́тот	студе́нт	э́ти	студе́нты	како́й	како́е	кака́я	каки́е
2격	э́того	студе́нта	э́тих	студе́нтов	како́го		како́й	каки́х
3격	э́тому	студе́нту	э́тим	студе́нтам	како́му		како́й	каки́м
4격	э́того	студе́нта	э́тих	студе́нтов	1격/2격	како́е	каку́ю	1격/2격
5격	э́тим	студе́нтом	э́тими	студе́нтами	каки́м		како́й	каки́ми
6격	э́том	студе́нте	э́тих	студе́нтах	како́м		како́й	каки́х

2. 단독으로 쓰이는 э́то : 의미상의 주어 또는 보어

(1) 단독주어로 사용되는 э́то는 사람, 사물의 성·수에 따른 변화가 없다.

На берегу́ гуля́ла краси́вая де́вушка. Э́то была́ моя́ дочь.
В лесу́ сидя́т молоды́е лю́ди. Э́то мои́ друзья́.

(2) 시제는 э́то가 아닌 술어가 되는 명사에 일치시켜 быть의 과거형, 미래형을 사용한다.

Это был дом-музей Ленина.
Это была её мать.
Это будет большая проблема.

(3) 보어로서의 это는 앞 문장 전체를 나타내며, 술어에 따라 격변화한다.

Она обещала помочь мне. Это хорошо.
Наконец наступила весна. Все радуются этому.
Мне нужно поговорить с ней. Для этого я пришёл сюда.

3 한정대명사 (определительные местоимения) : 수식하는 명사와 성·수·격 일치

(1) весь : 전체의, 온, 모든

성·수 격	단수			복수
	남성	중성	여성	
1격	весь	всё	вся	все
2격	всего		всей	всех
3격	всему		всей	всем
4격	1격/2격	всё	всю	1격/2격
5격	всем		всей	всеми
6격	(обо) всём		всей	(обо) всех

① 명사와 함께 사용할 경우
Я гуляла всю ночь.
Он доволен всеми детьми.

② 단독으로 사용할 경우
всё : 모든 것
все : 모든 사람들

Всё ясно. Все пришли.
Расскажи обо всём.
Я люблю вас всех.

예

성·수 격	남성 단수		남성 복수		의문사			
					남성	중성	여성	복수
1격	весь	город	все	студенты	какой	какое	какая	какие
2격	всего	города	всех	студентов	какого		какой	каких
3격	всему	городу	всем	студентам	какому		какой	каким
4격	весь	город	всех	студентов	1격/2격	какое	какую	1격/2격
5격	всем	городом	всеми	студентами	каким		какой	какими
6격	всём	городе	всех	студентах	каком		какой	каких

ГРАММАТИКА 문법

(2) сам : 자신, 그 자체, 스스로 혼자서

성·수 격	단수			복수
	남성	중성	여성	
1격	сам	само́	сама́	са́ми
2격	самого́		само́й	сами́х
3격	самому́		само́й	сами́м
4격	1격/2격	само́	саму́ (самоё)	1격/2격
5격	сами́м		само́й	сами́ми
6격	само́м		само́й	сами́х

① 자주적인 행위의 주체자
　Я сам/сама́ э́то зна́ю.

② 사물이나 사람 강조
　Я говори́л с ним сами́м.

③ 재귀대명사 себя́와 함께
　Я не зна́ю самого́ себя́.

예

성·수 격	남성 단수	여성 단수	복수
1격	он　сам	она́　сама́	они́　са́ми
2격	его́　самого́	её　само́й	их　сами́х
3격	ему́　самому́	ей　само́й	им　сами́м
4격	его́　самого́	её　саму́	их　сами́х
5격	им　сами́м	ей　само́й	и́ми　сами́ми
6격	о нём　само́м	о ней　само́й	о них　сами́х

(3) са́мый : 가장, 바로 그

성·수 격	단수			복수
	남성	중성	여성	
1격	са́мый	са́мое	са́мая	са́мые
2격	са́мого		са́мой	са́мых
3격	са́мому		са́мой	са́мым
4격	1격/2격	са́мое	са́мую	1격/2격
5격	са́мым		са́мой	са́мыми
6격	са́мом		са́мой	са́мых

① 형용사의 최상급을 만듦 : 〈са́мый + 형용사 원급〉
　Озеро Байка́л – са́мое глубо́кое о́зеро во всём ми́ре.

Э́то са́мая горя́чая но́вость.
② 지시대명사 э́тот, тот를 강조 : ⟨바로, 그 자체⟩
Она́ живёт на э́той са́мой у́лице. У меня́ бы́ло то же са́мое.

(4) ка́ждый, вся́кий, любо́й

ка́ждый	вся́кий	любо́й
공통점 ① 같은 종류의 사물들 중에서 개개의 단위를 의미한다 : 각각의, 하나하나의 Ка́ждый (вся́кий, любо́й) челове́к име́ет свои́ права́. ② 명사로서 문장의 주어 또는 보어로 독립적으로 사용할 수 있다 : 각자, 온갖 사람 У ка́ждого (вся́кого, любо́го) есть свой вкус.		
모든(все)의 의미	여러 가지(ра́зный)의 의미	마음에 드는 것 선택
차이점 Ка́ждый студе́нт чита́ет э́ту кни́гу. На ры́нке продаю́т вся́кие (ра́зные) това́ры. Бери́те любо́е блю́до.		모든 학생이 이 책을 읽고 있다. 시장에는 여러 종류의 상품이 판매된다. 맘에 드는 음식을 드세요.

(5) ско́лько(몇), мно́го(많은), не́сколько(약간), сто́лько(그만큼)

	수량형용사		예	
1격	ско́лько	мно́го	ско́лько поэ́тов	мно́го книг
2격	ско́льких	мно́гих	ско́льких поэ́тов	мно́гих книг
3격	ско́льким	мно́гим	ско́льким поэ́там	мно́гим кни́гам
4격	1격/2격	1격/2격	1격/2격	
5격	ско́лькими	мно́гими	ско́лькими поэ́тами	мно́гими кни́гами
6격	ско́льких	мно́гих	ско́льких поэ́тах	мно́гих кни́гах

Ско́лько книг вы прочита́ли во вре́мя кани́кул?
Ско́льких ру́сских поэ́тов вы зна́ете?
В не́скольких шага́х от до́ма течёт чи́стая река́.
Я стара́юсь обща́ться со мно́гими людьми́.
Мно́го люде́й хо́дит в це́рковь.
(비교) Мно́гие лю́ди хо́дят в це́рковь.

УПРАЖНЕНИЯ 연습문제

1 난 그에 대해서 모든 것을 안다.
2 내 친구 Bépa가 바로 이 거리에 살고 있어요.
3 네가 갖고 있는 것이 모두 내 마음에 든다.
4 이 최신식(совреме́нный) 잡지에는 정보(информа́ция)가 많다.
5 나는 그런(тако́й) 멋진(удиви́тельный) 나라에서 살고 싶다.

이 광장 이름이 뭐예요?
– Как называ́ется э́та пло́щадь?
– Это Кра́сная пло́щадь.

무슨 뜻이에요?
– «Рождество́» – что э́то зна́чит?
– Это зна́чит день рожде́ния Иису́са Христа́.

КОНТРОЛЬНАЯ РАБОТА 쪽지시험

1 다음 문장에서 ( ) 안에 있는 단어를 문맥에 맞도록 고치세요.

(1) Отец Антона был в (Малый театр).

(2) Он знает много (иностранные языки).

(3) Ты говорил о (популярные художники и музыканты).

(4) Её муж очень любит (классическая музыка).

(5) У нас в университете были (последние экзамены).

2 다음 문장에서 밑줄에 чей, чья, чьё, чьи를 알맞은 형태로 넣으세요.

(1) Скажи, _____ книги на столе?

(2) На _____ работе ты была три дня назад?

(3) О _____ романе они так интересно разговаривают?

(4) _____ мнением вы интересуетесь?

(5) _____ подарок ей больше всего понравился?

3 다음 문장에서 밑줄에 этот, эта, это, эти를 알맞은 형태로 넣으세요.

(1) Мы с мужем долго ходили по _____ улице.

(2) Спасибо большое за _____ книгу.

(3) Его семья жила в _____ же городе много лет.

(4) Великий поэт обожал сидеть под _____ деревом.

(5) В _____ современных журналах много интересного.

4 다음 문장에서 밑줄에 сам, сама, само, сами를 알맞은 형태로 넣으세요.

(1) Первокурсники _____ уже встретились с художниками.

(2) Я наконец познакомила ту артистку с ним _____ .

(3) У нас _____ скоро будут летние каникулы.

(4) Саша счастлив, так как он получил духи от _____ Анны.

(5) Я _____ так сделала.

УРОК 43 сорок третий | Что вы делаете сейчас?

ЧТЕНИЕ

– Что вы делаете сейчас? – Я читаю реферат.

– Что вы делали вчера? – Я читал реферат (два часа).

– Что вы будете делать завтра? – Я буду читать реферат.

– Что вы сделали вчера? – Я прочитал реферат (за два часа).

– Что вы сделаете завтра? – Я прочитаю реферат по философии.

Каждое утро я делаю утреннюю зарядку 20 минут.

Раньше она всегда опаздывала на урок, но сейчас наоборот.

Я узнал его не сразу, потому что он стал совсем другим человеком.

– Почему ты не пишешь упражнения? – Я уже написал их.

СЛОВА

- делать¹ (нсв) *что?* ~을 하다
  сделать¹ (св) [зделать] *что?* ~을 다 하다
- читать¹ (нсв) *что?* ~을 읽다
  прочитать¹ (св) *что?* ~을 다 읽다
- реферат 보고서, 리포트
- философия 철학
- утренний 아침의
- зарядка [зарятка] 체조

- опаздывать¹ (нсв) *куда?* ~에 늦다
- наоборот 거꾸로, (그) 반대다
- узнать¹ (св) *кого-что?* ~을 알아보다
- сразу 즉시, 곧바로
- потому что 왜냐하면
- другой 다른 (= иной)
- писать¹ (нсв) *что?* ~을 쓰다
  написать¹ (св) *что?* ~을 다 쓰다

ГРАММАТИКА 문법

1 << 동사의 상 : 불완료상 · 완료상

러시아어에는 일반적으로 한 가지 행위나 상태를 나타내는 동사가 두 개씩 있으며, 이 행위와 상태의 지속 혹은 완료 여부에 따라 불완료상 · 완료상으로 구분된다.

	불완료상 НСВ ➡	완료상 СВ ➡
의미	일반적 사실의 확인, 배경설정	구체적 사실의 전달, 사건전개
종류	1. 진행중인 행위, 행위의 과정, 행위의 동시성 Когда́ Ю́рий чита́л газе́ту, он отдыха́л. 2. 행위의 반복, 습관, 경험, 능력 3. 시작, 계속, 종료 또는 습관, 기호를 나타내는 동사 다음에 오는 ИНФ 4. 종료된 행위의 결과가 무효한 경우 Я уже́ открыва́л окно́ час наза́д. 5. 일반적 성격의 명령문 6. 금지, 만류의 부정명령문 Не ходи́те в магази́н, я купи́л хлеб.	1. 행위의 완료 및 결과, 행위의 순차성 Когда́ Ю́рий прочита́л газе́ту, он дал её мне. 2. 한번으로 종료된 일회성 행위 3. 동사 〈잊다〉, 〈성공하다〉 다음에 오는 ИНФ 4. 행위 결과에 따른 상황의 변화 Я откры́л окно́. (Окно́ откры́то.) 5. 요청, 충고와 같은 긍정적인 명령문 6. 경고의 부정명령문 Осторо́жно, не упади́те, здесь ско́льзко.
상황어	всегда́, обы́чно, ча́сто, иногда́, ре́дко, (не)до́лго, ка́ждый день	наконе́ц, оди́н раз, сра́зу, вдруг, внеза́пно, неожи́данно
시제	현재, 과거, 미래(합성미래)*	과거, 미래(단일미래)*

① 합성미래는 〈быть 미래형 + 불완료상 инф〉의 두 단어로 이루어지고, 단일미래는 완료상 변화형의 한 단어로 이루어진다.
  예) Я бу́ду чита́ть стихи́. Я прочита́ю стихи́.

② 시작하다　начина́ть / нача́ть (= стать)　+ нсв-инф
　계속하다　продолжа́ть / продо́лжить　+ нсв-инф
　끝마치다　зака́нчивать / зако́нчить　+ нсв-инф
　익숙해지다　привыка́ть / привы́кнуть　+ нсв-инф
　습관이 없어지다　отвыка́ть / отвы́кнуть　+ нсв-инф
　좋아하다　люби́ть / полюби́ть　+ нсв-инф
　마음에 들다　нра́виться / понра́виться　+ нсв-инф
③ 잊다　забыва́ть / забы́ть　+ св-инф
　성공하다　успева́ть / успе́ть　+ св-инф

ГРАММАТИКА 문법

2 불완료상 · 완료상 구분법

(1) 접두사를 지니지 않은 단순동사는 대부분 불완료상이다.

여기에 **특정 접두사**를 붙이면, 행위의 기본적 의미는 변하지 않고 문법적 의미를 전달하면서 **행위의 완료 및 결과**를 나타내는 완료상을 만든다.

НСВ	СВ	
де́лать	**с**де́лать	하다
чита́ть	**про**чита́ть	읽다
писа́ть	**на**писа́ть	쓰다

(2) **(1)에서 사용한 접두사 이외의 것**이 붙으면, 기본적 의미 이외에 **새로운 의미**를 포함한 완료상이 만들어지며, 이에 대응하는 불완료상은 접미사 **-ыва-, -ива-, -ва-**를 붙여서 만든다. ◎**주의!** 강세의 이동이나 모음의 변화가 일어날 수 있음.

НСВ	СВ	
дочи́**тыва**ть	дочита́ть	~까지 읽다
запи́**сыва**ть	записа́ть	기록하다, 메모하다
угова́**рива**ть	уговори́ть	설득하다
переда**ва**́ть	переда́ть	전달하다, 방송하다

(3) **접두사가 없는 동사**의 경우에는 접미사 **-а- (-я-)**가 **-и-**로 교체되면서 불완료상 · 완료상이 구분된다. ◎**주의!** 강세의 이동이나 자음의 변화가 일어날 수 있음.

НСВ	СВ	
изуч**а́**ть	изуч**и́**ть	공부하다, 연구하다
реш**а́**ть	реш**и́**ть	해결하다, 결심하다
повтор**я́**ть	повтор**и́**ть	반복하다, 복습하다
сообщ**а́**ть	сообщ**и́**ть	알리다
встреч**а́**ться	встре́т**и**ться	만나다

(4) 불완료상·완료상이 형태적으로 전혀 연관성이 없다.

нсв	св	
говори́ть	сказа́ть	말하다
брать	взять	잡다. 택하다. 가지고 가다
станови́ться	стать	어떻게 되다, ~이 되다
сади́ться	сесть	앉다
ложи́ться	лечь	눕다

(5) 접두사(구체적 의미) + 운동동사 의 불완료상·완료상 ➡ 48과

(6) 접두사 по, про, за와 결합된 완료상 : 시간적 의미

① 접두사 по (잠시, 조금) + 불완료상 = 완료상

погуля́ть (св)   잠시 산책하다
поду́мать (св)   잠시 생각하다

② 접두사 про (일정 기간) + 불완료상 = 완료상

прожи́ть (св)   일정 기간 (како́е вре́мя) 살다
прорабо́тать (св)   일정 기간 (како́е вре́мя) 일하다

③ 접두사 за (시작) + 불완료상 = 완료상

закрича́ть (св)   소리치기 시작하다
запла́кать (св)   울기 시작하다
засмея́ться(св)   웃기 시작하다

ГРАММАТИКА 문법

3. 보어로 사용되는 инф(동사원형)의 상

(1)　начина́ть / нача́ть　　　　нсв-инф ~하는 것을 시작하다
　　продолжа́ть / продо́лжить　нсв-инф ~하는 것을 계속하다
　　зака́нчивать / зако́нчить　　нсв-инф ~하는 것을 끝마치다
　　конча́ть / ко́нчить　　　　　нсв-инф ~하는 것을 끝내다
　　броса́ть / бро́сить　　　　　нсв-инф ~하는 것을 그만두다

(2)　забыва́ть / забы́ть　　　св-инф ~하는 것을 잊다
　　успева́ть / успе́ть　　　　св-инф ~하는 것을 성공하다
　　удава́ться / уда́ться　　　св-инф ~을 해내다

(3)　на́до　　　　　　　　　　　　нсв/св-инф ~해야 한다
　　ну́жно　　　　　　　　　　　　нсв/св-инф ~할 필요가 있다
　　мо́жно　　　　　　　　　　　　нсв/св-инф ~해도 된다/할 수 있다
　　нельзя́　　　　　　　　　　　　нсв/св-инф ~해서는 안 된다/할 수 없다
　　до́лжен (должна́, -о́, -ы́)　нсв/св-инф ~해야 한다
　　хоте́ть　　　　　　　　　　　　нсв/св-инф ~하고 싶다

　　не на́до　　　　　　　　　　　　нсв-инф ~하면 안 된다
　　не ну́жно　　　　　　　　　　　нсв-инф ~할 필요가 없다
　　не до́лжен (должна́, -о́, -ы́)　нсв-инф ~해서는 안 된다
　　не хоте́ть　　　　　　　　　　　нсв-инф ~하고 싶지 않다

4. 이유와 원인을 표현하는 전치사

전치사	예
из-за (부정적 이유)	Де́ти не гуля́ли из-за дождя́.
по (개인적 성향)	Он сде́лал мно́го оши́бок по нео́пытности.
из (감정적)	Она́ спроси́ла об э́том из любопы́тства.
от (육체적 · 감성적)	Лю́ди пла́чут от ра́дости и го́ря.

УПРАЖНЕНИЯ 연습문제

( ) 안의 동사를 선택하여 인칭에 맞게 변화시키세요.

1 Мой друг Максим часто (писать-написать) письма домой.
2 Сегодня она (опаздывать-опоздать) на собрание на пять минут.
3 Он каждый день (встречать-встретить) её в ресторане.
4 Привет тебе от Ивана. Я (получать-получить) от него письмо.
5 Мы сразу (повторять-повторить) новые слова на всякий случай.
6 Он всегда (менять-поменять) деньги в этом банке.
7 Алёна (ужинать-поужинать), посмотрела телевизор и легла спать.
8 Когда Юрий (отдыхать-отдохнуть), Антон читал газету.
9 В библиотеке мы обычно (брать-взять) книги, учебники и словари.
10 – Кого вы (ждать-подождать) сейчас? – Моего брата.

문장, потому что 문장(원인) : 왜냐하면 ~ 이기 때문이다
Я устал, потому что много работал.
Мы слышим твой голос, потому что мы недалеко от тебя.
У меня нет никаких вопросов, потому что (= так как) я всё понял.

УРОК 44 сорок четвёртый | Обычно он смотрит телевизор перед сном.

ЧТЕНИЕ 읽기

Обычно он смотрит телевизор перед сном.

Твой муж часто покупает тебе много цветов.

Андрей долго решал задачу по математике, но не решил её.

По-моему, эта задача слишком трудна для него.

Когда Иван читал газету, Маша (в это время) слушала музыку по радио.

Когда жена приготовит ужин, она позовёт мужа ужинать.

Я редко готовлю. Но сегодня я приготовила вкусный ужин и жду маму.

Я знаю, что он долго изучал русский язык, но не знаю, изучил ли он его.

У неё завтра будет день рождения. Я хочу купить необычный подарок.

СЛОВА 단어

- перед — *кем-чем?* ~전에
- сон — 잠, 꿈
- перед сном — 잠들기 전에 (когда?)
- покупать¹ (нсв) — *что? кому?*
- купить² (св) — ~을 사다, ~에게 사주다
- цветок — 꽃 (мн.ч. *цветы*)
- решать¹ (нсв) — *что? инф*
- решить² (св) — ~을 풀다, ~하기로 결정 · 결심하다
- задача — 문제, 과제
- математика — 수학
- задача по математике — 수학문제
- по-моему (삽입어) — 내 생각에 (= я думаю)
- труден (трудна, -о, -ы) — 어렵다 (형용사 단어미)
- в это время — 이 때, 이 시간에
- (при)готовить² — *что?* ~을 준비하다
- ужин [ужын] — 저녁식사
- (по)звать¹ — *кого?* ~을 부르다
- (по)ужинать¹ — 저녁식사하다
- редко [ретка] — 드물게
- изучать¹ (нсв) — *кого-что?*
- изучить² (св) — ~을 공부 · 연구하다
- день рождения — 생일
- необычный — 흔치 않은, 특별한
- подарок — 선물

ГРАММАТИКА 문법

1. 상과 시제

상 \ 시제	читáть (нсв)	прочитáть (св)
현재	Я читáю. 현재의 상태, 진행, 습관, 능력의 행위	—
과거	Я читáл. 과거의 상태, 진행, 습관, 경험의 행위	Я прочитáл книгу. Мóжете её взять. 과거 행위의 완성, 일회성, 결과 유지
미래	Я бýду читáть. 미래의 상태, 진행, 습관, 계획하는 행위	Я прочитáю книгу и пойдý к тебé. 미래 행위의 완성, 일회성, 의지적 표현

2. 상의 특징

(1) 일반적으로 대부분의 동사는 불완료상 또는 완료상으로 나뉘어진다.
(2) 보통 한 가지 행위를 나타내는 동사가 완료상·불완료상으로 한 쌍을 이룬다.
(3) 일부 동사는 쌍을 이루지 않고 완료상·불완료상이 같은 형태인 경우도 있으며, 불완료상 또는 완료상만 있는 경우도 있다.

예) родиться(태어나다), испóльзовать(이용하다) : нсв = св

сидéть(앉아있다), стоя́ть(서있다), знáчить(의미하다) : нсв

состоя́ться(행사가 열리다), заблуди́ться(길을 잃다) : св

(4) **상의 사용은 문맥에 따라 제한을 받기 때문에** 때로는 문법적으로 설명된 상의 개념과는 무관하게 사용되기도 한다.

3. 접두사 по로 이루어진 완료상 동사

(1) 동작의 완료		Наконéц этот дом пострóили.
(2) 동작의 시작	по + 정태운동동사	Все дéти побежáли ко мне.
(3) '잠시, 조금'의 의미	по+ 부정태운동동사 по+ 일반동사	Он походи́л по кóмнате и вы́шел. Мы погуля́ли пóсле обéда.
(4) 상태의 변화		Онá похудéла пóсле операции.

44 Обы́чно он смóтрит телеви́зор пéред сном.

ГРАММАТИКА 문법

4《 자신의 생각이나 의견을 표현하는 방법

Я ду́маю, что Я счита́ю, что По-мо́ему, Мне ка́жется,	э́та зада́ча сли́шком трудна́ для него́. она́ хорошо́ гото́вит. он моло́же её на два го́да. вам понра́вилось э́то блю́до. сего́дня хо́лодно, но со́лнечно.

5《 전치사 по

의미	예
~에 따르면	По мне́нию Ива́на, са́мое гла́вное – люби́ть себя́.
~을 따라서	Он до́лго гуля́л по зи́мнему го́роду.
여기저기로	Мы ходи́ли по у́лицам.
~마다(시간)	По вечера́м они́ пи́ли чай на ку́хне.
~때문에	Я пропусти́л заня́тие по боле́зни.
~을 이용하여	Мо́жно ли посла́ть докуме́нты по по́чте?

УПРАЖНЕНИЯ 연습문제

1. 나는 수업준비를 다 하고 지금은 비디오(ви́део)를 보고 있다.
2. 너는 항상 수업시간에 늦는구나. 지각해서는 안 된다(нельзя́).
3. Ви́ктор는 극장 앞에서 여자친구를 오랫동안 기다리고 있다.
4. Си́ма에겐 이미 사진기(фотоаппара́т)가 있어요. 3월에(в ма́рте)샀거든요.
5. 너 어제 뭐 했니? 하루종일 컴퓨터 게임을 했어(игра́ть на компью́тере).

아침식사 за́втрак	아침식사하다 за́втракать – поза́втракать
점심식사 обе́д	점심식사하다 обе́дать – пообе́дать
저녁식사 у́жин	저녁식사하다 у́жинать – поу́жинать

УРОК 45 сорок пятый | Куда́ вы сейча́с идёте?

ЧТЕ́НИЕ

– Куда́ вы сейча́с идёте? – Я иду́ в магази́н (за поку́пками).

– Куда́ вы сейча́с е́дете? – Я е́ду на Кавка́з (отдыха́ть).

Когда́ она́ шла на ле́кцию, она́ встре́тила свою́ подру́гу на у́лице.

Когда́ он е́хал в аэропо́рт, он встре́тил своего́ шко́льного дру́га.

За́втра мы с жено́й е́дем в дере́вню к роди́телям на по́езде.

Ско́рый по́езд идёт в Москву́. Он идёт из Петербу́рга.

– Ско́лько е́хать от Петербу́рга до Москвы́? – Во́семь часо́в.

Уже́ 10 часо́в, мне ну́жно е́хать домо́й как мо́жно скоре́е.

– Скажи́те, пожа́луйста, где Большо́й теа́тр? – Иди́те по э́той у́лице.

СЛОВА́ 단어

- идти́¹ (정태) (걸어) 가다/오다
- е́хать¹ (정태) (타고) 가다/오다
- магази́н 가게, 상점
- поку́пка 쇼핑
- Кавка́з [кафка́с] 카프카스
- встре́тить² (св) *кого-что?* ~을 만나다
- аэропо́рт 공항
- шко́льный 학교의
- мы с кем 나와 누구 (= я и кто)
- по́езд [по́ист] 기차 (мн.ч. поезда́)
- ско́рый 빠른, 신속한
- от *чего?* до *чего?* ~에서 ~까지
- как мо́жно скоре́е 가능한 한 빨리
- по э́той у́лице 이 길을 따라

ГРАММАТИКА 문법

1≪ 운동동사 (глаго́лы движе́ния)

접두사가 없는 운동동사는 용법에 따라 정태 · 부정태동사로 나누며 모두 불완료상이다.

(1) 정태동사 (глаго́лы определённого движе́ния) : 일정한 시간에 1회에 한하여 일정한 방향으로 진행되는 계속적인 운동을 나타내는 동사

(2) 부정태동사 (глаго́лы неопределённого движе́ния) : 일정한 방향을 갖지 않거나, 일정한 방향을 갖는 운동이라도 습관적이며 왕복 또는 반복적인 운동을 나타내는 동사

정태(한방향) 동사	부정태(여러방향) 동사
① 일정한 시간에 일정한 방향의 목적지가 나타나 있는 한 방향으로 진행되는 운동 ② 현재형은 가까운 미래를 나타냄 (미래를 의미하는 부사와 함께) ③ 자동차, 기차 등 차량의 한방향 움직임 Куда́ идёт э́тот автобу́с? (비교: Авто́бусы здесь не хо́дят.)	① 목적지가 나타나 있지 않거나, 일정한 방향을 갖지 않는 여러 방향의 운동 ② 일정한 목적지가 나타나 있더라도 반복 · 습관 · 규칙적인 운동 (всегда́, ча́сто, ка́ждый день 와 함께) ③ 과거의 일회적 왕복(갔다 왔다, 갔었다) (= быть + где) ④ 능력으로서의 운동
운동동사가 요구하는 보어 : *Куда́?* (어디로) *Отку́да?* (어디로부터) ☞ 36과	

2≪ 정태 · 부정태동사의 종류

정태	의미	부정태	의미
идти́	(걸어) 가다/오다	ходи́ть	(걸어) 다니다, 왕복하다
е́хать	(타고) 가다/오다	е́здить	(타고) 다니다, 왕복하다
нести́	(걸어서) 나르다, 갖고 가다/오다	носи́ть	(걸어서) 나르다, 갖고 다니다
вести́	(걸어서) 데리고 가다/오다	води́ть	(걸어서) 데리고 다니다
везти́	(차로) 싣고, 데리고 가다/오다	вози́ть	(차로) 싣고, 데리고 다니다
лете́ть	(비행기로) 가다, 날아가다/오다	лета́ть	(비행기로) 다니다, 날아서 오가다
бежа́ть	뛰어 가다/오다	бе́гать	뛰어 다니다, 달리다
плыть	(배로) 가다/오다, 헤엄치다	пла́вать	(배로) 다니다, 헤엄치다

ГРАММАТИКА 문법

3. 정태·부정태동사의 인칭변화

(1) 정태(한방향) 동사

идти́¹	е́хать¹	нести́¹	вести́¹	везти́¹	лете́ть²	бежа́ть	плыть¹
иду́	е́ду	несу́	веду́	везу́	лечу́	бегу́	плыву́
идёшь	е́дешь	несёшь	ведёшь	везёшь	лети́шь	бежи́шь	плывёшь
идёт	е́дет	несёт	ведёт	везёт	лети́т	бежи́т	плывёт
идём	е́дем	несём	ведём	везём	лети́м	бежи́м	плывём
идёте	е́дете	несёте	ведёте	везёте	лети́те	бежи́те	плывёте
иду́т	е́дут	несу́т	веду́т	везу́т	летя́т	бегу́т	плыву́т

☺ 주의! 과거시제 идти́ : шёл, шла, шло, шли
　　　　　　　нести́ : нёс, несла́, несло́, несли́
　　　　　　　вести́ : вёл, вела́, вело́, вели́
　　　　　　　везти́ : вёз, везла́, везло́, везли́

(2) 부정태(여러방향) 동사

ходи́ть²	е́здить²	носи́ть²	води́ть²	вози́ть²	лета́ть¹	бе́гать¹	пла́вать¹
хожу́	е́зжу	ношу́	вожу́	вожу́	лета́ю	бе́гаю	пла́ваю
хо́дишь	е́здишь	но́сишь	во́дишь	во́зишь	лета́ешь	бе́гаешь	пла́ваешь
хо́дит	е́здит	но́сит	во́дит	во́зит	лета́ет	бе́гает	пла́вает
хо́дим	е́здим	но́сим	во́дим	во́зим	лета́ем	бе́гаем	пла́ваем
хо́дите	е́здите	но́сите	во́дите	во́зите	лета́ете	бе́гаете	пла́ваете
хо́дят	е́здят	но́сят	во́дят	во́зят	лета́ют	бе́гают	пла́вают

идти́	е́хать	нести́	вести́	везти́
ходи́ть	е́здить	носи́ть	води́ть	вози́ть

УРОК 46 сорок шестой
Я хожу́ по ко́мнате и ду́маю о ко́нкурсе.

ЧТЕНИЕ

– Что ты де́лаешь в ко́мнате? – Я хожу́ по ко́мнате и ду́маю о ко́нкурсе.

– Где здесь остано́вка авто́буса? – Авто́бус здесь не хо́дит.

– Куда́ вы ча́сто хо́дите? – Я хожу́ к дру́гу за кни́гами.

– Куда́ ты ча́сто е́здишь на метро́? – Я е́зжу на вы́ставки, в теа́тры.

Ра́ньше мои́ де́ти ка́ждый день ходи́ли в шко́лу пешко́м.

Когда́ он е́здил в Эрмита́ж, он всегда́ приглаша́л её.

Вчера́ она́ ходи́ла на ры́нок, а он ходи́л к ста́ршему бра́ту.

Вчера́ она́ была́ на ры́нке, а он был у ста́ршего бра́та.

Мой ребёнок уже́ хо́дит.

СЛОВА

- ходи́ть² (부정태) — (걸어) 다니다, 가다, 왕복하다
- е́здить² (부정태) — (타고) 다니다, 가다, 왕복하다
- по ко́мнате — 방안에서 이리저리
- ко́нкурс — 경연대회, 콩쿠르
- остано́вка [астано́фка] — 정류장
- за — *кем-чем?* ~을 데리러, 가지러
- вы́ставка [вы́стафка] — 전시회, 박람회
- пешко́м — 걸어서, 도보로
- Эрмита́ж [эрмита́ш] — 에르미따쥐 박물관
- приглаша́ть¹ (нсв) — *кого? куда?* 초대하다
- ры́нок — 시장
- ребёнок — 아이 (мн.ч. *де́ти*)

ГРАММАТИКА 문법

1. 정태 · 부정태동사의 시제와 의미

	시제	의미	해석
정태	현재	운동의 방향 (현재/미래)	~로 간다(가는 중이다)/ *~갈 것이다
	과거	과거의 운동의 방향	~로 가는 중이었다
부정태	미래	미래의 습관 · 반복행위	~에 다닐 것이다(자주 갈 것이다)
	현재	현재의 습관 · 반복행위	~에 다닌다(자주 간다)
	과거	과거의 습관 · 반복행위, 일회적 왕복	~에 다녔다(자주 갔었다), *갔다 왔다

2. 기억해야 할 표현

(1) 현재형을 미래시제로 사용 : 정태동사 ➡ 49과 пойти : 출발의 의미를 강조하는 완료상

– Вы за́втра идёте (пойдёте) в теа́тр?
– Да, я иду́ (пойду́) туда́.

(2) 과거의 일회적 왕복 : 부정태동사

– Куда́ вы ходи́ли вчера́ ве́чером?
– Мы ходи́ли на конце́рт.

(3) 운동 능력 : 부정태동사

Лю́ди хо́дят, пти́цы лета́ют, ры́бы пла́вают.

Ребёнок уже́ хорошо́ хо́дит/бе́гает/пла́вает.

УПРАЖНЕНИЯ 연습문제

1 아이들이 모두 유치원(де́тский сад)으로 걸어가고 있다.
2 나는 걷는 것이 건강에 좋다고 생각해요.
3 너희들 어디에서 오는 거야? 수퍼마켓(суперма́ркет)에서 오는 거야.
4 토요일(суббо́та)마다 우리는 차를 타고 이모한테 갔었다.
5 그는 선물(пода́рок)을 사려고 백화점(универма́г)에 갔다왔다.

УРОК 47 сорок седьмой | Почтальо́н несёт письмо́.

ЧТЕ́НИЕ

Почтальо́н несёт письмо́. Он ежедне́вно но́сит пи́сьма в наш о́фис.

Шко́льники не ходи́ли в столо́вую, а носи́ли из до́ма бутербро́ды.

– Куда́ ты ведёшь вну́ка? – Я веду́ его́ на прогу́лку.

– Куда́ вы везёте вну́чку на такси́? – Я везу́ её к до́ктору.

Про́шлым ле́том он ча́сто вози́л меня́ за́ город на свое́й маши́не.

Ба́бушка и де́душка, вот смотри́те! Он бежи́т к нам на встре́чу.

Ка́ждую неде́лю я лета́ю в Пари́ж в командиро́вку.

Води́те дете́й гуля́ть ка́ждый день, да́же в холо́дную пого́ду.

СЛОВА́

- почтальо́н — 우체부
- нести́¹ (정태) 타동사 / носи́ть² (부정태) — (물건을 걸어서) 가지고 가다(오다), 나르다
- ежедне́вно — 매일 (= ка́ждый день)
- о́фис — 사무실
- бутербро́д [бутэрбро́т] — 샌드위치
- вести́¹ (정태) 타동사 / води́ть² (부정태) — (사람을 걸어서) 데리고 가다(오다), 다니다
- прогу́лка — 산책
- до́ктор — 의사 (мн.ч. доктора́)
- про́шлый — 지난, 과거의
- про́шлым ле́том — 지난 여름에 (когда́?)
- везти́¹ [висти́] (정태) 타동사 / вози́ть² (부정태) — (사람·물건을 차로) 데리고/싣고 가다(오다)
- за́ город — 교외로 (куда́?)
- бежа́ть (정태) / бе́гать¹ (부정태) — 달려가다(오다) / 뛰어다니다, 달리다
- ка́ждую неде́лю — 매주
- лете́ть² (정태) / лета́ть¹ (부정태) — (비행기로) 가다(오다) / 날아서 오가다
- Пари́ж [пари́ш] — 프랑스 파리
- командиро́вка [камандиро́фка] — 출장
- да́же [да́жэ] — ~도, ~까지도
- в холо́дную пого́ду — 추운 날씨에

ГРАММАТИКА 문법

1 << 방향 표현에 사용되는 전치사 за와 из-за

за́ город	교외로	из-за го́рода	교외로부터
за грани́цу	해외로	из-за грани́цы	해외로부터
за́ угол до́ма	집 모퉁이 뒤로	из-за угла́ до́ма	집 모퉁이 뒤로부터

2 << 장소 표현에 사용되는 전치사 за와 пе́ред

за до́мом	집 뒤에	пе́ред теа́тром	극장 앞에
за го́родом	교외에서	пе́ред ста́нцией	역 앞에
за грани́цей	해외에서	пе́ред на́ми	우리 앞에

3 << 시간 표현에 사용되는 전치사 за

За како́й срок? ~만에, ~걸려서	Я прочита́ю кни́гу за оди́н ве́чер. Дом постро́или за́ год.
Когда́? ~하면서	Ко́ля чита́ет газе́ту за за́втраком. За ча́ем мы посове́товались.

УПРАЖНЕНИЯ 연습문제

1 새(пти́ца)들과 나비(ба́бочка)들이 이 숲에서 날아다닌다.
2 자동차가 식료품(проду́кты)을 가게로 싣고 간다.
3 종업원(официа́нт)이 샐러드(сала́т)를 우리에게 가지고 온다.
4 비행기가 남쪽으로 빨리 날아가고 있다.
5 어제 그는 조카(племя́нник)를 데리고 서커스(цирк)에 갔다왔다.

УРОК 48 сорок восьмой
В э́тот моме́нт Алёша вошёл в ко́мнату.

ЧТЕНИЕ

В э́тот моме́нт Алёша вошёл в ко́мнату.

Обы́чно я выхожу́ из до́ма ра́но у́тром, но сего́дня вы́шла по́зже, чем обы́чно.

Че́рез ме́сяц мои́ друзья́ прие́дут ко мне из Сре́дней А́зии.

В конце́ концо́в Лари́са улете́ла в Со́чи на Чёрное мо́ре отдыха́ть.

Помоги́ ста́рому челове́ку перейти́ че́рез у́лицу.

Нам бы́ло о́чень ве́село, и мы не заме́тили, как дое́хали до ста́нции.

Как он сказа́л, за́втра я улета́ю в Ки́ев на́ год.

Ско́ро он приезжа́ет из Ирку́тска в Хаба́ровск на по́езде.

СЛОВА

- моме́нт — 순간, 때, 시기
- в э́тот моме́нт — 이 순간에, 이 때
- войти́¹ (св) / входи́ть² (нсв) — (밖에서 안으로) 걸어 들어가다(오다)
- вы́йти¹ (св) / выходи́ть² (нсв) — (안에서 밖으로) 걸어 나가다(나오다)
- по́зже [по́жжэ] — 더 늦게 (по́здно의 비교급)
- Сре́дняя А́зия — 중앙아시아
- в конце́ концо́в — 결국, 마침내 (= наконе́ц)
- улете́ть² (св) / улета́ть¹ (нсв) — (비행기를 타고) 떠나다
- Со́чи (불변) — 소치
- перейти́¹ (св) / переходи́ть² (нсв) — (걸어서) 건너다, 이동하다
- че́рез — что? ~을 지나서, 가로질러
- ве́село (무인칭술어) — 즐겁다, 유쾌하다
- заме́тить² (св) / замеча́ть¹ (нсв) — кого́-что? как (что)~ 알아차리다
- дое́хать¹ (св) / доезжа́ть¹ (нсв) [даижжа́ть] — до кого́-чего́? (도달의 의미) ~까지 가다(오다)
- ста́нция — 역, 정거장
- на́ год — 일년을 예정으로
- прие́хать¹ (св) / приезжа́ть¹ (нсв) [прижжа́ть] — куда́ ~에 차를 타고 도착하다

ГРАММАТИКА 문법

1. 접두사(구체적 의미) + 운동동사(정태/부정태) 의 완료상 · 불완료상

по- 이외의 접두사　+　정태동사　=　완료상

по- 이외의 접두사　+　부정태동사　=　불완료상

접두사	운동의 방향	완료상	불완료상	구체적 의미
при-	도착	прийти́	приходи́ть	도착하다
у-	떠남	уйти́	уходи́ть	떠나다
в(о)-	밖에서 안으로의 운동	войти́	входи́ть	들어오다(가다)
вы-	안에서 밖으로의 운동	вы́йти	выходи́ть	나오다(가다)
под(о)-	접근	подойти́	подходи́ть	접근하다
от(о)-	이탈	отойти́	отходи́ть	물러나다
до-	도달	дойти́	доходи́ть	도달하다, ~까지 가다
про-	통과	пройти́	проходи́ть	통과하다, 지나가다
пере-	이동	перейти́	переходи́ть	이동하다, 옮기다

① 접두사가 있는 운동동사는 구체적인 방향을 나타내는 동사로 한 쌍의 완료상 · 불완료상이 된다.
② 접두사와 결합될 경우 정태 · 부정태동사의 원래 형태가 일부 변하기도 한다.
　　идти́는 접두사가 붙으면 → 접두사 йти́
　　е́здить는 접두사가 붙으면 → 접두사 езжа́ть
　　бе́гать는 접두사가 붙으면 → 접두사 бега́ть (ударе́ние 이동)
　　пла́вать는 접두사가 붙으면 → 접두사 плыва́ть
③ 접두사(в-, об-, от-, под-)에 о, ъ가 첨가되는 동사
　　-йти, -гнать 앞에서 о 첨가　예) войти́, обогна́ть, отойти́, подогна́ть
　　-е́хать, -езжа́ть 앞에서 ъ 첨가　예) въе́хать, объезжа́ть, отъе́хать, подъезжа́ть
④ 접두사 вы-에 강세가 오는 경우 완료상이 된다.　예) вы́йти, вы́ехать　(비교) выходи́ть, выезжа́ть : 불완료상

2. 구체적인 방향을 의미하는 접두사

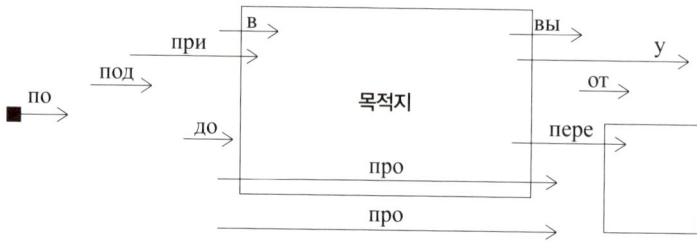

210

3 접두사와 전치사

접두사			전치사	예
в(о)-	⇐	안으로	в	Он вошёл в комнату.
вы-	⇒	밖으로	из	Он вышел из комнаты.
при-	⇒	도착	в	Он пришёл в школу.
			на	Он приехал на работу.
			к	Он прилетел к другу в Россию.
у-	↗	떠남	из	Он ушёл из школы.
			с	Он уехал с работы.
			от	Он улетел от друга из России.
под(о)-	⇒	다가감 접근	к	Он подошёл к окну.
				Он подъехал к дому на машине.
				Он подходил к маме.
				Он подплыл к берегу.
от(о)-	⇒	물러남 이탈	от	Он отошёл от окна.
				Он отъехал от дома.
				Он не отходил от мамы.
				Он отплыл от берега.
до-	⇐	도달	до	Он дошёл до театра.
				Он добежал до станции.
				Он довёл меня до почты.
пере-	⤺	이동	через	Он перешёл через дорогу.
про-	⇒	통과	мимо	Он прошёл мимо меня.
				Он проехал мимо универмага.
об(о)-	◯	주위를 돎	вокруг	Он обошёл вокруг своего дома.
по-	▶	출발	в	Он пошёл в школу.
			на	Он поехал на работу.
			к	Он полетел к своим родителям.

단어 Tip

вход	выход	въезд	выезд
приход	уход	приезд	отъезд
проход	полёт	прилёт	отлёт
переезд	перенос	перевод	перелёт

ГРАММАТИКА 문법

4 〈접두사 + 운동동사〉의 인칭변화

вы́йти 나가다	войти́ 들어가다	прие́хать 도착하다	улете́ть 떠나다	перейти́ 이동하다	дое́хать 도달하다	прийти́ 도착하다
вы́йду	войду́	прие́ду	улечу́	перейду́	дое́ду	приду́
вы́йдешь	войдёшь	прие́дешь	улети́шь	перейдёшь	дое́дешь	придёшь
вы́йдет	войдёт	прие́дет	улети́т	перейдёт	дое́дет	придёт
вы́йдем	войдём	прие́дем	улети́м	перейдём	дое́дем	придём
вы́йдете	войдёте	прие́дете	улети́те	перейдёте	дое́дете	придёте
вы́йдут	войду́т	прие́дут	улетя́т	перейду́т	дое́дут	приду́т

① вы́йти, войти́, перейти́, прийти́ : 정태동사 идти́는 앞에 접두사가 올 경우 йти로 바뀌며 완료상을 만든다.
② вы́йти : 접두사 вы́-에 강세가 오는 완료상이다.
③ войти́ : 접두사 в-에 о를 첨가하여 발음하기 편하게 만든 완료상이다.
④ прийти́ : 인칭변화할 때 -й-가 사라진다. (приду́, придёшь…)

выходи́ть 나가다	входи́ть 들어가다	приезжа́ть 도착하다	улета́ть 떠나다	переходи́ть 이동하다	доезжа́ть 도달하다	приходи́ть 도착하다
выхожу́	вхожу́	приезжа́ю	улета́ю	перехожу́	доезжа́ю	прихожу́
выхо́дишь	вхо́дишь	приезжа́ешь	улета́ешь	перехо́дишь	доезжа́ешь	прихо́дишь
выхо́дит	вхо́дит	приезжа́ет	улета́ет	перехо́дит	доезжа́ет	прихо́дит
выхо́дим	вхо́дим	приезжа́ем	улета́ем	перехо́дим	доезжа́ем	прихо́дим
выхо́дите	вхо́дите	приезжа́ете	улета́ете	перехо́дите	доезжа́ете	прихо́дите
выхо́дят	вхо́дят	приезжа́ют	улета́ют	перехо́дят	доезжа́ют	прихо́дят

① выходи́ть : 접두사 вы-에 강세가 없는 불완료상이다.
② приезжа́ть, доезжа́ть : 부정태동사 е́здить는 앞에 접두사가 올 경우 езжа́ть로 바뀌며 불완료상을 만든다.

어떻게 갑니까?

– Как пройти́ в музе́й? – Мо́жно дойти́ до музе́я пешко́м.
– Как дое́хать до вас? – Удо́бнее всего́ дое́хать на метро́.
– Как добра́ться до вокза́ла? – Иди́те пря́мо по э́той у́лице.

❀ Я пришёл к тебе с приветом ❀ 🎧

Я ( ) ( ) с приветом,
( ), что солнце встало,
Что оно горячим светом
По листам затрепетало;

( ), что лес проснулся,
Весь проснулся, веткой каждой,
Каждой птицей встрепенулся
И весенней полон жаждой;

( ), что с той же страстью,
Как вчера, ( ) я снова,
Что душа всё так же счастью
И тебе служить ( );

( ), что отовсюду
На меня весельем веет,
Что не ( ) сам, что ( )
Петь – но только ( ) зреет.

А.А. Фет (1820-1892)

УРОК 49 сорок девятый
После урока он сразу пошёл в столовую.

ЧТЕНИЕ

После урока он сразу пошёл в столовую.

Мой дядя походил около дома, вернулся и лёг спать.

Я попрощался со своими родными и поехал домой.

Петя поездил по миру, познакомился с ним. Это для него счастье.

Утром я побегал и сделал зарядку. После этого прекрасно отдохнул.

Спортсмен вдруг побежал ещё быстрее, и собака побежала за ним.

Птица полетала и вернулась к себе в гнездо.

Пассажирский самолёт полетал над городом и полетел на север.

Как ты знаешь, он планировал поехать в Лондон по делу.

СЛОВА 단어

· пойти¹ (св)	(걸어서) 출발하다	· отдохнуть¹ (св)	쉬다
· походить² (св)	잠시 걷다	· ещё быстрее	더욱더 빨리 (быстро의 비교급)
· около	*кого-чего?* ~근처에	· собака	개, 강아지
· лечь¹ (св)	눕다 (과거 : лёг, легла, -ó, -и)	· за	*кем-чем?* ~의 뒤를 따라
~ спать	잠자리에 들다	· птица	새
· (по)прощаться¹	*с кем* ~와 헤어지다	· полететь² (св)	날기 시작하다
· родные	친척들 (= родственники)	· полетать¹ (св)	잠시 날다
· поехать¹ (св)	(차로) 출발하다	· гнездо	둥지
· поездить² (св)	잠시 여행하다	· пассажирский [пассажырский]	여객의
· побежать (св)	달리기 시작하다	· над	*кем-чем?* ~의 상공
· побегать¹ (св)	잠시 뛰다	· север	북, 북부, 북쪽
· после этого	그 후에, 그다음에	· (за)планировать¹	*инф* ~할 계획을 세우다
· прекрасно	아주 잘, 훌륭하게	· по делу	일이 있어서

ГРАММАТИКА 문법

1   접두사 ПО + 운동동사(정태/부정태동사)

불완료상	
정태	부정태
идти́	ходи́ть

→ по + 정태동사
по + 부정태동사

완료상	
пойти́	походи́ть
출발하다	잠시 걷다

(1) **по + 정태** : 방향을 의미하는 행위의 새로운 시작을 의미하는 완료상 동사로서, 선행하는 행위에 뒤따르는 한 번의 운동을 나타낼 때 사용된다.

  Я вста́ла, оде́лась и пошла́ (в шко́лу).

  Мы пообе́даем и пое́дем (на конце́рт).

(2) **по + 부정태** : 잠깐동안의 동작이 완료됨을 의미한다.

  Я походи́ла по ко́мнате и вы́шла из неё.

  Самолёт немно́го полета́л над го́родом и полете́л на юг.

(3) реши́ть, хоте́ть, мочь, собира́ться, плани́ровать와 함께 쓰이는 инф는 **по + 정태** (자신의 계획이나 의도를 표현)가 많이 사용된다.

  Я хочу́ пойти́ в теа́тр. Где мо́жно купи́ть биле́т?

  Вы мо́жете полете́ть в Москву́ за́втра?

  Мы плани́ровали пое́хать в о́тпуск всей семьёй.

2   비교 : идти́ – прийти́ – пойти́

  Он пошёл в шко́лу в во́семь часо́в.

  Он пришёл в шко́лу в полови́не девя́того.

  Он шёл в шко́лу 30 мину́т.

в полови́не девя́того = в во́семь часо́в три́дцать мину́т : 8시 30분에

ГРАММАТИКА 문법

3 << 운동동사 이외의 뜻

идти

(1) 비(눈)이 내리다
Снег шёл с утра́ до ве́чера.
На у́лице идёт си́льный дождь.

(2) 시간이 흐르다
Как бы́стро идёт вре́мя!
Мне идёт шесто́й год.

(3) (기계가) 움직이다
По́езд идёт бы́стро.
Часы́ иду́т ве́рно.

(4) 진행되다, 상영중이다
Дела́ иду́т хорошо́.
Что идёт в кино́?

(5) 어울리다
Э́ти очки́ вам не иду́т.
Мне не идёт э́то пла́тье.

носи́ть

(1) 입고 있다(다니다), 착용하다
Я ношу́ ю́бку (ша́пку, очки́).
Он но́сит усы́ (бо́роду).
Дья́вол но́сит «Пра́да».

(2) (성격 · 칭호 · 명칭)을 지니다
Э́то но́сит вре́менный хара́ктер.
Я ношу́ фами́лию му́жа.

пройти́ – проходи́ть

(1) (일 · 때 · 상태)가 지나다
Всё прошло́ уда́чно.
Ско́ро зима́ пройдёт.

(2) 비(눈), 병(고통)이 끝나다
Прошёл дождь и пошёл снег.
Но всё прохо́дит, и боль, и страх.

(3) (어떤 과목을) 이수하다
Я прошла́ исто́рию.
Мой друг прошёл курс ру́сского языка́.

провести́ – проводи́ть

(1) 실행 · 실시하다
Как провели́ собра́ние в до́ме?
Э́та фи́рма прово́дит ко́нкурс
на лу́чшую рекла́му.

(2) 시간을 보내다
Про́шлое ле́то я провёл в гора́х.
Как вы прово́дите кани́кулы?

(по)везти́

(무인칭동사)
행운이다, 운이 트이다
кому́ (по)везёт / (по)везло́
Мне всегда́ везёт.
Ей повезло́ – её спасли́.

КОНТРОЛЬНАЯ РАБОТА 쪽지시험

1 다음 문장에서 ( ) 안의 동사 중 알맞은 것을 선택하여 변화시키세요.

(1) Молодо́й челове́к (идти́-ходи́ть) к ней раз в ме́сяц.

(2) Обы́чно Ле́на (е́хать-е́здить) в шко́лу на авто́бусе.

(3) Сейча́с моя́ дочь (е́хать-е́здить) на ве́чер на свое́й маши́не.

(4) С кем Да́ша была́ на вы́ставке? Она́ (идти́-ходи́ть) с дру́гом.

(5) Весёлые де́ти (бежа́ть-бе́гать) в саду́.

(6) Посмотри́! Почтальо́н (нести́-носи́ть) нам по́чту.

(7) Он ка́ждую суббо́ту (вести́-води́ть) гру́ппы тури́стов на экску́рсии.

(8) Мы тепе́рь (везти́-вози́ть) све́жие о́вощи и фру́кты на ры́нок.

(9) Все де́ти (бежа́ть-бе́гать) домо́й.

(10) Ско́ро все профессора́ (лете́ть-лета́ть) в Япо́нию на конфере́нцию.

2 다음 문장에서 ( ) 안의 동사 중 알맞은 것을 선택하여 변화시키세요.

(1) Иногда́ он (приходи́ть-прийти́) к свое́й подру́ге и да́рит ей цветы́.

(2) Он (приезжа́ть-прие́хать) в Коре́ю и на́чал изуча́ть коре́йский язы́к.

(3) Когда́ я (подходи́ть-подойти́) к шко́ле, я всегда́ вспомина́ю шко́льные го́ды.

(4) Мой сосе́д прочита́л э́тот докла́д и сра́зу (принести́-приноси́ть) его́ мне.

(5) Одна́ маши́на (подъезжа́ть-подъе́хать) к гости́нице и останови́лась.

(6) В ко́мнате ду́шно, и я реши́л (вы́йти-пройти́) в сад на не́сколько мину́т.

(7) Де́душка, мне никто́ не звони́л? Ко мне никто́ не (входи́ть-приходи́ть)?

(8) Оля вы́шла за́муж и (улете́ть-долете́ть) в Москву́, где рабо́тает Серге́й.

(9) Сеу́льское метро́ (перевози́ть-увози́ть) в день 5 миллио́нов пассажи́ров.

(10) Че́рез полчаса́ по́сле того́, как все (дойти́-уйти́), пришёл мой дя́дя.

УРОК 50 пятидесятый | Пойдём домой.

ЧТЕНИЕ 읽기

Пойдём домой. Пойдёмте домой. Давай(те) пойдём домой.

Будем отдыхать на берегу. Давай(те) будем гулять в лесу!

Не будем курить в комнате.

Ну, ладно. Пошли! Давай попробуем!

Давайте понимать друг друга. Давайте изучать русский язык!

Продумай(те) эту программу ещё раз.

Иди сюда ко мне, мы здесь с тобой спокойно поговорим.

Разреши(те) представиться.

Поставь(те) стакан на стол.

Пусть она поёт эту народную песню.

Пускай они занимаются спортом, укрепляют здоровье.

СЛОВА 단어

· давай(те)	~하자, ~합시다	· разрешить² (св)	*инф* ~을 허락하다
· на берегу	강가에서 (где?)	· представиться² (св)	자기소개하다
· в лесу	숲에서 (где?)	· (по)ставить²	*что?* ~을 *куда?* ~에 놓다
· Ну, ладно.	(그래) 좋다! 됐다!	· стакан	컵
· (по)пробовать¹	*инф* ~을 시도하다	· пусть (пускай)	~하게 하세요 (3인칭 대상 명령형)
· продумать¹ (св)	*что?* ~을 고려하다	· (с)петь¹	노래하다 (пою, поёшь...)
· сюда	이리로 (↔ туда)	· укреплять¹ (нсв)	*что?* ~을 강하게 하다
· спокойно	조용히, 차분하게	· здоровье	건강

ГРАММАТИКА 문법

1 << 1인칭(мы) 명령법(청유형) : 함께 ~합시다!

종류 및 형태		예
(1) 불완료상 미래(합성미래) мы형	Бу́дем + нсв-инф	Бу́дем чита́ть!
(2) 완료상 미래(단일미래) мы형		Прочита́ем!
(3) Дава́й(те)를 문두에 추가 : 좀 더 권유하는 표현	Дава́й(те) + ⑴, ⑵	Дава́й бу́дем чита́ть! Дава́йте прочита́ем!
(4) 관용적 표현	가자! 출발하자! 시작하자!	Пошли́! Пое́хали!

① -те : 상대방이 두 사람 이상이거나 한 사람이더라도 정중함을 표시할 때 -те를 추가한다.
② Дава́й(те) + 불완료상 инф (бу́дем 생략)　　Дава́й(те) чита́ть! Дава́йте пить чай! Дава́йте обща́ться!
③ 〈Дава́й(те) я ~ 〉 〈내가 ~하도록 해 주세요〉　　Дава́й(те) я э́то сде́лаю.
　　　　　　　　　　　　　　　　　　　　　Дава́й(те) я напишу́ ему́ письмо́.

2 << 3인칭(он, она́, оно́, они́) 대상 2인칭 명령법

| Пусть | + | 3인칭으로 이루어진 문장 | ~하게 하세요. |
| Пуска́й | + | 3인칭으로 이루어진 문장 | ~하도록 놔두세요. |

Пусть де́ти игра́ют.

Пуска́й но́вые студе́нты говоря́т то́лько по-ру́сски.

Пусть он сам э́то сде́лает. (= Скажи́те ему́, что́бы он э́то сде́лал.)

3 << 2인칭(ты, вы) 명령법 ➡ 16과

	어미 형태	예
ты 명령법	-й	Дай мне ру́чку.
	-и	Покажи́ свой па́спорт.
	-ь	Гото́вь уро́ки до обе́да!
вы 명령법	-йте	Переда́йте приве́т всем друзья́м.
	-ите	Не кури́те, пожа́луйста.
	-ьте	Бу́дьте как до́ма!

ГРАММАТИКА 문법

4<< 〈서로 서로〉: друг를 두 번 사용하며, 격변화할 때는 뒤에 위치하는 друг만 변화한다.

говори́ть друг дру́гу : 서로에게 말하다
Дава́йте говори́ть друг дру́гу комплиме́нты.

смотре́ть друг на дру́га : 서로를 바라보다
Влюблённые смо́трят друг на дру́га.

вспомина́ть друг о дру́ге : 서로를 떠올리다(회상하다)
Как ча́сто вы вспомина́ете друг о дру́ге?

быва́ть друг у дру́га : 서로의 집에 자주 방문하다
Мы быва́ем друг у дру́га по суббо́там.

УПРАЖНЕНИЯ 연습문제

1 그녀를 집들이(новосе́лье)에 초대합시다(пригласи́ть).
2 나와 같이 레스토랑(рестора́н)으로 가요.
3 우리 서로 이해하고 서로 도와줍시다.
4 올 겨울에(э́той зимо́й) 스키 탑시다(ката́ться на лы́жах).
5 그가 이것에 대해 말하게 두세요. 함께 들어봅시다(послу́шать).

인사합시다! 만납시다! 또 봅시다!
Дава́йте познако́мимся.
Дава́йте встре́тимся у вхо́да в метро́.
Ско́ро уви́димся!

УРОК 51 | Кто́-то пришёл к тебе́.

пятьдеся́т пе́рвый

ЧТЕ́НИЕ

Кто́-то пришёл к тебе́. Что́-то упа́ло в коридо́ре.

Éсли у меня́ чего́-то нет, зна́чит мне э́то не ну́жно.

Чья́-то скри́пка лежи́т на дива́не.

То́чно не зна́ю, наве́рно, я ви́дел её где́-то когда́-то.

В э́ти дни Алекса́ндр почему́-то за́нят.

Она́ полю́бит кого́-нибудь и пове́рит кому́-нибудь.

Прошу́ тебя́, положи́ ве́щи куда́-нибудь!

Мы бу́дем когда́-нибудь на одно́м языке́ говори́ть?

СЛОВА́

кто́-то	누군가	почему́-то	웬일인지, 무슨 이유에서인지
что́-то	무언가	за́нят (-а́ -о -ы)	바쁘다 (형용사 단어미)
упа́сть¹	(어떤 장소에서) 떨어지다	полюби́ть² (св)	*кого-что?* ~을 사랑하다
коридо́р	복도	пове́рить² (св)	*кому-чему?* ~을 믿다
е́сли	만약	Прошу́ тебя́	너에게 부탁하는데, 제발 ~
че́й-то	누구의 것인지	положи́ть² (св)	*что? ~*을 *куда?*~에 놓다
скри́пка	바이올린	вещь (ж.)	물건
дива́н	소파	когда́-нибудь	언젠가
когда́-то	언젠가	на одно́м языке́	하나의 언어로

ГРАММАТИКА 문법

1 << 불특정대명사, 불특정부사 : 의문사-то, 의문사-нибудь, 의문사-либо

(1) 의문사-то : 현재 · 과거의 서술문
어떤 대상이나 상황이 존재한다고 해도 말하는 사람이 그것을 확실하게 명시할 수 없거나 불분명할 경우에 사용한다. 〈누군가, 무언가, 언젠가, 어디선가〉 등으로 해석한다.

Кто́-то звони́л вам ра́но у́тром. (не зна́ю и́ли не по́мню кто)

Чьё-то письмо́ лежи́т на столе́. (то́чно не изве́стно чьё)

Мы где́-то когда́-то встреча́лись.

Он знал о чём-то о́чень ва́жном.

(2) 의문사-нибудь, 의문사-либо : 미래시제(서술문, 명령문, 조건문), 의문문
어떤 대상이나 상황이 존재하느냐, 존재하지 않느냐가 불확실한 경우나 선택의 기회가 있을 때 사용한다. 〈누군가, 누구든지, 무언가, 아무거나, 언젠가, 언제든지, 어디선가, 어디서든지〉 등으로 해석한다.

Мы когда́-нибудь встре́тимся сно́ва.

Ты что́-нибудь зна́ешь об э́том?

Ма́ма, кто́-нибудь (любо́й челове́к) звони́л мне?

Если кто́-нибудь придёт к ней, скажи́ мне сра́зу.

Да́йте мне каку́ю-нибудь кни́гу.

(3) ко́е-의문사
말하는 사람에게는 분명하나 듣는 사람의 입장에서는 전혀 모르거나 분명치 않은 내용을 전달할 때 사용한다. 또한 не́который(약간, 일부의)의 의미로 사용되는 경우가 있으므로 〈누군가, 몇몇 사람, 무언가, 이것저것, 얼마간의〉 등으로 해석한다.

Я хочу́ рассказа́ть вам ко́е о чём.

Мой друг взял ко́е-что́ из свои́х веще́й.

Она́ пригласи́ла ко́е-кого́ из друзе́й пообе́дать.

(4) 종류

	의문사 -то	의문사 -нибудь (의문사 -либо)	ко́е -의문사
불특정 대명사	кто́-то 누군가	кто́-нибудь (кто́-либо) 누군가, 누구든	ко́е-кто́ 누군가, 몇몇 사람
	что́-то	что́-нибудь (что́-либо)	ко́е-что́
	како́й-то	како́й-нибудь (како́й-либо)	ко́е-како́й
	че́й-то	че́й-нибудь (че́й-либо)	ко́е-че́й
불특정 부사	где́-то 어디선가	где́-нибудь (где́-либо) 어디선가, 어디든	ко́е-где́ 어디선가, 몇몇 장소
	когда́-то	когда́-нибудь (когда́-либо)	ко́е-когда́
	ка́к-то	ка́к-нибудь (как-либо)	ко́е-ка́к
	куда́-то	куда́-нибудь (куда́-либо)	ко́е-куда́
	отку́да-то	отку́да-нибудь (отку́да-либо)	ко́е-отку́да
	почему́-то	почему́-нибудь (почему́-либо)	ко́е-почему́

① 불특정대명사에서 -то, -нибудь, -либо, ко́е- 는 변하지 않고 결합되는 의문사(кто, что, какой, чей)만 격변화한다.
　　예 кого́-то, о чём-нибудь, о чём-либо, каки́м-то о́бразом, чью́-то ру́чку
② 〈ко́е-의문사〉는 전치사의 격 지배를 받을 경우 ко́е가 분리되어 전치사 앞에 오면서 이음표 '-' 는 없어진다.
　　예 ко́е о чём, ко́е от кого́

2 동사 ста́вить와 класть

세워 놓다		세워져 있다	눕혀 놓다		눕혀져 있다
НСВ	СВ	НСВ	НСВ	СВ	НСВ
ста́вить	поста́вить	стоя́ть	класть	положи́ть	лежа́ть
Я ста́влю стака́н в шкаф. Я поста́вил стака́н в шкаф. Стака́н стои́т в шкафу́.			Я кладу́ кни́гу на стол. Я положи́л кни́гу на стол. Кни́га лежи́т на столе́.		

УПРАЖНЕНИЯ 연습문제

1 조금 전에(то́лько что) 누군가가 이 방 안에 있었다.
2 그는 지금 서울 어딘가에 살고 있다.
3 일요일에 어디로든지 갑시다.
4 그녀에겐 뭔지는 모르지만 무슨 비밀(секре́т)이 있긴 있어.
5 누군가와 의논해야(посове́товаться) 한다.

(у)пасть[1] 떨어지다, 넘어지다	(по)ста́вить[1] 세워 놓다	класть[1(НСВ)] 눕혀 놓다	положи́ть[2(СВ)] 눕혀 놓다
(у)паду́	(по)ста́влю	кладу́	положу́
(у)падёшь	(по)ста́вишь	кладёшь	поло́жишь
(у)падёт	(по)ста́вит	кладёт	поло́жит
(у)падём	(по)ста́вим	кладём	поло́жим
(у)падёте	(по)ста́вите	кладёте	поло́жите
(у)паду́т	(по)ста́вят	кладу́т	поло́жат
упа́л(-а, -о, -и)	(по)ста́вил(-а, -о, -и)	клал(-а, -о, -и)	положи́л(-а, -о, -и)

УРОК 52 пятьдесят второй | Никто́ не выхо́дит и́з дому.

ЧТЕ́НИЕ

Никто́ не выхо́дит и́з дому (= из до́ма).

Ничто́ мне не нра́вится. Ничто́ меня́ не интересу́ет.

Вот фильм «Ничего́ не ви́жу, ничего́ не слы́шу».

У меня́ не́ было никако́го мне́ния об э́той переда́че.

Э́тот драмату́рг ни с кем не бесе́довал о свое́й рабо́те.

Никогда́ нельзя́ забыва́ть про себя́ и своё здоро́вье.

На про́шлой неде́ле из-за дождя́ (дожде́й) она́ никуда́ не могла́ пойти́.

Мне одному́ ску́чно. Все ушли́, мне не́ с кем (по)болта́ть.

Ива́ну не́когда бы́ло занима́ться спо́ртом. Он был за́нят.

К сожале́нию, тогда́ ей не́ о чем бы́ло разгова́ривать с людьми́.

СЛОВА́

- никто́ — 아무도
- ничто́ — 아무것도
- (за)интересова́ть[1] — *кого?* ~의 관심을 끌다
- никако́й — 그 어떤 ~도
- мне́ние — *о ком-чём?* ~에 대한 의견
- переда́ча — 방송
- драмату́рг [драмату́рк] — 극작가
- (по)бесе́довать[1] — 이야기를 나누다, 담화하다
- из-за — *кого́-чего́?* ~때문에
- одному́ — оди́н(혼자)의 3격 (кому́?)
- не́ с кем — *инф* ~할 사람이 없다(무인칭술어)
- (по)болта́ть[1] — *с кем?* ~와 잡담하다
- не́когда — *инф* ~할 시간이 없다(무인칭술어)
- не́ о чем — *инф* ~할 주제가 없다(무인칭술어)

ГРАММАТИКА 문법

1 << 부정대명사, 부정부사 : ни의문사   부정문 강조

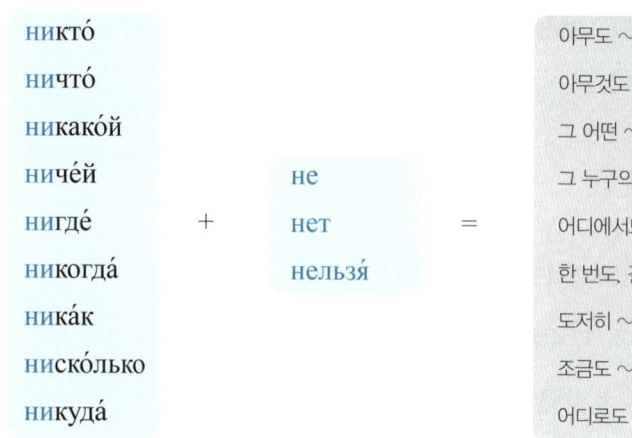

Никто́ не зна́ет об э́том.
У меня́ нет никаки́х вопро́сов, потому́ что я всё по́нял.
Никому́ нельзя́ здесь кури́ть.
Я, в са́мом де́ле, никогда́ не встреча́л его́.
Он никуда́ не пошёл вчера́ но́чью.
Она́ ника́к не смогла́ поня́ть его́ хара́ктер.

2 << 부정대명사, 부정부사 : не́의문사   무인칭문

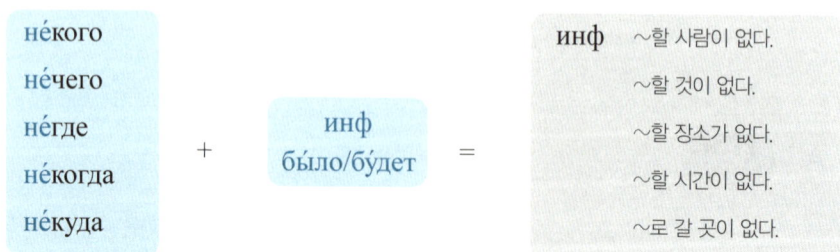

Очень жаль, что мне не́кого люби́ть.
Ему́ бы́ло не́чего де́лать по вечера́м.
Ей не́где бы́ло занима́ться спо́ртом.
Де́тям не́когда игра́ть в футбо́л.

Я уве́рен, что Ви́ктору не́ с кем бу́дет посове́товаться.

Отцу́ не́куда пойти́, не́ к кому обрати́ться за по́мощью.

3. 부정대명사의 격변화

	никто́		ничто́	
1격	никто́	-	ничто́	-
2격	никого́	ни у кого́	ничего́	ни у чего́
3격	никому́	ни к кому́	ничему́	ни к чему́
4격	никого́	ни за кого́	ничего́	ни за что́
5격	нике́м	ни с ке́м	ниче́м	ни с че́м
6격	-	ни о ко́м	-	ни о чём

	не́кого		не́чего	
1격	-		-	
2격	не́кого	не́ для кого	не́чего	не́ для чего
3격	не́кому	не́ к кому	не́чему	не́ к чему
4격	не́кого	не́ за кого	не́чего	не́ за что
5격	не́кем	не́ с кем	не́чем	не́ с чем
6격	-	не́ о ком	-	не́ о чем

① ни, не는 그대로 있고 의문사만 격변화한다.
② 전치사가 오면 ни, не를 의문사에서 분리하여 전치사 앞에 놓는다.

4. 비교

특징 \ 종류	ни의문사	не의문사
① 강세 위치	의문사	не́
② 함께 사용되는 표현과 그 의미	не 부정사항 : 〈~지 않는다〉 нет 존재부정 2격 : 〈~이 없다〉 нельзя́ инф : 〈~해서는 안된다〉	инф : 〈~할 사람/사물/시간/장소가 없다〉 кому́(주체자) / бы́ло(과거), бу́дет(미래)
③ 문장의 종류	인칭문 또는 무인칭문	무인칭문
④ 공통점	전치사가 오면 ни, не를 의문사에서 분리하여 전치사 앞에 놓는다.	

ГРАММАТИКА 문법

5 기타 다른 표현

ни

(1) 명사를 강조 : ~도

| ни слóва не сказáл(а) | 한마디도 하지 않았다 |
| ни на минýту | 한순간도 |

(2) 양보의 의미 : 아무리 ~해도, ~일지라도

скóлько ни говори́	아무리 말해도
что ни говори́	뭐라고 해도
как онá ни старáлась	그녀가 아무리 노력했어도

(3) 강조조사 : 이도 저도 아닌, 애매한

ни ры́ба ни мя́со
ни два ни полторá
ни тот ни другóй

(4) 관용적인 표현

| Ничегó. | 괜찮아요. |

не

(1) 두 개의 동일한 동사 사이에 사용될 경우 : 간신히, 서툴게

| говори́т не говори́т | 간신히 말한다 |
| гори́т не гори́т | 잘 타지 않는다 |

(2) не мочь, нельзя́와 함께 사용할 경우 : ~할 수밖에 없다

| Не могý не плáкать. | 울 수밖에 없다. |
| Нельзя́ не согласи́ться. | 동의할 수밖에 없다. |

(3) 관용적인 표현

| Нé за что! | 천만에요. |

УПРАЖНЕНИЯ 연습문제

1 아무도 내가 여기에 있는 것을 몰라요.
2 그는 이것에 관한(по э́тому по́воду) 어떤 의견도 없다.
3 나는 도저히(ника́к) 기사 쓰는 것을 끝낼(зако́нчить) 수가 없다.
4 무도회에서(на балу́) 난 함께 춤출(потанцева́ть) 사람이 없었어요.
5 우리는 일 때문에(из-за рабо́ты) 서로 만날 시간이 없다.

부정문 : ⟨не + 부정사항⟩, ⟨нет + кого-чего⟩, ⟨нельзя́ + инф⟩

지난주에	на про́шлой неде́ле	(про́шлая неде́ля)
이번주에	на э́той неде́ле	(э́та неде́ля)
다음주에	на бу́дущей неде́ле	(бу́дущая неде́ля)

урок 53 Как вы себя чувствуете?

пятьдесят третий

ЧТЕНИЕ

– Как вы себя чувствуете? – Спасибо, я чувствую себя хорошо!

– Что с вами случилось? – У меня болит голова и горло, наверно, грипп.

– Что ты ешь? – Я ем пирожки с мясом и рисом.

Давай выпьем водку (водки) за нашу дружбу. Дружба дороже денег!

Мой знакомый искал, искал и наконец нашёл спонсора.

Он каждый раз даёт мне полезные советы. Это мне очень помогает.

Обычно утром я встаю в семь часов, а сегодня встала в пять часов.

기분이 좋습니다.
– Какое у вас настроение?
– У меня хорошее настроение.
  У меня настроение просто супер.

СЛОВА

· случиться² (св)	с кем? ~에게	· знакомый	아는 사람 (명사화된 형용사)
случаться¹ (нсв)	어떤 일이 일어나다	· наконец	마침내, 드디어, 결국
· голова	머리	· искать¹ (нсв)	кого-что? ~을 찾다, 구하다
· горло	목	найти¹ (св)	(과거 нашёл, нашла, -ó, -и́)
· (съ)есть	что? чего? ~을 먹다	· спонсор	스폰서
· пирожок	삐로그(다양한 고물을 넣은 파이)	· каждый раз [рас]	매번
· мясо	고기	· давать¹ (нсв)	кому? ~에게 что? ~을 주다
· рис	쌀, 밥(варёный рис)	· полезный	유익한
· (вы)пить¹	что? чего? ~을 마시다	· совет	충고
· водка [вотка]	보드카	· вставать¹ (нсв) [фставать]	
· дружба	우정	встать¹ (св)	기상하다, 일어나다, 일어서다

230

ГРАММАТИКА 문법

1 << 동사변화

(1) 1식 후설음변화 : 어간 끝 자음 г, к, х, ск → ж, ч, ш, щ

모든 인칭 : 자음교체

дви́гать¹ 움직이다	пла́кать¹ 울다	паха́ть¹ 경작하다	иска́ть¹ 찾다
дви́ж у	пла́ч у	паш у́	ищ у́
дви́ж ешь	пла́ч ешь	па́ш ешь	и́щ ешь
дви́ж ет	пла́ч ет	па́ш ет	и́щ ет
дви́ж ем	пла́ч ем	па́ш ем	и́щ ем
дви́ж ете	пла́ч ете	па́ш ете	и́щ ете
дви́ж ут	пла́ч ут	па́ш ут	и́щ ут
дви́гал(-а, -о, -и)	пла́кал(-а, -о, -и)	паха́л(-а, -о, -и)	иска́л(-а, -о, -и)
дви́гай(те)	плачь(те)	паши́(те)	ищи́(те)

(2) -ти́ 동사   ☺주의! 강세는 어미에 있음

идти́¹ 걸어가다 / 오다	нести́¹ (걸어서) 나르다	вести́¹ (걸어서) 데리고 가다	везти́¹ (차로) 싣고 가다	расти́¹ 성장하다
ид у́	нес у́	вед у́	вез у́	раст у́
ид ёшь	нес ёшь	вед ёшь	вез ёшь	раст ёшь
ид ёт	нес ёт	вед ёт	вез ёт	раст ёт
ид ём	нес ём	вед ём	вез ём	раст ём
ид ёте	нес ёте	вед ёте	вез ёте	раст ёте
ид у́т	нес у́т	вед у́т	вез у́т	раст у́т
шёл, шла(-о, -и)	нёс, несла́(-о́, -и́)	вёл, вела́(-о́, -и́)	вёз, везла́(-о́, -и́)	рос, росла́(-о́, -и́)
иди́(те)	неси́(те)	веди́(те)	вези́(те)	расти́(те)

ГРАММАТИКА 문법

(3) -чь 동사

мочь[1] 할 수 있다	помочь[1] 도와주다	печь[1] 굽다	лечь[1] 눕다	беречь[1] 지키다
мог у́	помог у́	пек у́	ляг у	берег у́
мо́ж ешь	помо́ж ешь	печ ёшь	ля́ж ешь	береж ёшь
мо́ж ет	помо́ж ет	печ ёт	ля́ж ет	береж ёт
мо́ж ем	помо́ж ем	печ ём	ля́ж ем	береж ём
мо́ж ете	помо́ж ете	печ ёте	ля́ж ете	береж ёте
мо́г ут	помо́г ут	пек у́т	ля́г ут	берег у́т
мог, могла́(-о́, -и́)	помо́г, помогла́(-о́, -и́)	пёк, пекла́(-о́, -и́)	лёг, легла́(-о́, -и́)	берёг(ла́, -о́, -и́)
-	помоги́(те)	пеки́(те)	ля́г(те)	береги́(те)

(4) -авать 동사, -овать 동사, -евать 동사

хоте́ть 원하다	дава́ть[1] 주다	рисова́ть[1] 그림그리다	воева́ть[1] 전쟁하다
хоч у́	да ю́	рису́ ю	вою́ ю
хо́ч ешь	да ёшь	рису́ ешь	вою́ ешь
хо́ч ет	да ёт	рису́ ет	вою́ ет
хот и́м	да ём	рису́ ем	вою́ ем
хот и́те	да ёте	рису́ ете	вою́ ете
хот я́т	да ю́т	рису́ ют	вою́ ют
хоте́л(-а, -о, -и)	дава́л(-а, -о, -и)	рисова́л(-а, -о, -и)	воева́л(-а, -о, -и)
хоти́(те)	дава́й(те)	рису́й(те)	вою́й(те)

① хоте́ть : 1식변화 + 2식변화
② -авать 동사 : -ва-를 없애고 1식변화 ☺**주의!** 강세는 어미에 있음
③ -овать 동사 : -ова-를 -у-로 교체한 뒤 1식변화
④ -евать 동사 : -ева-를 -ю-로 교체한 뒤 1식변화

(5) 주의해야 할 동사들

дать 주다	есть 먹다	пить¹ 마시다	начáть¹ 시작하다	стать¹ 되다, 시작하다	устáть¹ 피곤하다
дам	ем	пью	начнý	стáну	устáну
дашь	ешь	пьёшь	начнёшь	стáнешь	устáнешь
даст	ест	пьёт	начнёт	стáнет	устáнет
дадим	едим	пьём	начнём	стáнем	устáнем
дадите	едите	пьёте	начнёте	стáнете	устáнете
дадýт	едят	пьют	начнýт	стáнут	устáнут
дал(-á-о-и)	ел(-а-о-и)	пил(-á-о-и)	нáчал(-á-о-и)	стал(-а-о-и)	устáл(-а-о-и)
дай(те)	ешь(те)	пей(те)	начни(те)	стань(те)	устáнь(те)

брать¹ 잡다, 가지다	взять¹ 잡다, 가지다	понять¹ 이해하다	смеяться¹ 웃다	ждать¹ 기다리다	попáсть¹ 도착하다
берý	возьмý	поймý	смеюсь	жду	попадý
берёшь	возьмёшь	поймёшь	смеёшься	ждёшь	падёшь
берёт	возьмёт	поймёт	смеётся	ждёт	попадёт
берём	возьмём	поймём	смеёмся	ждём	попадём
берёте	возьмёте	поймёте	смеётесь	ждёте	попадёте
берýт	возьмýт	поймýт	смеются	ждут	попадýт
брал(-á-о-и)	взял(-á-о-и)	пóнял(-á-о-и)	смеялся(-лась)	ждал(-á-о-и)	попáл(-а-о-и)
бери(те)	возьми(те)	пойми(те)	смейся(-йтесь)	жди(те)	попади(те)

петь¹ 노래하다	открыть¹ 열다	сесть¹ 앉다	погибнуть¹ 멸망하다	вернýться¹ 돌아오다(가다)	ошибиться¹ 실수하다
пою	открою	сяду	погибну	вернýсь	ошибýсь
поёшь	откроешь	сядешь	погибнешь	вернёшься	ошибёшься
поёт	откроет	сядет	погибнет	вернётся	ошибётся
поём	откроем	сядем	погибнем	вернёмся	ошибёмся
поёте	откроете	сядете	погибнете	вернётесь	ошибётесь
поют	откроют	сядут	погибнут	вернýтся	ошибýтся
пел(-а-о-и)	открыл(-а-о-и)	сел(-а-о-и)	погиб, погибла	вернýлся(-лась)	ошибся, ошиблась
пой(те)	открой(те)	сядь(те)	не погибни(те)	вернись(-йтесь)	не ошиби(те)сь

ГРАММАТИКА 문법

2 << 동사 встава́ть, сади́ться, ложи́ться

일어나다 일어서다	нсв	встава́ть	Ка́ждый день я встаю́ ра́но.
	св	встать	За́втра я вста́ну по́зже. Он встал с ме́ста.
서 있다	нсв	стоя́ть	У окна́ стои́т молодо́й челове́к.
앉다	нсв	сади́ться	Сади́тесь, пожа́луйста, на дива́н.
	св	сесть	Он сел за стол и на́чал обе́дать.
앉아 있다	нсв	сиде́ть	Ма́льчик сиди́т у телеви́зора.
눕다	нсв	ложи́ться	Я всегда́ ложу́сь спать по́здно.
	св	лечь	А сего́дня я лёг спать в 8 часо́в.
누워 있다	нсв	лежа́ть	Де́вочка лежи́т в посте́ли.

3 << 동사 〈배우다〉와 〈가르치다〉

배우다		
изуча́ть-изучи́ть	*что?* 공부 · 연구하는 대상	Он изуча́ет ру́сский язы́к. Этот вопро́с ну́жно изучи́ть.
занима́ться	*чем?* 열중하는 대상(전공, 직업, 여가) *где?* 공부하는 장소(집, 도서관 등)	– Чем занима́ется твой друг? – Он занима́ется матема́тикой. Я занима́юсь спо́ртом.
учи́ть-вы́учить	*что?* 암기하는 내용	Я учу́ слова́ и текст.
учи́ться -научи́ться	*где?* 배우는 장소(학교, 지역 등) *чему́? инф?* 배우는 내용, 방법 *как?* 학습의 성과	Я учу́сь в университе́те. Де́ти у́чатся ру́сскому языку́. Мой сын у́чится писа́ть и чита́ть. Он хорошо́ у́чится.
가르치다		
учи́ть-научи́ть	*кого́?* 가르치는 대상 *чему́? инф?* 가르치는 과목, 방법	Он у́чит нас ру́сскому языку́. Я учу́ до́чку води́ть маши́ну.
преподава́ть -препода́ть	*кому́?* 가르치는 대상 *что?* 가르치는 내용(과목)	Она́ преподаёт нам исто́рию. – Что де́лает твой оте́ц? – Он преподаёт.

УПРАЖНЕНИЯ 연습문제

1 그녀는 직장인이 아니라 대학생입니다(учи́ться).
2 뭐 먹고 싶어요? 생선회(сыра́я ры́ба)가 먹고 싶어요.
3 레몬(лимо́н) 넣은 차를 주세요.
4 인터넷(интерне́т)에서 무엇을 찾고 있어요?
5 오후에 비가 올 거예요. 우산을 챙기세요(взять).

문법 Tip

дава́ть (нсв)	дать (св)	встава́ть (нсв)	встать (св)
주다		일어나다, 일어서다	
даю́	дам	встаю́	вста́ну
даёшь	дашь	встаёшь	вста́нешь
даёт	даст	встаёт	вста́нет
даём	дади́м	встаём	вста́нем
даёте	дади́те	встаёте	вста́нете
даю́т	даду́т	встаю́т	вста́нут
дава́л(-а -о -и)	дал(-а́ -о -и)	встава́л(-а -о -и)	вста́л(-а -о -и)
дава́й(те)	дай(те)	встава́й(те)	вста́нь(те)

☺ 주의! -авать 동사 : -ва-를 없애고 1식변화

УРОК 54
пятьдесят четвёртый
Муж подарил жене пальто, которое ей понравилось.

ЧТЕНИЕ

Аспирант, который учится в этой группе, купил книги о политике.

Учитель, у которого есть большой опыт, помогает своим ученикам.

Актёр, которому понравился её подарок, поблагодарил её за это.

У этой девушки уже есть парень, которого она любит.

Ко мне пришёл близкий друг, с которым мы знакомы с детства.

Мы посмотрели балет, о котором уже писали в газетах.

Муж подарил жене пальто, которое ей понравилось.

Матрёшка, которую он мне купил, очень красива.

СЛОВА 단어

- аспирант — 대학원생 (ж. *аспирантка*)
- группа — 그룹, 반
- политика — 정치, 정치학
- опыт — 경험
- ученик — 학생, 제자 (ж. *ученица*)
- актёр — 배우 (ж. *актриса*)
- девушка — 아가씨
- парень (м.) — 젊은이
- знаком (-а, -о, -ы) — *с кем?* ~와 아는 사이다
- детство — 유년시절
- с детства — 어렸을 때부터
- балет — 발레
- (по)дарить — *кому? что?* 선물하다
- матрёшка — 러시아의 민속인형

ГРАММАТИКА 문법

 관계대명사 КОТÓРЫЙ (접속사 + 대명사)

- 모든 의문대명사 · 의문부사는 관계대명사 · 관계부사로 사용할 수 있다.
- КОТÓРЫЙ는 원래 '어느, 몇 번째의'라는 뜻의 의문사이지만 관계대명사로 사용범위가 넓고 모든 명사를 선행사로 사용할 수 있다.
- 관계대명사 КОТÓРЫЙ의　성 · 수 : 관계하는 주절의 명사(선행사)와 일치
　　　　　　　　　　　　격　　: 종속절에서 어떤 역할을 하느냐에 따라 결정

명사(선행사) ，КОТÓРЫЙ ～하는 명사(선행사)

Я знáю студéнта, котóрый занимáется рýсским языкóм.
у котóрого есть рéдкие кнúги.
котóрому учúтель подарúл э́ту кýклу.
котóрого Свéта óчень лю́бит.
с котóрым онá вéсело разговáривала.
о котóром лю́ди чáсто говоря́т.

 관계대명사 КОТÓРЫЙ의 6격변화 : 경변화하는 형용사 6격변화와 동일

성 · 수 격	단수 (ед.ч.)			복수 (мн.ч.)
	남성 (м.)	중성 (с.)	여성 (ж.)	
кто-что	котóрый (он)	котóрое (онó)	котóрая (онá)	котóрые (онú)
когó-чегó	котóрого		котóрой	котóрых
комý-чемý	котóрому		котóрой	котóрым
когó-что	1격/2격	котóрое	котóрую	1격/2격
кем-чем	котóрым		котóрой	котóрыми
о ком-чём	котóром		котóрой	котóрых

① котóрого [катóраva]
② 남성 단수 4격 : 활동체(2격), 비활동체(1격)에 따라 구분하여 사용한다.
③ 여성 단수 4격 : 활동체, 비활동체 구분없이 -ую를 사용한다.
④ 복수 4격 : 활동체(2격), 비활동체(1격)에 따라 구분하여 사용한다.

УПРАЖНЕНИЯ 연습문제

1 모스끄바에 살고 있는 내 친구는 우리에게 자주 편지를 쓴다.
2 그는 어제 우리 교실에서 보았던 여학생에 대해 말하고 있다.
3 난 그가 다니고 있는 대학교에 입학하고(поступи́ть) 싶다.
4 내 친구는 도서관에 없는 진귀한 책들을 갖고 있다.
5 얼마 전에 그녀는 900년 된 호수에 다녀왔다.

нау́ка	학문, 과학	учёный	학자
исто́рия	역사	исто́рик	역사가
филосо́фия	철학	фило́соф	철학자
матема́тика	수학	матема́тик	수학자
фи́зика	물리학	фи́зик	물리학자
хи́мия	화학	хи́мик	화학자
астроно́мия	천문학	астроно́м	천문학자
филоло́гия	어문학, 문헌학	фило́лог	어문학자, 문헌학자
лингви́стика	언어학	лингви́ст	언어학자

КОНТРОЛЬНАЯ РАБОТА 쪽지시험

다음 문장에서 밑줄에 관계대명사 который를 알맞은 형태로 넣으세요.

(1) Вот корейский студент, _____ вы позавчера помогли.

у _____ мы были в прошлую субботу.

_____ ты видел на вокзале 3 дня назад.

с _____ мы ездили в Новгород.

о _____ я много тебе рассказывал.

_____ я обещал помочь найти такое лекарство.

(2) Я ждала свою подругу, _____ живёт рядом с нами.

_____ ты пригласил к себе на новоселье.

_____ нужно взять в библиотеке словарь.

о _____ ты иногда говоришь.

с _____ вы познакомились на дискотеке.

брат _____ работает в ООН (Организация Объединённых Наций).

(3) Общежитие, в _____ живут эти студенты, находится на улице Шевченко.

(4) Здание, перед _____ стоит наша машина, старое, некрасивое.

(5) Машины, _____ стоят между улицей и этим зданием, не наши.

(6) На улице я случайно встретила подругу, _____ я не видела много лет.

(7) Он хорошо знает преподавательницу, _____ училась в МГУ.

(8) Я часто вспоминаю своих друзей, с _____ я был на практике.

(9) Мне понравился этот спектакль, в _____ играл знаменитый актёр.

(10) Как зовут того человека в очках, _____ Клара передала книгу?

> Челове́ка мо́жно узна́ть по тем кни́гам, кото́рые он чита́ет.
>
> (С. Смайлс)

УРОК 55 | Я люблю того, кто любит меня.

пятьдесят пятый

ЧТЕНИЕ

Я люблю того, кто любит меня. И верю тому, что он говорит.

Счастлив тот, у кого много настоящих друзей.

Но тут же случилось то, чего никто не ожидал.

Дело в том, что компьютер будет входить в нашу жизнь.

Я горжусь тем, что училась здесь.

У нас в компании нет такого человека, какой тебе нужен.

В тот же день, когда было собрание, шёл снег.

На этой улице, где мы живём, мало туристов.

Здание мэрии, куда я езжу каждый день, находится в центре города.

Живи так, как ты хочешь.

СЛОВА

· счастлив [шаслиф]	행복하다 (형용사 단어미)	· компания	회사, 일행, 동석
· настоящий	진정한, 참된, 현재의	· такой	이런, 저런, 그런
· ожидать¹ (нсв)	*кого-чего?* 예상하다	· собрание	모임
· Дело в том, что ~	문제는 ~에 있다	· турист	여행객
· здание	건물	· мэрия	시청

ГРАММАТИКА 문법

1. 관계대명사 КТО와 ЧТО

- 관계대명사 кто와 что는 선행사의 성·수에 구별 없이 사용되며, 격은 그 자신이 이끌고 있는 종속절에서의 역할에 의해 결정된다.
- кто와 что가 딸린 종속절은 반드시 선행사 다음이 아니라 주절 전체의 앞이나 뒤에 놓일 수도 있다(속담이나 격언).

| тот / те / все | , кто | ~하는 사람(들) |

Тот, кто изуча́ет ру́сский язы́к, до́лжен е́хать в Росси́ю.

Тот сча́стлив, кто здоро́в. (= Здоро́вье пре́жде всего́.)

Я тот, кого́ все студе́нты лю́бят.

Я люблю́ тех, кто меня́ лю́бит.

Спаси́бо всем, с кем я познако́мился в э́том клу́бе.

Кто не рабо́тает, тот о́тдыха не зна́ет.

Так ду́мают те, кто занима́ется му́зыкой.

Бог помога́ет тому́, кто рабо́тает.

☺ **주의!** Бог [бо<u>х</u>] 신, 하나님

| то / всё | , что/как | ~하는 것 |

Всё хорошо́, что хорошо́ конча́ется.

Она́ принесла́ то, что я попроси́л.

Скажи́те мне о том, что он уже́ слы́шал.

Ка́ждый из дете́й взял с собо́й то, что бы́ло до́ма.

Я ве́рю всему́, о чём ты мне рассказа́л.

Мне нра́вится всё, что ты лю́бишь.

Э́то от того́ зави́сит, как он э́то сде́лает.

ГРАММАТИКА 문법

2« 관계대명사 какóй, какáя, какóе, какие

такóй + 명사 , какóй ~한 그런 명사

У меня́ есть такóй же журнáл, какóй у тебя́.
На столе́ не́ было таки́х книг, каки́е мне нужны́.
Он подари́л мне таки́е духи́, каки́х нет в универмáге.
Купи́ себе́ такóе плáтье, какóе хóчешь.
Покажи́те мне такýю же сýмку, какáя слéва.

3« 관계대명사 чей, чья, чьё, чьи

- 관계대명사 чей는 선행사와는 의미적으로 연결되지만 성·수·격은 чей 뒤에 오는 명사와 일치시킨다.
- 관계대명사 котóрый의 2격(한정어)으로 대체할 수 있다.

선행사 , чей 선행사의 누구(무엇)

Та дéвушка, чей отéц(=отéц котóрой) рабóтает здесь, моя́ знакóмая.
Я зна́ю Антóна, чья сестрá(=сестрá котóрого) со мной ýчится в однóм клáссе.
Это извéстный поэ́т, чьё и́мя(=и́мя котóрого) знáют по всей странé.

4« 관계대명사 скóлько

скóлько , стóлько скóлько한 만큼, стóлькоहि다

Я отдалá емý стóлько, скóлько я получи́ла. 내가 받은 만큼
Скóлько он лю́бит меня́, стóлько же я люблю́ егó. 나를 좋아하는 만큼
Там бы́ло стóлько же мужчи́н, скóлько и жéнщин. 여자 수만큼

5 관계부사 (접속사 + 부사)

(1) 의문부사 где, когда́, куда́, как는 관계부사로 사용된다.
(2) 관계부사와 관련되는 부사나 명사는 선행사이므로 관계부사 앞에 위치한다.
(3) 종류

　　　장소 부사　, где　~와 같은 그 곳에서
　　　　　Я была́ там, где был он.
　　　　　Мы осмотре́ли дом-музе́й, где жил писа́тель.

　　　방향 부사　, куда́　~와 같은 그 곳으로
　　　　　Он пошёл туда́, куда́ пошла́ она́.
　　　　　Я иска́л то зда́ние, куда́ мне на́до идти́.

　　　시간 부사　, когда́　~와 같은 그 때에
　　　　　Тогда́, когда́ я был в шко́ле, я встре́тил её.
　　　　　Я забы́л тот день, когда́ мы бы́ли вме́сте.

　　　상태 부사　, как　~와 같이 그렇게
　　　　　Мы с му́жем живём так, как все.
　　　　　Но́вые студе́нты говоря́т так же хорошо́, как и ста́рые.

УПРАЖНЕНИЯ 연습문제

1　난 방 안에 있는 사람을 모른다.
2　그녀도 내가 좋아하는 사람을 좋아하는 것 같다.
3　그가 말하는 것은 전부 거짓말(непра́вда)이다.
4　우리는 작가가 살았던 박물관을 구경했다(осмотре́ть).
5　나는 우리가 함께 있었던 그 날을 완전히 잊고 있었다(забы́ть).

УРОК 56 пятьдесят шестой | Какие подарки вам нравятся?

ЧТЕНИЕ

– Какие подарки вам нравятся? – Это как раз то, что мне нужно.

– Каким видом спорта вы занимаетесь? – Я занимаюсь плаванием.

Дом отдыха строится на южном берегу Крыма.

Она осталась на даче одна, поэтому боялась (= ей было страшно).

Вблизи станции метро собирались все ученики второго класса.

Космическая ракета устремилась к Луне.

Получится или не получится, это для меня всё равно.

Я изо всех сил стараюсь стать журналистом, поэтому я здесь.

СЛОВА

- как раз [рас] —바로, 마침
- вид [вит] — 형태, 종류
- плавание — 수영
- отдых [оддых] — 휴식
- (по)строиться² — *где?* ~에 지어지다
- южный — 남쪽(юг)의
- остаться¹ (св) — *где?* ~에 남다
- поэтому — 그래서
- дача — 텃밭이 있는 별장
- страшно (무인칭술어) — 무서워하다
- вблизи — *кого-чего?* ~근처에
- собираться¹ (нсв) — *где?* ~에 모이다
- космическая ракета — 우주(космос)로켓
- устремиться² (св) — *куда?* ~로 돌진하다
- Луна — 달(위성)
- получиться² (св) — 어떤 결과로 되다
- равно — 마찬가지다
- изо всех сил — 전력을 다해
- сила — 힘, 에너지
- (по)стараться¹ — *инф* ~하려고 노력하다

ГРАММАТИКА 문법

1 « -ся 동사

(1) **-ся**는 재귀대명사 **себя**(자기 자신)의 준말로 동사에 덧붙여져 하나의 낱말을 이루면서 여러 가지 의미를 나타낸다. **-ся**는 모음 뒤에서 **-сь**로 된다. ☺주의! -ться, -тся : [-ца]

(2) **-ся** 동사는 보어 없이도 사용되며, 4격(кого-что)을 바로 취하지 못하는 자동사(동작이 주어 자신에만 그칠 뿐 다른 사물에 미치지 않는 동사)로서 다른 격의 보어를 갖는다.

(3) 피동의 의미는 거의 불완료상(нсв)에서 만들어진다.

2 « -ся 동사의 종류

(1) **타동사 + ся** ⇒ ① 재귀 : 동작이 미치는 대상이 〈자기 자신〉과 일치
кого-что 지배동사   ② 상호 : 〈서로 어울려 ~하다〉
③ 피동 : 〈~어 지다〉

одева́ть(ся) : Мать одева́ет сы́на. Мать (тепло́) одева́ется.
кого ~에게 옷을 입히다 옷을 (따뜻하게) 입다

встреча́ть(ся) : Я встреча́ю друзе́й. Мы встреча́емся.
кого ~을 만나다 서로(друг с дру́гом) 만나다

стро́ить(ся) : Рабо́чие стро́ят дом. Дом стро́ится (рабо́чими).
что ~을 짓다 건물이 (노동자들에 의해) 지어지다

(2) **자동사 + ся** ⇒ 주체의 의지와는 무관하게 뜻대로 되지 않는 행위의 무인칭동사 ➡ 40과
보어 없이도 서술 가능한 동사

спать(ся) : Вчера́ ве́чером ей не спало́сь.
(비교) Она́ не спала́, а смотре́ла фильм.

рабо́тать(ся) : Очень стра́нно, почему́-то мне не рабо́тается.
(비교) Я не рабо́таю, а отдыха́ю.

ГРАММАТИКА 문법

(3) 원래 -ся 동사

боя́ться	Он бои́тся своего́ отца́.	*кого́-чего́* ~을 무서워하다
нра́виться	Вам нра́вится э́та пе́сня?	*кому́* ~마음에 들다
сади́ться	Сади́тесь на э́тот стул.	*куда́* ~에 앉다
улыба́ться	Жизнь улыба́ется мне.	*кому́* ~에게 미소짓다
горди́ться	Я горжу́сь ва́ми.	*кем-чем* ~이 자랑스럽다
станови́ться	На у́лице стано́вится темно́.	*как* ~게 되다
наде́яться	Я наде́юсь на ва́шу по́мощь.	*на кого́-что* ~을 기대하다

(4) 기타

начина́ться / нача́ться		Когда́ начина́ется пе́рвая ле́кция?
продолжа́ться / продо́лжиться		Как до́лго продолжа́ется собра́ние?
зака́нчиваться / зако́нчиться		Во ско́лько зако́нчился фильм?
хо́чется	инф ~고 싶다	Мне хо́чется пое́хать на мо́ре.
		(비교) Я хочу́ пое́хать на мо́ре.
хоте́лось	инф ~고 싶었다	Ему́ хоте́лось пить ко́фе.
		(비교) Он хоте́л пить ко́фе.

3 ≪ 동사 начина́ться와 начина́ть

ЧТО (1격)	ЧТО (4격)
начина́ться / нача́ться 시작되다	начина́ть / нача́ть 시작하다
продолжа́ться / продо́лжиться 계속되다	продолжа́ть / продо́лжить 계속하다
зака́нчиваться / зако́нчиться 끝나다	зака́нчивать / зако́нчить 끝마치다
Ле́кция начала́сь.	Учёный на́чал ле́кцию.
Разгово́р продолжа́ется.	У́ля продолжа́ет разгово́р.
Рабо́та зако́нчилась.	А́ня зако́нчила свою́ рабо́ту.

УПРАЖНЕНИЯ 연습문제

1. 졸업(оконча́ние шко́лы) 후에 동창(однокла́ссник)들을 몇 번 만났어요?
2. 이 책은 쉽게 읽혀지고 있습니다(чита́ться).
3. 나의 하루 일과는 9시 또는 그 전에 시작된다.
4. 개가 인간의 친구라고 하지만 난 개가 무서워요.
5. 우리는 각자 자신의 계획과 꿈을 갖고 있다. 그래서 모두 여기에 있다.

문장, поэ́тому 문장(결과) : 그래서, 그렇기 때문에, 그러한 이유로

Ива́н живёт в Сеу́ле неда́вно, поэ́тому он пло́хо зна́ет Сеу́л.
А́нна лю́бит спорт, поэ́тому (= так что) она́ ча́сто хо́дит в бассе́йн.
Он вы́учил стихи́ наизу́сть, поэ́тому хорошо́ прочита́л их на ве́чере.

РАЗДЕЛ IV

ДОМ РУССКОГО ЯЗЫКА

урок 57
пятьдесят седьмой
Отвеча́я на мой вопро́с, он волнова́лся.

ЧТЕ́НИЕ

Отвеча́я на мой вопро́с, он о́чень волнова́лся.

Чита́я све́жую газе́ту, я ду́маю о перегово́рах двух стра́н.

(Я чита́ю све́жую газе́ту и ду́маю о перегово́рах ме́жду двумя́ стра́нами.)

Де́ти, дру́жно и ве́село разгова́ривая о чём-то, иду́т к свои́м роди́телям.

Прочита́в докла́д о приро́де Росси́и, он дал его́ мне.

(Он прочита́л докла́д о приро́де Росси́и и дал его́ мне.)

Чем вы бу́дете занима́ться, изучи́в неме́цкий язы́к?

Потеря́в ключ от две́ри, мы не смогли́ войти́ в свой кабине́т.

СЛОВА́

· (вз)волнова́ться¹	당황하다	· дру́жно	사이좋게, 화목하게
· све́жий	지금 나온, 신선한	· докла́д [дакла́т]	보고서, 강연, 발표
· перегово́ры	회담 (복수로 사용)	· приро́да	자연
· двух	два/две의 2격	· неме́цкий язы́к	독일어
· перегово́ры двух стран	양국회담	· (по)теря́ть¹	кого-что? ~을 잃어버리다
· ме́жду	кем-чем? ~사이에	· ключ	열쇠 (~ от две́ри)
· двумя́	два/две의 5격	· смочь¹ (св)	инф ~할 수 있다
· ме́жду двумя́ стра́нами	양국사이(의)	· кабине́т	사무실, 서재, 연구실

ГРАММАТИКА 문법

1. 부동사 (деепричастие)

부사 동사	• '동사에서 만들어진 부사'인 부동사는 성·수·격에 따른 변화가 없다. • 부동사는 문장전체의 술어의 상황어 역할을 한다. • 부동사 구문의 주어는 문장 전체의 주어와 동일하다. • 문맥에 따라 시간(когда́), 이유(потому́ что), 조건(е́сли), 양보(хотя́) 등을 나타내는 접속사로 시작하는 종속문으로 바꿀 수 있다.

2. 부동사의 종류

(1) 불완료상 부동사 : 문장전체의 술어가 나타내는 행위와 동시에 일어난 행위

불완료상 동사 현재 они형 어간 + **-я(-а), -ясь(-ась)** ~하면서

инф		현재 они형	부동사	부동사 구문
чита́ть	읽다	чита́ ют	чита́**я**	**Чита́я кни́гу** 책을 읽으면서
говори́ть	말하다	говор я́т	говор**я́**	
идти́	가다	ид у́т	ид**я́**	Чита́я кни́гу, я слу́шаю ра́дио.
занима́ться	하다	занима́ ются	занима́**ясь**	Чита́я кни́гу, я слу́шал ра́дио.
учи́ться	배우다	у́ч атся	уч**а́сь**	Чита́я кни́гу, я бу́ду слу́шать ра́дио.
дава́ть	주다		дава́**я**	
быть	있다		бу́дучи	

① -ся 동사 : -я(-а) 뒤에 -сь를 추가한다. 예 занима́ться → занима́ясь, учи́ться → уча́сь
② -авать 동사 : 부동사 어간은 동사원형에서 만들어진다. 예 дава́ть → дава́я
③ 문장 바꾸기 Чита́я кни́гу (= Когда́ я чита́ю кни́гу), я слу́шаю ра́дио.
　　　　　　　Чита́я кни́гу (= Когда́ я чита́л кни́гу), я слу́шал ра́дио.
　　　　　　　Чита́я кни́гу (= Когда́ я бу́ду чита́ть кни́гу), я бу́ду слу́шать ра́дио.

☺주의! 부동사를 만들 수 없는 동사들 : бежа́ть, е́хать, звать, есть, мочь, писа́ть, хоте́ть, петь, каза́ться,
　　　　　　　　　　　　　　　　　-нуть로 끝나는 불완료상 동사 (со́хнуть, мо́кнуть, га́снуть 등)

(2) 완료상 부동사 : 문장전체의 술어가 나타내는 행위보다 앞서서 완료된 행위

-л로 끝나는 남성과거 어간(모음) + **-в, -вши́сь**　~하고 나서, ~한 후
-л로 끝나지 않는 남성과거(자음) + **-ши**

ГРАММАТИКА 문법

инф		남성과거형	부동사	부동사 구문
прочита́ть	읽다	прочита́ л	прочита́в	
получи́ть	받다	получи́ л	получи́в	
научи́ться	배우다	научи́ лся	научи́вшись	
верну́ться	귀가하다	верну́ лся	верну́вшись	Прочита́в кни́гу 책을 다 읽은 후
принести́	가져오다	принёс	принёсши	Прочита́в кни́гу, я отдыха́ю.
перевезти́	옮기다	перевёз	перевёзши	Прочита́в кни́гу, я отдыха́л.
прийти́	도착하다	пришё л	прише́дши	Прочита́в кни́гу, я бу́ду отдыха́ть.
		прид у́	придя́	
перевести́	번역하다	переве́ л	переве́дши	
		перевед у́	переведя́	
унести́	가져가다	унёс	унёсши	
		унес у́	унеся́	

① 미래어간 + -я(-а) : 완료상 동사는 불완료상 부동사처럼 -я(-а)를 갖기도 한다. ◐ придя́, услы́ша
② 문장 바꾸기 Прочита́в кни́гу (= Когда́ я прочита́л кни́гу), я отдыха́ю/отдыха́л.
   Прочита́в кни́гу (= Когда́ я прочита́ю кни́гу), я бу́ду отдыха́ть.

3 << 부동사 구문을 접속사(시간, 원인, 양보, 조건 등)로 시작하는 종속문으로 바꾸기

(1) Чита́я кни́гу, я слу́шаю му́зыку по ра́дио. (책을 읽으면서)
   Когда́ я чита́ю кни́гу, я слу́шаю му́зыку по ра́дио.

(2) Не зна́я её но́мер телефо́на, я не мог позвони́ть ей. (그녀의 전화번호를 몰라서)
   Я не мог позвони́ть ей, потому́ что я не знал её но́мер телефо́на.

(3) Име́я ма́ло вре́мени, мы реши́ли пое́хать к ней. (시간이 적었는데도)
   Хотя́ у нас бы́ло ма́ло вре́мени, мы реши́ли пое́хать к ней.

(4) Получи́в письмо́, Кла́ва отве́тит на него́. (편지를 받는다면)
   Е́сли (Когда́) Кла́ва полу́чит письмо́, она́ отве́тит на него́.

УПРАЖНЕНИЯ 연습문제

1 집으로 보내는 편지를 다 쓰고, 나는 지금 저녁식사를 준비하고 있다.
2 나는 하늘을 바라보며(гляде́ть на не́бо), 내일 날씨가 어떨까 생각했어요.
3 Серге́й는 숙제를 다하고 나서 본문을 읽기 시작했다.
4 그가 나에게 전화해서 저녁모임에 초대했다.
5 그녀는 소파에 앉아서 창밖을 내다보고 있어요(смотре́ть в окно́).

부동사의 형태를 가진 전치사

благодаря́	кому́-чему́? ~덕분에
Благодаря́ хоро́шей пого́де я чу́вствую себя́ хорошо́.	
спустя́	что? ~이후에, 지나서
Спустя́ два дня он прие́хал домо́й.	
несмотря́	на кого́-что? ~에도 불구하고
Несмотря́ на си́льный дождь мы пошли́ пешко́м.	

형동사 (Причастие)

1 << 특징

형용사	• '동사에서 만들어진 형용사'인 형동사는 수식하는 명사와 성·수·격이 일치한다.
동사	• 형동사 구문은 〈관계대명사 который절〉로 바꿀 수 있다. • -ся 동사에서 만들어지는 형동사는 모음 뒤라도 -ся를 붙여야 한다.

2 << 종류, 형태, 의미

	형동사	능동형동사		피동형동사	
		현재	과거	현재	과거
동사		-ющий -ущий -ящий -ащий	-вший -ший	-емый -имый	-нный -енный -ённый -тый
타동사*	불완료상	O	O	O	
	완료상		O		O
자동사	불완료상	O	O		
	완료상		O		
뜻		~하고 있는 ~하는	~하고 있었던 ~했던, ~한	~되고 있는 ~되는	~어진 ~된

① 타동사는 кого-что를 보어로 취하는 동사이며, 자동사는 4격 이외의 다른 격의 보어를 취하거나 보어 없이도 사용 가능한 동사이다.
② 피동형동사 과거 : 불완료상에서는 만들지 않으며, 그 역할은 -ся동사가 대신 한다.
③ 형동사를 만들 수 있는 동사를 'O'로 표시했다.

3 << 용법

(1) 형동사는 주로 신문, 잡지, 다양한 문학 서적에서 사용된다.
(2) 형동사가 수식하는 명사(선행사)뒤에 올 때는 형동사 앞에 쉼표(,)를 찍고, 수식하는 명사 앞에 올 때는 쉼표(,)를 찍지 않는다.

Я ви́жу сы́на, чита́ющего кни́гу.

Я ви́жу чита́ющего кни́гу сы́на.

(3) 피동형동사 과거에서 만들어지는 단어미가 술어로 사용될 경우에는 **быть**의 과거형과 미래형을 이용하여 과거와 미래를 나타낸다.

Магази́н откры́т.

Магази́н был откры́т.

Магази́н бу́дет откры́т.

(4) 형동사가 같은 형태로 형용사나 명사로 사용되기도 한다.

На столе́ лежи́т журна́л, люби́мый шко́льниками. 사랑받는 (형동사)

Это наш люби́мый учи́тель ру́сского языка́. 사랑하는 (형용사)

Он мой люби́мый. 사랑하는 사람 (명사)

УРОК 58 пятьдесят восьмой | Мальчик, читающий рассказ, мой сын.

ЧТЕНИЕ

Мальчик, читающий рассказ, мой сын.

Девочка, пишущая стихи о любви, моя дочь.

Люди, хорошо говорящие по-русски, поступили в аспирантуру.

Я познакомился с популярным поэтом, посещающим наш музей.

Я получила редкую книгу от друга, учащегося в МГУ.

На берегу реки находится здание, имеющее 10 этажей.

Банковские служащие требуют повышения зарплаты.

Я обязательно пойду в бассейн в группу для начинающих.

Мне необходимо подумать о будущем. Будущее начинается сегодня.

СЛОВА

любовь (ж.) [-фь]	сарран	банковский	은행의
аспирантура	대학원	служащий	사무원, 근무자
популярный	대중적인	(по)требовать[1]	чего? ~을 요구하다
получить[2] (св)	от кого? что? ~을 받다	повышение	인상, 상승
посещать[1] (нсв)	кого-что? ~을 방문하다	зарплата	임금
редкий [реткий]	보기 드문, 진귀한	обязательно	반드시, 꼭
МГУ	모스끄바국립대학교	бассейн	수영장
река	강	начинающий	초보자
иметь[1]	кого-что? ~을 소유하다	будущее	미래

ГРАММАТИКА 문법

1 << 능동형동사 현재

| 선행사, | -ющий
-ущий
-ящий
-ащий | ~하고 있는, ~하는 (НСВ) |

| 불완료상 동사 현재 они형에서 -т를 떼고 + -щий |

инф	현재 они형	형동사		(책을 읽고 있는 아들)
чита́ть	чита́ю т	чита́ющий	읽고 있는	сын, чита́ющий кни́гу
писа́ть	пи́шу т	пи́шущий	쓰고 있는	сы́на, чита́ющего кни́гу
говори́ть	говоря́ т	говоря́щий	말하고 있는	сы́ну, чита́ющему кни́гу
учи́ть	у́ча т	у́чащий	가르치고 있는	сы́на, чита́ющего кни́гу
учи́ться	у́ча тся	у́чащийся	배우고 있는	сы́ном, чита́ющим кни́гу
идти́	иду́ т	иду́щий	가고 있는	о сы́не, чита́ющем кни́гу
дава́ть	даю́ т	даю́щий	주고 있는	☞ , кото́рый чита́ет кни́гу

① 능동형동사 현재 чита́ющий(-ая, -ее, -ие)는 앞 문장의 선행사와 성·수·격이 일치한다.
② 능동형동사 현재의 6격변화 : 연변화하는 형용사 6격변화와 동일하다.

2 << 형동사 구문을 〈관계대명사 кото́рый절〉로 바꾸기

| 선행사, | 1격 (кто-что)
кото́рый (он)
кото́рая (она́)
кото́рое (оно́)
кото́рые (они́) | + 술어(현재) |

형동사 구문	관계대명사절
чита́ющий расска́з	кото́рый чита́ет расска́з
пи́шущая стихи́ о любви́	кото́рая пи́шет стихи́ о любви́
говоря́щие по-ру́сски	кото́рые хорошо́ говоря́т по-ру́сски
посеща́ющим наш музе́й	кото́рый посеща́ет наш музе́й
уча́щегося в МГУ	кото́рый у́чится в МГУ
име́ющее 10 этаже́й	кото́рое име́ет 10 этаже́й

ГРАММАТИКА 문법

3 << 명사나 형용사로 사용되는 형동사

명사		형용사	
учáщий	교사	мой любúмый отéц	사랑하는 나의 아버지
учáщийся	학생	лю́бящий муж	다정한 남편
слýжащий	직원	уважáемые слýшатели	존경하는 청취자 여러분
ведýщий	진행자	блестя́щее мóре	빛나는 바다
бýдущее	미래	ведýщая роль	지도적 역할
настоя́щее	현재	настоя́щее врéмя	현재시제
прошéдшее	과거	в бýдущем годý	내년에
начинáющий	초보자	бы́вший минúстр	전 장관
восстáвший	궐기자	откры́тый харáктер	개방적인 성격
пострадáвший	피해자	убúтое лицó	비탄에 빠진 얼굴
погúбший	사상자	потéрянное врéмя	잃어버린 시간
любúмый	애인	в дáнный момéнт	이 경우에
дáнные	자료	все происходя́щие там собы́тия	그 곳에서 일어나고 있는 모든 사건들
влюблённые	연인들		

УПРАЖНЕНИЯ 연습문제

1 나는 얼마 전에 야꾸찌야(Якýтия)에 살고 있는 친구로부터 편지를 받았어요.
2 소녀가 집으로 걸어오고 있는 엄마를 향해 뛰어갑니다.
3 이 회사에서 일하는 Антóн과 나는 아는 사이다.
4 식탁 위에 있는 차가운 물을 마셔도 됩니다.
5 우리 식구는 여름 내내 강가에 위치에 있는 별장에서 지냈다.

문법 Tip

삽입어 (Вво́дые слова́)
(1) 이야기의 근거   по-мо́ему, по мнéнию, говоря́т, как извéстно
(2) 화자의 확신   конéчно, разумéется, безуслóвно, без сомнéния
(3) 예상, 추측, 의혹 кáжется, навéрно(е), мóжет быть, вероя́тно, возмóжно
(4) 감정의 표현   к счáстью, к сожалéнию, к ýжасу
(5) 전개의 순서   во-пéрвых, во-вторы́х, в-трéтьих, в пéрвую óчередь, во вторýю óчередь

урок 59 Мальчик, читавший роман у окна, мой брат.

пятьдесят девятый

ЧТЕНИЕ

Мальчик, читавший роман у окна, мой брат.

Моя соседка, прочитавшая эти рефераты, получила пятёрку на экзамене.

Неужели ты не знаешь директора школы, говорившего со мной?

Поговорите с учителем, рассказавшим нам о новой системе образования.

На улице были артисты, возвращавшиеся из кино в гостиницу.

Я увидела во дворе моего друга, принёсшего мне книгу об искусстве.

Прошедшие двенадцать месяцев были богаты событиями.

Не говори о прошедшем!

СЛОВА

соседка [сасетка]	이웃 사람 (м. *сосед*)	(у)видеть²	*кого-что?* ~을 보다, 발견하다
пятёрка	5점(A학점)	приносить² (нсв)	*что?* ~을 (걸어서) 가져오다
неужели [ниужэли]	정말인가? (의혹, 놀라움)	принести¹ (св)	(과거 принёс, принесла, -о, -и)
директор школы	교장	искусство	예술
система	제도, 시스템	прошедший	지난, 과거의
образование	교육	двенадцать месяцев	12달
артист	배우 (ж. *артистка*)	богат (-а, -о, -ы)	*кем-чем?* ~이 풍부하다, 많다
возвращаться¹ (нсв)	*куда?* ~로 돌아가다(오다)	событие	사건
гостиница	호텔	прошедшее (с.)	과거

ГРАММАТИКА 문법

1 << 능동형동사 과거

선행사,	-вший	～하고 있었던, (항상) ～했던 (НСВ)
	-ший	다 ～한, ～ 완수한 (СВ)
-л로 끝나는 남성과거 어간(모음) + -вший		
-л로 끝나지 않는 남성과거(자음) + -ший		

инф	남성과거	형동사		(책을 읽고 있었던 아들)
чита́ть	чита́ л	чита́вший	읽고 있던	сын, чита́вший кни́гу
прочита́ть	прочита́ л	прочита́вший	다 읽은	сы́на, чита́вшего кни́гу
учи́ться	учи́лся	учи́вшийся	배웠던	сы́ну, чита́вшему кни́гу
вы́расти	вы́рос	вы́росший	성장한	сы́на, чита́вшего кни́гу
нести́	нёс	нёсший	나르고 있던	сы́ном, чита́вшим кни́гу
принести́	принёс	принёсший	가져온	о сы́не, чита́вшем кни́гу
идти́	шёл(+иду́)	ше́дший	걸어 가고 있던	☞ , кото́рый чита́л кни́гу
прийти́		прише́дший	도착한	
вести́	вёл(+веду́)	ве́дший	데리고 가던	
привести́		приве́дший	데리고 온	

① 능동형동사 과거 чита́вший(-ая, -ее, -ие)는 선행사와 성·수·격이 일치한다.
② 능동형동사 과거의 6격변화 : 연변화하는 형용사 6격변화와 동일하다.
③ идти́, вести́의 능동형동사 과거 : ше́дший, ве́дший

2 << 형동사 구문을 〈관계대명사 кото́рый절〉로 바꾸기

	1격 (кто-что)	
선행사,	кото́рый (он)	+ 술어(과거)
	кото́рая (она́)	
	кото́рое (оно́)	
	кото́рые (они́)	

형동사 구문	관계대명사절
читáвший ромáн у окнá	котóрый читáл ромáн у окнá
прочитáвшая э́ти рефера́ты	котóрая прочитáла э́ти рефера́ты
говори́вшего со мнóй	котóрый говори́л со мнóй
рассказáвшим нам	котóрый рассказáл нам
возвращáвшиеся из кинó	котóрые возвращáлись из кинó
принёсшего мне кни́гу	котóрый принёс мне кни́гу

3 << 의문소사 ли, рáзве, неужéли

- 의문사항 + ли : 대답을 구하는 단어의 바로 뒤에 오며, 〈~인가, 아닌가?〉로 해석한다.

  Не прáвда ли?
  Скóро ли начнётся спектáкль?

- рáзве, неужéли : 문장 첫머리에 온다. 의문의 뜻 이외에 문장 전체에 대한 의혹, 불신, 놀라움을 나타내며 〈정말로 ~일까?〉로 해석한다.

  Рáзве онá вы́шла из дóма?
  Рáзве ты не знáешь об э́том?

  Неужéли он ненави́дит меня́?
  Неужéли онá вы́шла зáмуж?

4 << 문장 연결어

прéжде всегó	무엇보다 먼저
мéжду прóчим / кстáти	그건 그렇고
причём / притóм / к тому́ же	게다가, 그 뿐만 아니라
тем не мéнее	그럼에도 불구하고, 어쨌든, 여하튼
одни́м слóвом	한 마디로 말해서
итáк / таки́м óбразом	그래서, 결국
тем бóлее	하물며, 더구나
в (на) сáмом дéле	정말, 실은
и́менно / то есть	즉, 다시 말하자면

УПРАЖНЕНИЯ 연습문제

1 강의를 마친(прочитáть лéкцию) 역사학 교수가 강의실에서 나갔다.
2 책상 위에 있던 노트북(ноутбу́к)은 내 것이었어.
3 우리 집에 자주 놀러왔던 삼촌은 은행에서 일하신다.
4 그는 그때 막 사범대학을 졸업한(окóнчить) 젊은 선생님이었다.
5 마침내(в концé концóв) 나는 방에 앉아 있던 사람들과 인사를 나누었다.

Пятибáлльная систéма (5학점 제도)
: пятёрка(5점)   четвёрка(4점)   трóйка(3점)   двóйка(2점)   едини́ца(1점)

сдавáть экзáмен	시험을 치다
сдáть экзáмен	시험에 합격하다
получáть-получи́ть оцéнку	성적을 받다
окáнчивать-окóнчить шкóлу	학교를 졸업하다

УРОК 60 шестидесятый | На столе лежит книга, читаемая дочкой.

ЧТЕНИЕ

На столе лежит книга, читаемая дочкой.

Вы должны подумать о проблемах, изучаемых этим автором.

По радио выступает певец, любимый всеми в Корее.

На празднике, передаваемом по телевизору, танцуют народы Европы.

Мы любим и уважаем преподавателя русского языка.

Это преподаватель русского языка, которого мы любим и уважаем.

Это наш любимый и уважаемый преподаватель русского языка.

Моя любимая галерея – Третьяковская галерея в Москве.

Поездка на фестиваль «Полюс холода» может стать незабываемым подарком.

СЛОВА

· читаемый	읽혀지고 있는, 읽히는	· народ [нарот]	민족
· изучаемый	연구되고 있는	· Европа [ивропа]	유럽
· автор [афтар]	저자, 작자, 필자	· уважаемый	존경받는, 존경하는
· выступать¹ (нсв)	출연하다	· галерея	화랑, 미술관
~ по радио	라디오에 출연하다	· поездка [паестка]	여행
· певец	가수 (ж. певица)	· фестиваль (м.)	페스티발
· любимый	사랑받는, 사랑하는	· полюс	극지방, 극단, 극점
· передаваемый	방송되고 있는	· холод	추위
· по телевизору	TV로	· незабываемый	잊혀지지 않는

ГРАММАТИКА 문법

1 << 피동형동사 현재

선행사,	-емый / -имый	~되고 있는, ~되는 (НСВ)
타동사 불완료상 현재 мы형 + -ый		

инф	현재 мы형	형동사	(아들에 의해 읽혀지고 있는 책)
читáть	читá ем	читáемый 읽혀지고 있는	кни́га, читáемая сы́ном
уважáть	уважá ем	уважáемый 존경받는	кни́ги, читáемой сы́ном
люби́ть	люб им	люби́мый 사랑받는	кни́ге, читáемой сы́ном
ви́деть	ви́д им	ви́димый 보이는	кни́гу, читáемую сы́ном
давáть	* 원형어간 + емый	давáемый 주어지는	кни́гой, читáемой сы́ном
передавáть		передавáемый 전달되는	о кни́ге, читáемой сы́ном
создавáть		создавáемый 형성되는	☞ , котóрую сын читáет

① 피동형동사 현재는 когó-чтó를 보어로 갖는 타동사 불완료상에서 만든다.
② 피동형동사 현재 читáемый(-ая, -ое, -ые)는 선행사와 성·수·격이 일치한다.
③ 피동형동사 현재의 6격변화 : 경변화하는 형용사 6격변화와 동일하다.

2 << 형동사 구문을 〈관계대명사 котóрый절〉로 바꾸기

선행사,	4격 (когó-чтó)
	котóрый (егó)
	котóрого (егó)
	котóрую (её)
	котóрое (егó)
	котóрые (их)
	котóрых (их)

+ 1격(주어) + 술어(현재)

кем 이 있는 문장 : кем → кто
кем 이 없는 문장 : 불특정인칭문 (они́형 술어) ➡ 29과

형동사 구문	관계대명사절
читáемая дóчкой	котóрую дóчка читáет
изучáемых э́тим áвтором	котóрые э́тот áвтор изучáет
люби́мый всéми людьми́ в Корéе	котóрого все лю́ди в Корéе лю́бят
передавáемом по телеви́зору	котóрый передаю́т по телеви́зору

3 수단의 의미로 사용되는 전치사 ПО

передава́ть по телеви́зору	TV로 방송하다
спра́шивать по телефо́ну	전화로 문의하다
посла́ть по по́чте	우편으로 보내다
заказа́ть по интерне́ту	인터넷으로 주문하다
сообща́ть по телегра́фу	전보로 알리다

❀ Мой тихий сон, мой сон ежеминутный? ❀ 🎧

Мой тихий сон, мой сон ежеминутный –
(   ), заворожённый лес,
Где носится какой-то шорох (   ),
Как дивный шелест шёлковых завес.

В безумных встречах и туманных спорах,
На перекрестке (   ) глаз
(   ) и (   ) шорох,
Под пеплом вспыхнул и уже погас.

И как туманом одевает лица,
И слово замирает на устах,
И кажется – (   ) птица
Метнулась в (   ) кустах.

О. Мандельштам (1891-1938)

УПРАЖНЕНИЯ 연습문제

1 학생들의 존경을 받고 있는 선생님에 대해서 자세히(подробно) 말해주세요.
2 과학자(научный работник)들에 의해 연구되고 있는 이 문제는 아주 중요하다.
3 러시아어로 발행(издавать)되는 이 신문에는 재미있는 기사(факт)가 많다.
4 안타깝게도 아이들에 의해 읽혀지는 탐정소설(детектив)이 서점에 없다.
5 Геннадий Николаевич는 우리가 존경하는 책임자(начальник)예요.

접두사 пере-가 결합된 동사 : передавать-передать 건네다, 전하다, 방송하다

передавать (нсв)	передать (св)
передаю	передам
передаёшь	передашь
передаёт	передаст
передаём	передадим
передаёте	передадите
передают	передадут
передавал(-а, -о, -и)	передал(-á, -о, -и)
передавай(те)	передай(те)

УРОК 61 шестьдесят первый

Это роман, написанный русским писателем.

ЧТЕНИЕ

Это роман, написанный русским писателем. Я уже прочитал его.

Настя узнала об одном из документов, полученных мной сегодня днём.

Лекция по химии, прочитанная этим учителем, была трудна для меня.

В Сеуле идёт проверка этого здания, построенного в центре города.

Час назад магазин был закрыт, а сейчас он открыт.

Имя Пушкина никогда не будет забыто русским народом.

– Это место занято или свободно? – Свободно. Садитесь.

Не волнуйся, у неё приятный и открытый характер.

– Какая погода будет завтра? – По данным Гидрометцентра, будет мороз.

СЛОВА

- документ — 시류
- (про)читать лекцию — 강의하다
- проверка — 점검, 검사, 조사
- построить² (св) — *что?* ~을 완공하다
- назад [назат] — (시간4격) ~전에 ⓘ 주의! 후치사
- закрыт (-а, -о, -ы) — 닫혀 있다
- закрыть¹ (св) — *что?* ~을 닫다
- открыт (-а, -о, -ы) — 열려 있다
- открыть¹ (св) — *что?* ~을 열다
- забыт (-а, -о, -ы) — 잊혀지다
- забыть¹ (св) — *кого-что?* ~을 잊다
- занят (занята, -о, -ы) — 비어 있지 않다, 바쁘다
- занять¹ (св) — *что?* ~을 차지하다
- свободен (свободна, -о, -ы) — 자리가 비다, 한가하다
- садиться² (нсв) — 앉다
- Не волнуйся. — 걱정하지 마.
- приятный — 유쾌한, 즐거운
- открытый — 열려 있는, 개방적인
- данные — 자료 (복수로 사용)
- по данным — 자료에 따르면
- Гидрометцентр — 기상청
- мороз [марос] — 영하의 날씨

ГРАММАТИКА 문법

1 << 피동형동사 과거

선행사,	-нный -енный -ённый -тый	다 ~된, ~해진 (CB)
	타동사 완료상 과거(미래)어간 +	-нный -енный -ённый -тый

инф	과거/미래	형동사		(아들에 의해서 다 읽혀진 책)	형동사 단어미
прочита́ть	прочита́ л	прочи́танный	읽혀진	кни́га, прочи́танная сы́ном	прочи́тан(-а, -о, -ы)
уви́деть	уви́де л	уви́денный	발견된	кни́ги, прочи́танной сы́ном	уви́ден(-а, -о, -ы)
				кни́ге, прочи́танной сы́ном	
постро́ить	постро́и л	постро́енный	건설된	кни́гу, прочи́танную сы́ном	постро́ен(-а, -о, -ы)
получи́ть	получи́ л	полу́ченный	인수된	кни́гой, прочи́танной сы́ном	полу́чен(-а, -о, -ы)
купи́ть	купл ю́	ку́пленный	구입된	о кни́ге, прочи́танной сы́ном	ку́плен(-а, -о, -ы)
принести́	принёс	принесённый	지참된	☞, кото́рую сын прочита́л	принесён(-а́, -о́, -ы́)
пригласи́ть	приглаш у́	приглашённый	초대된		приглашён(-а́, -о́, -ы́)
перевести́	перевед у́	переведённый	번역된	😊 주의! -нный에서 만들어지는 단어미는 н 하나를 뺀다.	переведён(-а́, -о́, -ы́)
заня́ть	за́ня л	за́нятый	점령된		за́нят(-а́, -о, -ы)
оде́ть	оде́ л	оде́тый	입혀진		оде́т(-а, -о, -ы)
откры́ть	откры́ л	откры́тый	열려진		откры́т(-а, -о, -ы)
закры́ть	закры́ л	закры́тый	닫혀진		закры́т(-а, -о, -ы)

① 피동형동사 과거는 кого-что를 보어로 갖는 타동사 완료상에서 만들어지며, 강세가 한 음절 앞으로 가는 것이 많다.
② 피동형동사 과거 прочи́танный(-ая, -ое, -ые)는 선행사와 성·수·격이 일치한다.
③ 피동형동사 과거의 6격변화 : 경변화하는 형용사 6격변화와 동일하다.
④ 피동형동사 과거 단어미는 술어로서 일상 회화체에 자주 사용되며, быть의 과거형과 미래형으로 시제를 표시한다.

Дверь закры́та.   문이 닫혀 있다. (현재)
Дверь была́ закры́та.   문이 닫혀 있었다. (과거)
Дверь бу́дет закры́та.   문이 닫혀 있을 것이다. (미래)

2. 형동사 구문을 〈관계대명사 кото́рый절〉로 바꾸기

선행사,	4격 (кого-что)	+ 1격(주어) + 술어(과거)
	кото́рый (его́)	кем 이 있는 문장 : кем → кто
	кото́рого (его́)	кем 이 없는 문장 : 불특정인칭문 (они́형 술어) ➡ 29과
	кото́рую (её)	
	кото́рое (его́)	
	кото́рые (их)	
	кото́рых (их)	

형동사 구문	관계대명사절
напи́санный ру́сскми писа́телем	кото́рый написа́л ру́сский писа́тель
полу́ченных мной	кото́рые я получи́л(а)
прочи́танная э́тим учи́телем	кото́рую э́тот учи́тель прочита́л
постро́енного в це́нтре го́рода	кото́рое постро́или в це́нтре го́рода

3. 능동구조와 피동구조

능동구조	*피동구조(피동형동사)
Сын прочита́л э́ту кни́гу.	Э́та кни́га прочи́тана сы́ном.
Сын прочита́л э́ту кни́гу.	Э́та кни́га была́ прочи́тана сы́ном.
Сын прочита́ет э́ту кни́гу.	Э́та кни́га бу́дет прочи́тана сы́ном.

4. -ся 동사와 불특정인칭문에서 나타나는 피동적 의미

*피동구조(-ся 동사)	*피동구조(불특정인칭문)
Кни́га чита́ется везде́.	Кни́гу чита́ют везде́.
Кни́га чита́лась везде́.	Кни́гу чита́ли везде́.
Кни́га бу́дет чита́ться везде́.	Кни́гу бу́дут чита́ть везде́.

УПРАЖНЕНИЯ 연습문제

1 선생님에 의해 구입된 여행(тури́зм)관련 책은 재미있고 유익하다.
2 우리는 이 시인에 의해 번역된(перевести́) 시를 암송했어요(вы́учить).
3 창문이 열려 있네. 누가 창문을 열었을까?
4 3층짜리(трёхэта́жный) 집이 한 달 전에 강가에 완공되었다.
5 연인들(влюблённые)이 주말에 이 공원에 자주 옵니다.

문법 Tip

시간의 경과 : 시간 4격을 지배하는 후치사 наза́д(~전에)와 전치사 че́рез(~후에)

4격 + наза́д		че́рез + 4격	
час наза́д	한 시간 전에	че́рез час	한 시간 후에
два го́да наза́д	이 년 전에	че́рез два го́да	이 년 후에
5 мину́т наза́д	5분 전에	че́рез 5 мину́т	5분 후에

КОНТРОЛЬНАЯ РАБОТА   쪽지시험

1 다음 문장을 능동형동사(현재)와 который를 사용하여 완성하세요.

(1) Тот человек, (читать) лекцию, знаменитый в нашей стране физик.
(2) Девушка, (жить) в нашем районе, знает много иностранных языков.
(3) Мы должны обратить внимание на людей, (идти) нам навстречу.
(4) Теперь дети, (учиться) в музыкальной школе, играют на скрипке.
(5) Это самое высокое здание в Китае, (иметь) 101 этаж.
(6) Журналы, (писать) о проблемах здоровья, сейчас очень популярны.
(7) Я знаю русского учёного, (работать) в этом институте.

2 다음 문장을 능동형동사(과거)와 который를 사용하여 완성하세요.

(1) У меня большой интерес к художнику, (написать) эту картину.
(2) Все говорили о пианистах, (выступить) вчера на концерте.
(3) Туристы, (возвращаться) из музея в гостиницу, решили зайти в кафе.
(4) Вы слышали об учёном, (открыть) новый химический элемент?
(5) Он пригласил на вечер соседа, (приехать) из Москвы 2 дня назад.
(6) Мой старший брат взял газету, (лежать) на столе.
(7) Я видел на улице моего старого друга, (нести) красивые цветы.

3 다음 문장을 피동형동사(현재)와 который를 사용하여 완성하세요.

(1) На столе лежат книги, (читать) студентами второго курса.
(2) Концерт, (передавать) сегодня по телевизору, нам очень понравился.
(3) В этой группе, (руководить) известным профессором, много студентов.
(4) К нам идёт учительница, (любить) всеми учениками третьего класса.
(5) Дети долго стояли перед машинами, (выпускать) заводами нашей страны.

КОНТРОЛЬНАЯ РАБОТА 쪽지시험

4 다음 문장을 피동형동사(과거)와 который를 사용하여 완성하세요.

(1) Школьники говорят о рассказе, (прочитать) учителем вчера в классе.

(2) Книга про праздники, (купить) Анной, понравилась её брату.

(3) Дедушка ищет очки, (потерять) им в столовой.

(4) Мы узнали о кинотеатрах, (открыть) в новых районах.

(5) Я не знаком с людьми, (пригласить) к профессору Киму на вечер.

5 다음 문장을 피동형동사 과거 단어미를 사용하여 완성하세요.

(1) Эти стихи (прочитать) всеми людьми по всей стране.

(2) Может быть, ваше письмо будет (получить) завтра.

(3) Когда был (построить) этот кинотеатр?

(4) Действительно, всё это было (написать) за один год.

(5) Роман Толстого «Война и мир» (перевести) на многие языки мира.

УРОК 62
шестьдесят второй
Я была бы рада вас видеть.

ЧТЕНИЕ

Я была бы рада вас видеть.

Мои друзья поехали бы на море. Они уехали бы куда-нибудь далеко.

– Если бы у тебя было много денег, что бы ты купил?

 – Я хотел бы купить счастье. Но можно ли его купить за деньги?

Я хочу, чтобы она вернулась домой вовремя.

Аня желала бы, чтобы всё время была весна.

Он посоветовал мне, чтобы моя дочь поступила в аспирантуру.

Врач сказал, чтобы больной принимал лекарство от простуды.

Если бы завтра погода была солнечная, мы поехали бы за город.

Они приехали в Россию, чтобы участвовать в научной конференции.

СЛОВА

· бы + 동사 과거형	~을 텐데	· принимать¹ (нсв)	복용하다
· далеко	멀리 (↔ близко)	· лекарство	*от чего?* (무슨)약
· если бы + 동사 과거형	만일 ~라면	· простуда	감기 (грипп 유행성 감기)
· вовремя	제시간에	· солнечный	햇빛나는, 밝은
· (по)желать¹	바라다, 희망하다	· участвовать¹ (нсв)	*в чём?* ~에 참가·참여하다
· (по)советовать¹	*кому?* 조언하다	· научный	학술의, 학문의, 과학의
· больной	환자 (명사화된 형용사)	· конференция	대표자 회의, 회의

ГРАММАТИКА 문법

1 가정법 (усло́вное наклоне́ние)

(1) 형태

> 동사 과거형(시제 없음) + бы
> (~면 좋겠다, ~길 바란다, ~을 텐데)

(2) 의미 : 과거 · 현재 · 미래의 사실에 대하여 가정으로 서술하거나 가정적 조건을 전제로 희망과 기대, 목적, 제안, 권고 그리고 부탁, 주장 등을 표현한다.

	과거	현재	미래
직설법	과거의 사실 Он был до́ма.	현재의 사실 Он до́ма.	미래의 사실 Он бу́дет до́ма.
가정법	현실에 반대되는 가정이나 희망사항 Он был бы до́ма.		

(3) 동일한 가정법 문장이 때를 나타내는 부사가 없을 경우 문맥에 따라 과거 · 현재 · 미래로 해석이 가능하다.

> Я посмотре́л(а) бы э́тот фильм.

과거 : (전에) 이 영화를 보았으면 했다 (했는데). (Но не мог/могла́.)
현재 : (지금) 이 영화를 보았으면 좋겠다 (좋겠는데). (Но не могу́.)
미래 : (앞으로) 이 영화를 보면 좋겠다 (좋을텐데). (Но не смогу́.)

(4) 가정법 소사 бы 또는 б

бы 또는 б의 위치는 문장 맨 처음을 제외하고는 동사 앞, 뒤 또는 다른 단어의 뒤에 온다. 단, 접속사 е́сли가 있을 경우에는 〈е́сли бы + 동사 과거형〉으로 종속문을 만들며 〈~라면, ~을 텐데〉로 해석한다.

За́втра я *бы* пошёл в кино́.

Я о́чень *бы* хоте́л пойти́ в кино́.

Е́сли бы у меня́ сейча́с бы́ло вре́мя, я *бы* пошёл в кино́.

2 접속사 éсли бы와 чтóбы

(1) éсли бы가 이끄는 가정에 의거한 추측이나 가능성의 의미를 갖는 종속절

Если бы + 1격(주어) + 동사과거
만일 ~한다면 (~라면)
만일 ~했었다면 (~였다면)

,

1격(주어) + 동사과거 + бы
~할 텐데 (~일 텐데)
~했을 텐데 (~였을 텐데)

Если бы погóда былá хорóшая, мы бы пошли́ в парк.

Я моглá бы помóчь емý, éсли бы у меня́ бы́ло мнóго врéмени.

Если бы он был на твоём мéсте, он бы так не поступи́л.

Если бы я был пти́цей, я летáл бы по нéбу.

(2) чтóб(ы)가 이끄는 희망, 제안 또는 목적의 종속절

хотéть, (по)трéбовать, (по)проси́ть, (по)желáть
원하다, 요구하다, 부탁하다, 바라다

,

чтóбы + 1격(주어) + 동사과거
~하기를, ~하라고

Я óчень хочý, чтóбы онá приéхала домóй вóвремя.

Наш учи́тель трéбует, чтóбы мы сдáли все экзáмены.

Онá желáет, чтóбы жизнь людéй стáла богáче.

Попроси́те Лари́су, чтóбы онá чтó-нибудь спéла для нас.

* Я пишý э́то, чтóбы ты не забы́л.

* Я пишý э́то, чтóбы не забы́ть. (= чтóбы я не забы́л)

☺주의! 종속절과 주절의 주어가 동일한 경우에는 종속절의 주어를 생략하고 чтóбы 뒤에 инф를 쓴다.

| 운동동사, нáдо, нýжно | , | чтóбы + инф/чтóбы + 1격(주어) + 동사과거 ~하기 위하여, ~하러 |

Он приéхал в Росси́ю, чтóбы учи́ться рýсскому языкý.

Мы пришли́ сюдá, чтóбы уви́деть вас.

Ей нýжно врéмя, чтóбы закóнчить статью́.

Нáдо, чтóбы он купи́л билéты на кинофестивáль.

Тепéрь нýжно, чтóбы лю́ди повéрили в свои́ си́лы.

ГРАММАТИКА 문법

3 << 정중하고 겸손한 표현

Я хоте́л(а) бы с ним поговори́ть.　　　　(= I would like to)
(Я хочу́ с ним поговори́ть.)　　　　　　　(= I want to)
Я хоте́л(а) бы узна́ть об э́том.
(Я хочу́ узна́ть об э́том.)

4 << бы가 들어있는 무인칭문

동사원형, 술어부사 + бы

Пое́хать бы на мо́ре.
Встре́титься бы с ним.
Хорошо́ бы реши́ть э́ту зада́чу.
Ну́жно бы посети́ть больно́го.

5 << 비교

(1) 접속사 что와 что́бы의 비교

Ма́ма сказа́ла, что Бори́с пришёл домо́й.
Ма́ма сказа́ла, что́бы Бори́с пришёл домо́й.

что	что́бы
물음이나 진술의 표현을 요구하는 동사 спроси́ть, сказа́ть 다음에 오는 접속사 что로 시작하는 종속절에서는 실재하는 현재·과거·미래시제가 사용된다.	소망, 요구, 명령을 나타내는 동사 хоте́ть, (по)проси́ть, сказа́ть 다음에 오는 접속사 что́бы로 시작하는 종속절에서는 시제의 의미가 없는 과거형 또는 инф가 사용된다.

(2) 접속사 е́сли와 е́сли бы의 비교

Е́сли Са́ша купи́л цветы́, он мне пода́рит их.　　　(과거 시제)
Е́сли Са́ша ку́пит цветы́, он мне пода́рит их.　　　(미래 시제)
Е́сли бы Са́ша купи́л цветы́, он мне их подари́л бы.　(과거형 бы)

УПРАЖНЕНИЯ 연습문제

1 내가 너라면 좋겠다.
2 그녀는 그가 집에 있기를 바란다.
3 만약(Если бы) Лю́да에게 시간이 많으면, 그녀는 나를 도와줄텐데.
4 (나는) 여름이 끝나지 않았으면 좋겠어요(жела́ть).
5 만약(Если) 이것에 대해 더 알아보고(узна́ть) 싶으면, 기차역으로 가세요.

가정법 소사 бы

- 가정 : Без часо́в была́ бы невозмо́жна совреме́нная жизнь.
- 조건 : Я сказа́л бы, е́сли бы я знал.
- 희망 : Посиде́ли бы ещё немно́жко.
- 정중함 : Я хоте́л бы учи́ться ру́сскому языку́.

서술의 차이를 표현하는 동사의 형태

1 << 부정법 (неопределённая фо́рма) : 동사원형 (инфинити́в, инф)

	동사의 대표형인 동사원형은 행위만 의미하고 인칭과 시제를 갖지 않은 형태	
형태	-ть, -ти́, -чь	
용법	인칭문 술어와의 결합	Я могу́ говори́ть по-ру́сски.
	운동동사와의 결합	Они́ иду́т гуля́ть.
	무인칭문 술어와의 결합	Мне бы́ло прия́тно вас ви́деть.
	형용사 단어미와의 결합	Я гото́ва печь пирожки́.
	명사와의 결합	Он дал нам прика́з пойти́ на юг.
	의문사와의 결합	Что де́лать? Куда́ идти́?
	부정사 не와 결합(금지의 표현)	Не кури́ть!

2 << 직설법 (изъяви́тельное наклоне́ние) : 사실을 그대로 서술하는 표현

	1격(주어)의 인칭과 성·수를 표시하는 어미가 있으며 현재·과거·미래시제를 갖고 있는 형태
현재	1식변화어미, 2식변화어미, 기타 불규칙변화
과거	инф 어간 + -л -ла -ло -ли
	기타 불규칙변화
미래	합성미래 : быть미래형 + нсв(불완료상)-инф
	단일미래 : св(완료상) 미래형

3 << 명령법 (повели́тельное наклоне́ние) : 요구·바람이나 조언과 명령을 표현

	상대방에게 요구·바람이나 명령 또는 조언·제안을 표현하는 형태
1인칭 (~합시다!)	Дава́й(те) + (бу́дем) + нсв(불완료상)-инф
	Дава́й(те) + св(완료상-мы형)
2인칭 (~하십시오)	현재·미래형 어간이 모음일 경우 + й(те)
	현재·미래형 어간이 자음일 경우 + и(те)
	현재·미래형 어간이 자음일 경우 + ь(те)
3인칭 (~하게 하세요)	Пусть / Пуска́й + 3인칭(он, она́, оно́, они́) 문장

4 가정법 (усло́вное наклоне́ние) : 가정을 전제로 하는 희망과 목적을 표현

사실에 대하여 가정으로 서술하거나 가정적 조건을 전제로 하는 희망과 목적을 표현하는 형태	
동사과거형 + бы	Я пое́хал бы на мо́ре.
инф + бы	Погуля́ть бы!

❀ Выхожу один я на дорогу? ❀

(　　) один я на дорогу;
Сквозь туман кремнистый путь блестит;
Ночь тиха. Пустыня внемлет богу,
И (　　) с звездою говорит.

В небесах торжественно и чудно!
Спит (　　) в сиянье голубом…
Что же мне так (　　) и так (　　)?
Жду ль чего? Жалею ли о чём?

Уж не жду от жизни ничего я,
И не (　　) мне прошлого ничуть;
Я ищу свободы и покоя!
Я б (　　) забыться и заснуть!

Но не тем холодным сном могилы…
Я б (　　) навеки так заснуть,
(　　) в груди дремали жизни силы,
(　　), дыша, вздымалась тихо грудь;

(　　) всю ночь, весь день мой слух лелея,
Про любовь мне сладкий голос пел,
Надо мной (　　), вечно зеленея,
Тёмный дуб склонялся и (　　).

М.Ю. Лермонтов (1814-1841)

УРОК 63 | Какой сейчас год?
шестьдесят третий

ЧТЕНИЕ

– Какой сейчас год? – 1999 (тысяча девятьсот девяносто девятый).

Следующий год двухтысячный, поэтому будет большой праздник.

– Какой сейчас месяц? – Сейчас март. Март – третий месяц года.

– Какое сегодня число? – Сегодня 8-е.

8 марта праздник – Международный женский день.

Начало весны и первый весенний праздник – День женщин.

– Какой сегодня день? – Сегодня воскресенье, последний день недели.

Через 2 дня будет среда, одиннадцатое марта две тысячи седьмого года.

СЛОВА

тысяча	1000	число	날짜, 일
девятьсот	900	восьмой	여덟 번째
девяносто	90	международный	국제의
девятый	아홉 번째	женский [жэнский]	여성(женщина)의
следующий	다음의	начало	시작, 처음, 초기
двухтысячный	이천의, 이천 년의	весенний	봄(весна)의
март	3월	воскресенье	일요일
третий (-ья, -ье, -ьи)	세 번째	последний	마지막의, 최근의

ГРАММАТИКА 문법

1 << 년. 월. 일. 요일 표현법

몇 년/월/일 입니까?	표현법
Какóй сейчáс год? Две ты́сячи трéтий год.	수량수사 + 순서수사의 남성단수 1격
Какóй сейчáс мéсяц? Ию́ль.	달의 명칭
Какóе сегóдня числó? Двáдцать пéрвое.	수량수사 + 순서수사의 중성단수 1격
Какóй сегóдня день недéли? Средá.	요일의 명칭

2 << 〈일. 월. 년〉을 함께 표현할 경우 : 한정어 2격 사용

일	월	년
21일 двáдцать пéрвое	7월 ию́ля	2003년 две ты́сячи трéтьего гóда

(1) 7월 21일 : двáдцать пéрвое ию́ля

(2) 2003년 7월 : ию́ль две ты́сячи трéтьего гóда

(3) 2003년 7월 21일 : двáдцать пéрвое ию́ля две ты́сячи трéтьего гóда

Составьте предложение!

오늘은 몇 년 몇 월 며칠입니까?

ГРАММАТИКА 문법

3 〈~년에, ~월에, ~일에, ~주에, ~요일에〉: Когда́?

언제?	표현법
В како́м году́? В две ты́сячи тре́тьем году́.	В 수량수사 + 순서수사의 남성단수 6격
В како́м ме́сяце? В ию́ле.	В 달 명칭의 6격
Како́го числа́? Два́дцать пе́рвого.	수량수사 + 순서수사의 중성단수 2격
В како́й день неде́ли? В сре́ду.	В 요일 명칭의 4격

4 12월 : 달의 명칭은 남성명사

	Како́й ме́сяц?	В како́м ме́сяце?	형용사
1월	янва́рь	в январе́	янва́рский
2월	февра́ль	в феврале́ [ф]	февра́льский
3월	март	в ма́рте	ма́ртовский
4월	апре́ль	в апре́ле	апре́льский
5월	май	в ма́е	ма́йский
6월	ию́нь	в ию́не	ию́ньский
7월	ию́ль	в ию́ле	ию́льский
8월	а́вгуст	в а́вгусте	а́вгустовский
9월	сентя́брь	в сентябре́ [ф]	сентя́брьский
10월	октя́брь	в октябре́	октя́брьский
11월	ноя́брь	в ноябре́	ноя́брьский
12월	дека́брь	в декабре́	дека́брьский

• календа́рь(달력) : со́лнечный календа́рь(양력), лу́нный календа́рь(음력)

5 << 요일

	Какой день?			В какой день?
월요일	понеде́льник			в понеде́льник [ф]
화요일	вто́рник [ф]			во вто́рник [ф]
수요일	среда́	⇒ Когда́?		в сре́ду [ф]
목요일	четве́рг			в четве́рг [ф]
금요일	пя́тница			в пя́тницу [ф]
토요일	суббо́та			в суббо́ту
일요일	воскресе́нье			в воскресе́нье
휴일	выходно́й день			в выходно́й день
평일	рабо́чий день (бу́дни)			в рабо́чий день (в бу́дни)
축일	пра́здник			в пра́здник

УПРАЖНЕНИЯ 연습문제

1 지금 몇 월이에요? 12월이에요.
2 너의 생일은 언제니? 6월 23일이야.
3 어제가 무슨 요일이었었지? 금요일이었어.
4 무슨 요일에 모임(собра́ние)이 있어요? 토요일에 있어요.
5 7월 중순(середи́на)부터 8월 말(коне́ц)까지 더워요.

문법 Tip

нача́ло	초		в нача́ле го́да	연초에
середи́на	중	⇒ Когда́?	в середи́не неде́ли	주중에
коне́ц	말		в конце́ ме́сяца	월말에

회화 Tip

생일이 언제예요?
– Когда́ у вас день рожде́ния?
– Я роди́лся весно́й в нача́ле апре́ля.

УРОК 64 | В како́м году́ начала́сь Коре́йская война́?

шестьдеся́т четвёртый

ЧТЕНИЕ

– В како́м году́ начала́сь Коре́йская война́? – Она́ начала́сь в 1950 году́.

– В како́м ме́сяце она́ вы́йдет за́муж?

   – Неизве́стно, наве́рно, в октябре́.

– Како́го числа́ вы уезжа́ете в Япо́нию в командиро́вку?

   – 21-го числа́ э́того ме́сяца.

– В како́й день неде́ли бу́дет ле́кция по фи́зике?

   – Она́ бу́дет в пя́тницу на э́той неде́ле.

В про́шлом году́ откры́ли ка́федру иностра́нных языко́в и странове́дения.

Она́ родила́сь 20 ию́ля 1963 (ты́сяча девятьсо́т шестьдеся́т тре́тьего) го́да.

Мой де́душка у́мер, когда́ мне бы́ло два́дцать пять лет.

СЛОВА

- начина́ться¹ (нсв) 시작되다, 일어나다
  нача́ться² (св) (과거 начался́, -ла́сь)
- война́ 전쟁
- Коре́йская война́ 6.25사변
- вы́йти за́муж [за́муш] *за кого́?* ~에게 시집가다
- неизве́стно [ниизве́сна] 알 수 없다
- октя́брь (м.) 10월
- Япо́ния 일본
- фи́зика 물리학
- пя́тница 금요일
- про́шлый год 작년
- ка́федра 학과, 강좌
- иностра́нный язы́к 외국어
- странове́дение 지역학
- ию́ль (м.) 7월
- роди́ться² (нсв/св) 태어나다
- умира́ть¹ (нсв) 죽다, 돌아가시다
  умере́ть¹ (св) (과거 у́мер, умерла́, -о, -и)

ГРАММАТИКА 문법

1 때를 나타내는 표현 총정리

	몇 년/월/일 입니까? 술어	언제? 보어
년 (год)	Какой год? (2016년) 2016 год.	В каком году? в+6격 В 2016 году.
월 (месяц)	Какой месяц? (3월) Март.	В каком месяце? в+6격 В марте.
일 (число)	Какое число? (20일) 20-е.	Какого числа? 2격 20-го.
요일 (день)	Какой день недели? (토요일) Суббота.	В какой день недели? в+4격 В субботу.
시간 (время)	Который час? Сколько времени? (2시 20분) ① 시(수량수사) : 분(수량수사) Два часа двадцать минут. ② 분(수량수사) : 시(순서수사 한정어2격) Двадцать минут третьего.	В котором часу? Во сколько? в+4격 ① В 시 : 분 В два часа двадцать минут. ② В 분 : 시 В двадцать минут третьего.
주 (неделя)	Какая неделя? (첫째 주) Первая неделя.	На какой неделе? на+6격 На первой неделе.
세기 (век)	Какой век? (21세기) Двадцать первый век.	В каком веке? в+6격 В двадцать первом веке.
나이 (возраст)	Сколько вам лет? (27살) Мне двадцать семь лет.	Во сколько лет вы вышла замуж? В двадцать семь лет. в+4격

2 년대 말하는 방법 : 순서수사의 복수형

20년대 двадцатые годы 70년대 семидесятые годы 90년대 девяностые годы	В 70-е годы XX века стали популярными имена Наталья, Алексей и Андрей. в+4격

ГРАММАТИКА 문법

3 순서수사의 6격변화 : 수식하는 명사와 성·수·격 일치

(1) пе́рвый (첫 번째, 제 1의) : 경변화하는 형용사 6격변화와 동일

성·수 격	단수			복수
	남성	중성	여성	
1격	пе́рвый	пе́рвое	пе́рвая	пе́рвые
2격	пе́рвого		пе́рвой	пе́рвых
3격	пе́рвому		пе́рвой	пе́рвым
4격	1격/2격	пе́рвое	пе́рвую	1격/2격
5격	пе́рвым		пе́рвой	пе́рвыми
6격	пе́рвом		пе́рвой	пе́рвых

① 남성 단수 4격 : 수식관계에 있는 명사에 따라 1격(비활동체) 또는 2격(활동체)을 사용한다.
② 여성 단수 4격 : 활동체, 비활동체 구분없이 -ую를 사용한다.
③ 복수 4격 : 수식관계에 있는 명사에 따라 1격(비활동체) 또는 2격(활동체)을 사용한다.

(2) тре́тий (세 번째, 제 3의) : 연변화하는 형용사 6격변화와 동일

성·수 격	단수			복수
	남성	중성	여성	
1격	тре́тий	тре́тье	тре́тья	тре́тьи
2격	тре́тьего		тре́тьей	тре́тьих
3격	тре́тьему		тре́тьей	тре́тьим
4격	1격/2격	тре́тье	тре́тью	1격/2격
5격	тре́тьим		тре́тьей	тре́тьими
6격	тре́тьем		тре́тьей	тре́тьих

① 남성 단수 4격 : 수식관계에 있는 명사에 따라 1격(비활동체) 또는 2격(활동체)을 사용한다.
② 여성 단수 4격 : 활동체, 비활동체 구분없이 тре́тью를 사용한다.
③ 복수 4격 : 수식관계에 있는 명사에 따라 1격(비활동체) 또는 2격(활동체)을 사용한다.

(3) два́дцать пе́рвый (21 번째, 제 21의) : 수량수사 + 순서수사

두 단어 이상으로 이루어진 합성순서수사(21...29)의 경우, 끝자리 숫자만이 순서수사가 된다.

예 два́дцать пе́рвый(21 번째), сто второ́й(102 번째), три́ста со́рок тре́тий(343 번째)

그리고 격변화할 경우에는 마지막에 오는 순서수사만 변화시킨다.

성·수 격	단수		복수
	남·중성	여성	
1격	двадцать первый/первое	двадцать первая	двадцать первые
2격	двадцать первого	двадцать первой	двадцать первых
3격	двадцать первому	двадцать первой	двадцать первым
4격	1격/2격	двадцать первую	1격/2격
5격	двадцать первым	двадцать первой	двадцать первыми
6격	двадцать первом	двадцать первой	двадцать первых

4. 시간 표현에 사용되는 전치사 до와 после

~ 전에
до урока (= перед уроком)
до обеда (= перед обедом)
до работы (= перед работой)
до еды (= перед едой)
до двух часов
до семи часов утра

↔

~ 후에
после урока
после обеда
после работы
после еды
после четырёх часов
после двенадцати ночи

❀ Декабрь и январь ❀

( ) на заре было ( ),
Длилось – миг.
( ), первое счастье
Не из книг!

( ) на заре было ( ),
Длилось – час.
( ), горькое горе
В ( )!

М. Цветаева (1894-1941)

УПРАЖНЕНИЯ 연습문제

1 그녀는 작년에 대학교를 졸업했어요(око́нчить).
2 한국에서는 3월 2일에 학기(уче́бный год)가 시작됩니다.
3 우리는 5월 말까지 이 일을 다 해야 한다.
4 아마 세 번째 주에 학술회의가 있을 거예요.
5 12월 중순에 졸업시험(выпускно́й экза́мен)이 있었어요.

동사 〈죽다, 돌아가시다〉

умира́ть¹(нсв)	умере́ть¹(св)
умира́ю	умру́
умира́ешь	умрёшь
умира́ет	умрёт
умира́ем	умрём
умира́ете	умрёте
умира́ют	умру́т
умира́л(-а, -о, -и)	у́мер, умерла́(-о, -и)

В како́м году́? Когда́?	
в про́шлом году́	작년에
в э́том году́	올해에
в сле́дующем году́	내년에

УРОК 65
шестьдесят пятый
Скажи́те, пожа́луйста, кото́рый час?

ЧТЕ́НИЕ

– Скажи́те, пожа́луйста, кото́рый час? – На мои́х часа́х 2 часа́ 2 мину́ты.

– Ско́лько вре́мени по ва́шим часа́м? – Три́дцать пять мину́т восьмо́го.

– Когда́ начина́ется заня́тие по эколо́гии? – В 6 часо́в 50 мину́т.

Мно́гие зна́ют, что э́то заня́тие начина́ется без десяти́ семь.

Он встаёт до семи́ часо́в утра́ и ложи́тся спать по́сле двена́дцати но́чи.

Перегово́ры на вы́сшем у́ровне продолжа́лись часа́ четы́ре.

Э́ти часы́ иду́т пра́вильно. Мину́та в мину́ту: не спеша́т, не отстаю́т.

Как бы́стро идёт вре́мя! Ско́ро но́вый год. С наступа́ющим Но́вым го́дом!

Я уве́рен, э́тот год бу́дет го́дом любви́, уда́чи и успе́хов.

СЛОВА́

· кото́рый час	몇 시예요? (= ско́лько вре́мени)	· у́ровень (м.)	수준, 단계
· на мои́х часа́х	내 시계로	· продолжа́ться¹ (нсв)	계속되다
· по ва́шим часа́м	당신 시계로	· пра́вильно	정확하게 (= то́чно)
· эколо́гия	생태학	· спеши́ть² (нсв)	(시계가) 빨리 가다
· мно́гие	많은 사람들	· отстава́ть¹ (нсв)	(시계가) 늦게 가다
· без	чего? ~몇 분 전	· наступа́ть¹ (нсв)	(시기, 계절이) 다가오다
· до	чего? ~이전에	· наступа́ющий	다가오는
· по́сле	чего? ~이후에	· уда́ча	성공
· вы́сший	정상의 (высо́кий의 최상급)	· успе́х	성취, 좋은 결과, 진보

ГРАММАТИКА 문법

1 << 시각 표현

Кото́рый час? Ско́лько вре́мени? 몇 시입니까?		В кото́ром часу́? Во ско́лько? 몇 시에?
① 시 : 분 　수량수사　수량수사		① В 시 : 분 　　수량수사　수량수사
(1)　　час　　мину́та (2,3,4)　часа́　мину́ты (5~20)　часо́в　мину́т	⇒ Когда́?	예) в 6 часо́в 50 мину́т
② 분 : 시 　수량수사　순서수사 (한정어 2격)		② В 분 : 시 　　수량수사　순서수사 (한정어 2격)
☺주의! пе́рвого (12시~1시) : 12시가 넘은 　　　 второ́го (1시~2시) : 1시가 넘은		예) в 50 мину́т седьмо́го

пе́рвый час	(12시~1시)	12:58	пятьдеся́т во́семь мину́т пе́рвого
тре́тий час	(2시~3시)	02:02	две мину́ты тре́тьего
шесто́й час	(5시~6시)	05:15	пятна́дцать (мину́т) шесто́го
восьмо́й час	(7시~8시)	07:30	три́дцать (= полови́на) восьмо́го

2 << 〈~분 전〉에 사용하는 전치사 без

без 분(수량수사의 2격) : 시		☺주의! 수사 격변화
2 : 58	без двух (мину́т) три	двух : два/две의 2격
3 : 55	без пяти́ (мину́т) четы́ре	пяти́ : пять의 2격
6 : 40	без двадцати́ (мину́т) семь	двадцати́ : два́дцать의 2격

3. 시간을 표시하는 전치사

전치사	격지배	의미	Когда?	
без	2격	~분 전(에)	без пяти (семь)	5분 전 (7시)
с	2격	~부터	с двух часо́в	2시부터
до	2격	~이전에, 까지	до шести́ часо́в	6시 이전에, 6시 까지
по́сле	2격	~이후에	по́сле восьми́ часо́в	8시 이후에
о́коло	2격	~쯤	о́коло трёх часо́в	3시 쯤
к	3격	~까지	к трём часа́м	3시까지
в	4격	~에	в три часа́	3시에
на	4격	~예정으로	на час	1시간 예정으로
за	4격	~만에, 걸려서	за час	1시간 만에
че́рез	4격	~지나서	че́рез со́рок мину́т	40분 지나서
наза́д	4격	~전에 후치사	два часа́ наза́д	2시간 전에
ме́жду	5격	~사이에	ме́жду четырьмя́ и пятью́ часа́ми	4~5시 사이에
в	6격	~넘어서	в четвёртом часу́	3시가 넘어서

4. 어림수의 표현 : 약, 쯤, 경, 정도

(1)   (수량수사 + 명사)   →   (명사 + 수량수사)
                          어순 도치

☺주의! 전치사가 있는 경우에는 〈전치사+수량수사〉가 명사 뒤에 위치한다.

сто челове́к	⇒ челове́к сто	100명쯤
три го́да	⇒ го́да три	3년 정도, 3살쯤
в два часа́	⇒ часа́ в два	2시경에
че́рез две мину́ты	⇒ мину́ты че́рез две	2분쯤 지나서

(2)   전치사 о́коло + 2격

сто челове́к	⇒ о́коло ста челове́к
в два часа́	⇒ о́коло двух часо́в

ГРАММАТИКА 문법

(3) 부사 приме́рно, приблизи́тельно : 대략

Приме́рно че́рез два́дцать мину́т та́нец и му́зыка прекрати́лись.

Это бы́ло приблизи́тельно два го́да наза́д.

УПРАЖНЕНИЯ 연습문제

1 우리 약속한거다(Договори́лись)! 저녁 6시에 우리 집에 와라.
2 수업이 아침 8시에 시작해서 오후 3시 30분에 끝납니다.
3 2시 10분 전에 지하철역 근처에서 만나자.
4 언니는 어제 8시간 정도 잤어요.
5 1시간 후에 다시 전화하세요.

Ско́лько вре́мени?
① 술어 : 몇 시예요?   Ско́лько вре́мени? (= Кото́рый час?)
② 보어 : 얼마동안?   Ско́лько вре́мени он занима́лся? (= Как до́лго?)

| че́тверть | 1/4, 15분 | в че́тверть | 15분에 |
| полови́на | 1/2, 반, 30분 | в полови́не | 30분에 |

1. 수사 1 : 형용사 6격 변화와 동일

	남성	중성	여성	복수
1격	оди́н	одно́	одна́	одни́
2격	одного́		одно́й	одни́х
3격	одному́		одно́й	одни́м
4격	1격/2격	одно́	одну́	1격/2격
5격	одни́м		одно́й	одни́ми
6격	об одно́м		одно́й	одни́х

оди́н/одна́/одно́/одни́ + 명사
성·수·격 일치

 복수형 одни́
① 단수형이 없는 명사(очки́, часы́, роди́тели, су́тки)와 함께 사용한다.
② то́лько (단지, 만, 뿐)   В ко́мнате бы́ли одни́ мужчи́ны.
③ не́которые (어떤, 일부)   Я говори́л с одни́ми друзья́ми, пото́м с други́ми.

2. 수사 2, 3, 4

	2		3	4
1격	два	две	три	четы́ре
2격	двух		трёх	четырёх
3격	двум		трём	четырём
4격	1격/2격		1격/2격	1격/2격
5격	двумя́		тремя́	четырьмя́
6격	двух		трёх	четырёх

два + 남·중성명사
две + 여성명사

3. 수사 5~70 : -ь로 끝나는 여성명사 격변화 어미와 동일

	5,6,7,9,10,20,30	11~19	50, 60, 70
1격	пять	оди́ннадцать	пятьдеся́т
2격	пяти́	оди́ннадцати	пяти́десяти
3격	пяти́	оди́ннадцати	пяти́десяти
4격	пять	оди́ннадцать	пятьдеся́т
5격	пятью́	оди́ннадцатью	пятью́десятью
6격	пяти́	оди́ннадцати	пяти́десяти

수사의 6격변화

① пять(5)~де́сять(10), два́дцать(20), три́дцать(30) : 격변화할 때 강세가 어미에 있다.
② оди́ннадцать(11) ~ девятна́дцать(19) : 격변화할 때 강세 이동이 없다.
③ пятьдеся́т(50), шестьдеся́т(60), семьдеся́т(70) : 격변화할 때 강세 이동이 있다.
☺ 주의! 앞부분과 뒷부분의 수사가 각각 -ь로 끝나는 여성명사 격변화 어미와 동일하다.

4. 수사 8, 80

	8	80
1격	во́семь	во́семьдесят
2격	восьми́	восьми́десяти
3격	восьми́	восьми́десяти
4격	во́семь	во́семьдесят
5격	восьмью́	восьмью́десятью
6격	восьми́	восьми́десяти

1격 = 4격 : во́семь, во́семьдесят
2격 = 3격 = 6격 : восьми́, восьми́десяти

5. 수사 40, 90, 100

	40	90	100
1.4격	со́рок	девяно́сто	сто
2,3,5,6격	сорока́	девяно́ста	ста

со́рок : 강세 이동 있음
девяно́сто, сто : 강세 이동 없음

6. 수사 200~900

	200	300	400	500
1격	две́сти	три́ста	четы́реста	пятьсо́т
2격	двухсо́т	трёхсо́т	четырёхсо́т	пятисо́т
3격	двумста́м	трёмста́м	четырёмста́м	пятиста́м
4격	две́сти	три́ста	четы́реста	пятьсо́т
5격	двумяста́ми	тремяста́ми	четырьмяста́ми	пятьюста́ми
6격	двухста́х	трёхста́х	четырёхста́х	пятиста́х

격변화 : 앞·뒷부분 모두 변화
강세 : 어미

수사 1000, 100만, 10억 : 명사 6격 변화와 동일

	1000 (ж.)	100만 (м.)	10억 (м.)
1격	ты́сяча	миллио́н	миллиа́рд
2격	ты́сячи	миллио́на	миллиа́рда
3격	ты́сяче	миллио́ну	миллиа́рду
4격	ты́сячу	миллио́н	миллиа́рд
5격	ты́сячей	миллио́ном	миллиа́рдом
6격	ты́сяче	миллио́не	миллиа́рде

 수사 2000 이상

	2000		5000		200만		700만	
1격	две	ты́сячи	пять	ты́сяч	два	миллио́на	семь	миллио́нов
2격	двух	ты́сяч	пяти́	ты́сяч	двух	миллио́нов	семи́	миллио́нов
3격	двум	ты́сячам	пяти́	ты́сячам	двум	миллио́нам	семи́	миллио́нам
4격	две	ты́сячи	пять	ты́сяч	два	миллио́на	семь	миллио́нов
5격	двумя́	ты́сячами	пятью́	ты́сячами	двумя́	миллио́нами	семью́	миллио́нами
6격	двух	ты́сячах	пяти́	ты́сячах	двух	миллио́нах	семи́	миллио́нах

Я купи́ла ты́сячу книг.

Профе́ссор разгова́ривает с ты́сячами студе́нтов.

В Москве́ прожива́ет бо́лее семи́ миллио́нов челове́к.

> **문법 Tip**
> ты́сяча, миллио́н, миллиа́рд 뒤에 오는 명사는 항상 복수 2격이다.

수사의 6격변화

9. 집합수사 : 뒤에 오는 명사는 복수 2격

двóе(2명/2개), трóе(3명/3개), чéтверо(4명/4개), пя́теро(5명/5개), шéстеро(6명/6개), сéмеро(7명/7개), вóсьмеро(8명/8개), дéвятеро(9명/9개), дéсятеро(10명/10개)

У негó былá семья́ – женá и двóе детéй.

Мы прожи́ли в э́том отéле трóе сýток.

☺ 주의! óба(남 · 중성), óбе(여성) : 〈둘, 쌍, 양〉
óба брáта(두 형제), óбе сёстры(두 자매)

Мини-тест

다음 문장에서 밑줄에 два의 알맞은 형태를 넣으세요.

1. Пресс-конферéнция началáсь в _____ часá.
2. Мéжду _____ урóками был переры́в на обéд.
3. Я интересýюсь _____ э́тими новéйшими ромáнами.
4. Когдá онá пришлá, бы́ло без _____ минýт пять часóв.
5. Он сказáл, что всё бýдет готóво к _____ часáм.

다음 문장에서 밑줄에 пять의 알맞은 형태를 넣으세요.

1. У нас на кýрсе тóлько _____ студéнток.
2. Приходи́ ко мне к _____ часáм.
3. Ужé пóздно, без _____ дéсять, порá идти́ домóй.
4. Наш учи́тель обсуди́л э́ту проблéму с _____ ученикáми.
5. Это стóит _____ ты́сяч рублéй.

수사의 6격변화

1 수사 1 : оди́н / одна́ / одно́

격						
1격	оди́н	хоро́ший	студе́нт	одна́	краси́вая	же́нщина
2격	одного́	хоро́шего	студе́нта	одно́й	краси́вой	же́нщины
3격	одному́	хоро́шему	студе́нту	одно́й	краси́вой	же́нщине
4격	1격(비활동체) 또는 2격(활동체)			одну́	краси́вую	же́нщину
5격	одни́м	хоро́шим	студе́нтом	одно́й	краси́вой	же́нщиной
6격	одно́м	хоро́шем	студе́нте	одно́й	краси́вой	же́нщине

① 수사 1은 수식하는 형용사, 명사와 성·수·격이 일치한다.
② 남성·중성 4격 : 비활동체 명사는 1격과 동일하고, 활동체 명사는 2격과 동일하다.
③ 여성 4격 : 비활동체·활동체 구분없이 одну́를 사용한다.

2 수사 2, 3, 4 : два / две, три, четы́ре

격						
1격	два	мо́дных	журна́ла	две	больши́е (-их)	ко́мнаты
2격	двух	мо́дных	журна́лов	двух	больши́х	ко́мнат
3격	двум	мо́дным	журна́лам	двум	больши́м	ко́мнатам
4격	1격(비활동체) 또는 2격(활동체)			1격(비활동체) 또는 2격(활동체)		
5격	двумя́	мо́дными	журна́лами	двумя́	больши́ми	ко́мнатами
6격	двух	мо́дных	журна́лах	двух	больши́х	ко́мнатах

① 명사, 형용사와 결합된 수사 1격 = 　수사(2,3,4) 1격 + 형용사 복수 2격 + 명사 단수 2격
　이 표현에서 1격의 수사가 격변화하면 형용사, 명사는 모두 해당하는 격으로 복수 변화한다.
② 여성 명사의 1격의 경우 형용사는 복수 1격 또는 복수 2격을 사용한다.
　예) две больши́е / больши́х ко́мнаты, три ста́рших сестры́

3 수사 5 이상 : пять ~

격						
1격	пять	но́вых	домо́в	сто	семь	ру́сских студе́нтов
2격	пяти́	но́вых	домо́в	ста	семи́	ру́сских студе́нтов
3격	пяти́	но́вым	дома́м	ста	семи́	ру́сским студе́нтам
4격	пять	но́вых	домо́в	сто	семь	ру́сских студе́нтов
5격	пятью́	но́выми	дома́ми	ста	семью́	ру́сскими студе́нтами
6격	пяти́	но́вых	дома́х	ста	семи́	ру́сских студе́нтах

① 명사, 형용사와 결합된 수사 1격 = 　수사(5이상) 1격 + 형용사 복수 2격 + 명사 복수 2격
　이 표현에서 1격의 수사가 격변화하면 형용사, 명사는 모두 해당하는 격으로 복수 변화한다.
② 합성수사의 경우 마지막에 오는 수사에 따라 명사, 형용사의 격이 정해진다.

УРОК 66 шестьдесят шестой | Как до́лго бу́дут продолжа́ться кани́кулы?

ЧТЕНИЕ

– Как до́лго бу́дут продолжа́ться кани́кулы?

  – Они́ бу́дут продолжа́ться 2 ме́сяца, с ию́ля по а́вгуст.

– Ско́лько часо́в продолжа́ется учи́тельское собра́ние?

  – Я то́чно не зна́ю, но часа́ три и́ли бо́льше.

– Как ча́сто он прихо́дит в го́сти к знако́мым?

  – То́чно не по́мню, приме́рно 2-3 ра́за в ме́сяц.

– Ско́лько часо́в в день он обы́чно сиди́т у телеви́зора?

  – То́чно не зна́ю, но приблизи́тельно три-четы́ре часа́.

– За ско́лько вре́мени мо́жно добра́ться до вокза́ла? – За час.

– На ско́лько дней рассчи́тано путеше́ствие по Яку́тии? – На 5 дней.

СЛОВА

· как до́лго	얼마나 오랫동안?	· за ско́лько вре́мени	얼마만에
· с *чего*? по *что*?	~부터 ~까지	· добра́ться¹ (св)	*до чего?* ~까지 도달하다
· учи́тельский	교사의	· вокза́л [во**г**за́л]	기차역
· то́чно	정확하게	· на ско́лько дней	며칠 예정으로?
· бо́льше	더 많이	· рассчита́ть¹ (св) [ра**щ**ита́ть]	계산하다
· как ча́сто	얼마나 자주?	· рассчи́тано	계획이 잡혀 있다(형동사단어미)
· приходи́ть в го́сти	*куда?* ~에 방문하다	· путеше́ствие	여행
· приме́рно	대략 (= приблизи́тельно)	· Яку́тия	야꾸찌야
· 2-3 ра́за в ме́сяц	한 달에 2~3번	· путеше́ствие по Яку́тии	야꾸찌야 여행

ГРАММАТИКА 문법

1 << 시간 4격

(1) 전치사 없이 사용되는 시간 4격 : 행위의 반복이나 지속되는 시간 또는 기간

Как часто? 얼마나 자주?		
каждый день вечер год месяц март вторник	каждую ночь минуту среду неделю весну осень секунду	каждое утро лето воскресенье

– Сколько раз в месяц ты ходишь в бассейн?
– Пять раз в месяц (раз в неделю, два раза в день).

Как долго? 얼마나 오랫동안?		
целый день (= весь) год месяц	целую ночь (= всю) субботу неделю зиму	целое утро (= всё) лето

Мы ехали в одном поезде и всю дорогу разговаривали.

Сколько времени? 얼마동안? (*Сколько часов? Сколько минут?*)	
(один) час день год	(одну) минуту неделю секунду
два часа три дня четыре года	две минуты три недели четыре секунды
пять 이상 часов дней лет	пять 이상 минут недель секунд

☺ **주의!** 합성수사(21~29, 31~39, 101~109 등)일 경우 : 마지막에 오는 수사에 위 규칙을 적용

Сейчас, подождите одну минуту!

ГРАММАТИКА 문법

(2) 전치사와 함께 사용되는 시간 4격 : 행위가 일어나는 정확한 시간의 표현

В какой день недели? 무슨 요일에?
в воскресе́нье
в понеде́льник
во вто́рник
в сре́ду
в четве́рг
в пя́тницу
в суббо́ту
Во ско́лько? 몇 시에?
в два часа́
в шесть часо́в три́дцать мину́т
в пол седьмо́го
(= в полови́не седьмо́го)

за : 행위의 완료 시간 (~만에, 걸려서)
　Мы э́то сде́лаем за час.

на : 미래의 기간·시간 (~예정으로, ~기간으로)
　Он прие́хал сюда́ на неде́лю.

че́рез : 일정 시간 경과 (~후에, 지나서)
　Позвони́те мне че́рез неде́лю.

(тому́) наза́д : 일정 시간 전 (~전에)
　Я встре́тил её ме́сяц наза́д.

☺ 주의! наза́д : 후치사

① за ~ до ~　〈~하기 얼마 전에〉　Он пришёл за де́сять мину́т до нача́ла спекта́кля.
② че́рез ~ по́сле ~　〈~하고 얼마 후에〉　Он пришёл че́рез де́сять мину́т по́сле нача́ла спекта́кля.

2 시간 4격 이외의 표현

(1) де́тство(유년기), мо́лодость(청년기), ста́рость(노년기)

в де́тстве 어린 시절에	В де́тстве я мечта́ла стать врачо́м, как оте́ц.
в мо́лодости 젊을 때 (= в ю́ности)	Мы с жено́й встре́тились в Москве́ в мо́лодости.
в ста́рости 나이 들어서	Роди́тели хотя́т в ста́рости жить в дере́вне.

(2) ⟨с ~부터 до ~까지(마지막 시점 제외)⟩, ⟨с ~부터 по ~까지(마지막 시점 포함)⟩
　Музе́й рабо́тает с десяти́ часо́в утра́ до шести́ часо́в ве́чера.
　Мы бу́дем в о́тпуске с двадца́того ию́ля по пе́рвое а́вгуста.

УПРАЖНЕНИЯ 연습문제

1 내 조카는 여름마다 시골 할머님 댁에 간다.
2 정상회담이 2시간 계속되었다고 합니다.
3 러시아어 수업은 월·수·금요일마다 있어요.
4 그녀의 손자는 매일 아침 약 20분 정도 체조를 합니다.
5 며칠 예정으로 미국에 가요? 일주일이요. 그 곳에 3일부터 10일까지 있을 겁니다.

(손님으로, 놀러) ~에 갔다오다

ходи́ть в го́сти (*куда?*)	Мы ходи́ли в го́сти к знако́мому.
быть в гостя́х (*где?*)	Мы бы́ли в гостя́х у знако́мого.

어느 기간에 몇 번 (Ско́лько раз в 시간4격?)

1	раз	в	день
2/3/4	ра́за		неде́лю
5 이상	раз		ме́сяц
			год

☺주의! ① раз(번, 회) : 단수 1격 = 복수 2격
② 합성수사(21~29, 31~39, 101~109 등)일 경우 : 마지막에 오는 수사에 위 규칙을 적용

УРОК 67 шестьдесят седьмой | У меня аллергия на комаров.

ЧТЕНИЕ

У меня аллергия на комаров.

Мне (= у меня) не хватает ни денег, ни времени.

Благодарю вас за гостеприимство.

Приходите к нам почаще.

Спасибо от всей души всем, кто мне помогает.

Мы преодолеем это тяжёлое для нас время.

Хочу поговорить с начальником про работу.

Каким видом транспорта вы пользуетесь?

Они все были в гостях у знакомого.

Я желаю вам добра, счастья и благополучия!

СЛОВА

· аллергия	*на кого-что?* 알레르기	· тяжёлый	어려운, 힘든
· комар	모기	· начальник	책임자, 우두머리
· хватать¹ (무인칭동사)	*кого-чего?* ~가 충분하다	· вид транспорта	교통수단의 종류
· гостеприимство	환대	· пользоваться¹ (нсв)	*чем?* ~을 이용하다
· (по)чаще	(좀) 더 자주 (*часто* 의 비교급)	· (по)желать¹	*кому? ~ого чего?* ~을 바라다
· от всей души	진심으로	· добро	좋은 일, 행복
· преодолеть¹ (св)	*что?* ~을 견뎌내다	· благополучие	성과, 번영, 번창

ГРАММАТИКА 문법

1 << 격에 대하여

(1) 모든 격의 기준이 되는 1격은 전치사의 지배를 받지 않고 단독으로 쓰인다.
(2) 6격은 언제나 그 격을 지배하는 전치사와 함께 사용되므로 단독으로 쓰이지 못한다.
(3) 2, 3, 4, 5격은 단독으로 또는 그 격을 지배하는 전치사와 함께 쓰인다.

2 << 전치사 없이 사용되는 격

боя́ться	*кого́-чего́* 두려워하다	Я не бою́сь холодо́в.
хвата́ть	*кого́-чего́* 충분하다	Вре́мени не хвата́ет.
ве́рить	*кому́-чему́* 믿다	Все ему́ ве́рят.
меша́ть	*кому́-чему́* 방해하다	Не меша́й мне.
люби́ть	*кого́-что* 좋아하다	Я вас люби́л.
учи́ть	*кого́* ~에게 *чему́* ~을 가르치다	Ма́ма учи́ла меня́ пе́нию.
стать	*кем-чем* ~이 되다	Она́ ста́ла певи́цей.
явля́ться	*кем-чем* ~이다	Он явля́ется поэ́том.
жела́ть	*кому́* ~의 *чего́* ~을 바라다	Жела́ю вам сча́стья.

3 << 전치사와 함께 사용되는 격

отка́зываться	*от кого́-чего́* ~을 거절하다	Он отказа́лся от рабо́ты.
прое́хать	*ми́мо кого́-чего́* 지나가다	Такси́ прое́хало ми́мо неё.
гото́виться	*к кому́-чему́* 준비하다	Я гото́вился к экза́мену.
наде́яться	*на кого́-что* 기대하다	Мы наде́емся на вас.
знако́миться	*с кем-чем* 인사하다	Познако́мьтесь со мной!
уча́ствовать	*в чём* 참가·참여하다	Он уча́ствует в семина́ре.
поздравля́ть	*с чем* 축하하다	С Но́вым го́дом!
жени́ться	*на ком* 결혼하다 (남자의 경우)	Он жени́лся на ней.
выходи́ть за́муж	*за кого́* 결혼하다 (여자의 경우)	Она́ вы́шла за́муж за него́.
скуча́ть	*по кому́-чему́* ~을 그리워하다	Я скуча́ю по ма́ме.

ГРАММАТИКА 문법

4 전치사 (предло́г)

어떤 일이 일어나는 장소나 시간 또는 원인이나 목적을 나타내기 위해 사용되는 낱말을 전치사라고 한다.

격 \ 종류	격을 지배하는 전치사
2격	у, без, до, из, с, от, для, о́коло, ми́мо, по́сле, вокру́г, кро́ме, среди́, во́зле, близ, вблизи́, ни́же, позади́, вме́сто, вдоль, пре́жде, внутри́, всле́дствие, относи́тельно, напро́тив, впереди́, вне, из-за, из-под, ра́ди, про́тив
3격	к, по, благодаря́, согла́сно, вопреки́, навстре́чу, сообра́зно, соотве́тственно
4격	за, в, на, про, че́рез, по, сквозь, с, под, спустя́
5격	с, за, над, под, пе́ред, ме́жду
6격	о, в, на, при, по

УПРАЖНЕНИЯ 연습문제

다음 문장에서 ( ) 안에 알맞은 전치사를 넣으세요.

1 Моя́ семья́ жила́ ( ) э́том райо́не мно́го лет.
2 Спаси́бо большо́е ( ) пода́рок.
3 Мы с жено́й до́лго ходи́ли ( ) па́рку.
4 Никто́ не выхо́дит ( ) до́ма.
5 Он вполне́ гото́в ( ) докла́ду.
6 Я уже́ познако́мила ту арти́стку ( ) ним.
7 Она́ получи́ла духи́ ( ) Андре́я.
8 Сейча́с я иду́ ( ) ры́нок.
9 Он идёт в магази́н ( ) хле́бом.
10 ( ) Ива́на бу́дет своя́ ко́мната – све́тлая и ую́тная.

소망 표현

Жела́ю вам сча́стья и здоро́вья в Но́вом году́.
Жела́ю вам успе́хов в рабо́те!
Наде́юсь, что всё бу́дет хорошо́ и мы ещё встре́тимся.
Я хочу́, что́бы все твои́ мечты́ сбыли́сь.

УРОК 68
шестьдесят восьмой
Я люблю тебя.

ЧТЕНИЕ

Я люблю́ тебя́.

Она́ была́ краси́ва.

У нас бы́ли го́сти.

Мне о́чень прия́тно.

Меня́ зноби́ло. Бы́ло хо́лодно.

У меня́ не́ было вре́мени.

Как вас зову́т?

Неожи́данно к нам постуча́ли в дверь.

Про́сят соблюда́ть чистоту́.

Ти́ше е́дешь – да́льше бу́дешь.

Век живи́ – век учи́сь.

Жизнь прожи́ть – не по́ле перейти́.

Утро. Уже́ весна́. Вот и лес, и ре́чка.

СЛОВА

· неожи́данно	갑자기스럽게	· да́льше	더 멀리 (далеко́의 비교급)
· (по)стуча́ть²	두드리다, 노크하다	· век	세기(100년), 평생동안(시간 4격)
~ в дверь	문을 두드리다	· прожи́ть¹ (св)	살다, 생존하다
· проси́ть² (нсв)	инф ~부탁, 요청하다	~ жизнь	생을 살다
· соблюда́ть¹ (нсв)	что? ~을 지키다, 준수하다	· по́ле	들, 들판
· чистота́	청결, 깨끗함	· перейти́¹ (св)	что? ~을 지나가다
· ти́ше	더 조용히 (ти́хо의 비교급)	· ре́чка	작은 강, 시내, 개울

306

ГРАММАТИКА 문법

1 << 문장(предложéние)의 종류

(1) 내용에 의한 분류

서술문	повествовáтельное	Мы должны́ бы́ли быть дóма.
의문문	вопроси́тельное	Где вы бы́ли вчерá вéчером?
명령문	повели́тельное	Не кури́те здесь.
감탄문	восклицáтельное	Какóе си́нее мóре!

(2) 구조에 의한 분류

단문	прост́ое	독립된 한 개의 문장	Онá читáет газéту. Я слýшаю мýзыку.
복문 слóжное		병립복문 сложносочинённое	Онá читáет газéту и слýшает мýзыку.
		종속복문 сложноподчинённое	Я дýмаю, что онá читáет газéту.

(3) 술어에 의한 분류 : 술어의 형태 (성·수 또는 인칭)에 의한 구분

인칭문 ли́чное	1격(주어) + 1격에 해당하는 술어	Я люблю́ тебя́. Онá былá краси́ва. У нас бы́ли гóсти.
무인칭문 безли́чное	(1격 없이) 술어(онó형) ① 술어부사　☞ 27과, 35과 ② 존재부정　☞ 29과 ③ 무인칭술어　☞ 37과, 52과, 62과 ④ 무인칭동사　☞ 40과	Мне прия́тно. Там хóлодно. У меня́ не́ было врéмени. Нáдо пойти́. Нéчего дéлать. Меня́ зноби́ло.
불특정 인칭문 неопределённо-ли́чное	(1격 없이) 술어(они́형) ☞ 29과 ① 동작의 주체가 불특정 다수일 경우 ② 동작의 주체가 불분명할 경우 ③ 공식적인 게시문	Как вас зовýт? К нам стучáли в дверь. Прóсят не кури́ть.
보편인칭문 обобщённо-ли́чное	술어(ты형, 명령법) – 속담, 격언	Ти́ше éдешь – дáльше бýдешь. Век живи́, век учи́сь.
명사문 назы́вное	술어(명사) – 사실이나 현상만 지적	Утро. Ужé веснá.

68 Я люблю́ тебя́. | 307

❀ Любовь – одна ❀ 🎵

Единый раз вскипает пеной
    И рассыпается волна.
Не может сердце жить изменой,
    (   ) нет: (   ) – одна.

Мы негодуем иль играем,
    Иль лжём – но в сердце тишина.
Мы никогда не изменяем:
    (   ) одна – (   ) одна

Однообразно и пустынно,
    Однообразием сильна,
Проходит жизнь... И в жизни длинной
    (   ) одна, (   ) одна.

Лишь в неизменном – бесконечность,
    Лишь в постоянном – глубина.
И (   ) путь, и (   ) вечность,
    И всё ясней: (   ) одна

Любви мы платим нашей кровью,
    Но верная (   ) – верна,
И любим мы одной любовью...
    (   ) одна, как (   ) одна.

З.Н. ГИППИУС (1869-1945)

ПРИЛОЖЕНИЕ

- 격과 전치사
- 속담, 격언, 유용한 표현
- 기본회화
- 연습문제 해답

ДОМ РУССКОГО ЯЗЫКА

격과 전치사

1 ‹‹ **2격** *(кого – чего)*

(1) 한정어 2격   ➡ 24과

명사와 명사가 결합할 경우 수식의 기능을 갖고 있는 두 번째 명사는 핵심어인 첫 번째 명사의 격에 상관없이 2격을 취하는데, 이것을 한정어 2격이라고 한다.

– Чей э́то рома́н? – Рома́н Пу́шкина.   뿌쉬낀의 소설입니다.
– Како́й э́то теа́тр? – Теа́тр о́перы и бале́та.   오페라발레극장입니다.

(2) 수량 2격   ➡ 25과

2 이상의 수사, мно́го, ма́ло, ско́лько, не́сколько, 집합수사(дво́е, тро́е …)와 결합되는 명사의 격을 수량 2격이라고 한다.

• 2, 3, 4	+ 수량 2격(단수)	два студе́нта, две ко́мнаты
• 5 이상	+ 수량 2격(복수)	пять студе́нтов, пять ко́мнат
• 많은, 적은, 얼마, 약간	+ 수량 2격(단/복수)	мно́го студе́нтов, ма́ло воды́ ско́лько вре́мени, не́сколько книг
• 집합수사	+ 수량 2격(복수)	дво́е дете́й

(3) 존재부정 2격   ➡ 29과

문장의 술어가 'нет 없다', 'не́ было 없었다', 'не бу́дет 없을 것이다'일 경우 존재하지 않는 대상을 2격으로 표시하는데, 이것을 존재부정 2격이라고 한다.

Здесь нет ва́шего бра́та. У меня́ не́ было де́нег. За́втра не бу́дет уро́ков.

(4) 비교 2격   ➡ 38과

단일식 비교급과 결합되는 비교의 대상이 2격으로 오는 경우, 이것을 비교 2격이라고 한다.

Сестра́ моло́же бра́та. Вы говори́те по-ру́сски гора́здо лу́чше меня́.

(5) 타동사의 부정 2격

4격(кого-что)을 보어로 취하는 타동사가 부정될 경우, 원래 보어로 사용되었던 4격이 2격으로 교체되기도 하는데, 이것을 타동사의 부정 2격이라고 한다.

Он читáет журнáл.

Он не читáет журнáла. (비교) Он не читáет э́тот журнáл.

Он э́того не знал.

☺ 주의!
- 일반적 성격의 명사나 추상명사 또는 э́то가 보어인 경우 : 2격으로 교체해서 사용
- 구체적인 특정한 대상의 명사가 보어인 경우 : 그대로 4격 사용

(6) 부분 2격

사물의 전부가 아닌 부분을 표현할 경우, 보어로 사용되는 4격이 2격으로 교체된다.

Дáйте хлéба.   빵 좀 주세요.   (비교) Дáйте тот хлеб.
Дáйте воды́.   물 좀 주세요.   (비교) Дáйте мне вóду со столá.

(7) 2격 지배 동사와 함께

боя́ться	~을 두려워하다	Я бою́сь одинóчества.
опасáться	~을 경계하다	Он опасáется врагóв.
(ис)пугáться	~에 놀라다	Онá всегó пугáется.
(по)проси́ть	~을 부탁하다	Он попроси́л пóмощи и совéта.
(по)трéбовать	~을 요구하다	Это трéбует больши́х уси́лий.

(8) 2격 지배 전치사와 함께

у	~옆에	Он сидéл у окнá.
от	~로부터	Это письмó от сестры́.
из	~로부터	Я вы́шла из кóмнаты в коридóр.
из-за	~때문에	Он опоздáл на урóк из-за дождя́.
óколо	~근처에	Встрéтимся óколо кинотеáтра «Мир».

2. 3격 (кому – чему)

(1) 간접목적어

– Что он подари́л тебé? – Он подари́л мне цветы́.

격과 전치사

Она́ написа́ла своему́ му́жу письмо́.
Дай Ната́ше са́мый но́вый журна́л.

(2) 나이의 주체자 ➡ 28과

– Ско́лько вам лет? – Мне 21 год.
– Ско́лько лет ва́шему отцу́? – Ему́ 55 лет.
Когда́ мое́й до́чке бы́ло три го́да, она́ уже́ уме́ла писа́ть.

(3) 무인칭문(1격이 없는 문장)의 의미상의 주어

Нам интере́сно (тру́дно, ве́село) занима́ться спо́ртом. ➡ 27과
Мне бы́ло хо́лодно (жа́рко, тепло́, прохла́дно). ➡ 35과
Вам мо́жно (на́до, ну́жно, сто́ит) говори́ть по-ру́сски. ➡ 37과

(4) 3격 지배 동사, 형용사 단어미, 명사와 함께

помога́ть-помо́чь	~을 도와주다	Помоги́те мне, пожа́луйста.
(по)меша́ть	~을 방해하다	Я не меша́ю тебе́?
(по)нра́виться	~의 마음에 들다	Как вам понра́вилась э́та кни́га?
рад (-а, -о, -ы)	~때문에 기쁘다	Я ра́д твоему́ прие́зду.
па́мятник	~의 동상	Э́то па́мятник Пу́шкину.

(5) 3격 지배 전치사와 함께

к	~쪽으로	Приходи́те к нам.
по	~을 따라서	Я хожу́ по у́лице.
	~에 따르면	По её мне́нию, э́то лека́рство ему́ поле́зно.
	~마다	По воскресе́ньям мы хо́дим в це́рковь.

3. 4격 (кого – что)

(1) 직접목적어

Я читаю сегодняшнюю газету.

Я вас люблю.

Родители всегда хвалят детей.

(2) 때와 관련된 표현 ➡ 66과

– Как часто он делает зарядку? – Каждое утро.

– Как долго шёл дождь? – Дождь шёл весь день.

– Сколько времени ты читаешь книгу? – 3 часа.

каждое утро	매일 아침	целое утро (= всё утро)	아침내내
каждый день	매일 (낮)	целый день (= весь день)	하루종일
каждый вечер	매일 저녁	целый вечер (= весь вечер)	저녁내내
каждую ночь	매일 밤	целую ночь (= всю ночь)	밤새도록

(3) 가격, 무게 ➡ 25과

– Сколько это стоит? – Недорого, 200 рублей.

– Сколько граммов? – Один килограмм.

(4) 4격 지배 동사와 함께

спрашивать-спросить　　～에게 물어보다

　　Она спросила об этом профессора.

(по)благодарить　　～에게 감사하다

　　Я благодарю вас за совет.

(на)учить　　～에게 가르치다

　　Он учит студентов русскому языку.

격과 전치사

(5) 4격 지배 전치사와 함께

в	방향 또는 시간	Táня пойдёт <u>в шкóлу</u> <u>в два часá</u>.
на	방향, 용도, 목적	Я поéду <u>в офис</u> <u>на рабóту</u>.
за	대가, ~뒤로	Он купи́л их <u>за 90 рубле́й</u>. Я éду <u>зá город</u>.
под	~아래로	Они́ иду́т <u>под го́ру</u>.
про	~에 대하여	Лю́ди <u>про вас</u> хорошо́ говоря́т.
че́рез	(시·공간을 지나서)	Я бу́ду там <u>че́рез час</u>. Он шёл <u>че́рез у́лицу</u>.

 5격 *(кем – чем)*

(1) 수단, 방법 ➡ 34과

Я пишу́ на доске́ <u>ме́лом</u>.

Де́ти едя́т суп <u>ло́жкой</u>.

Мой друг говори́т <u>ти́хим го́лосом</u>.

Он прилете́л <u>самолётом</u> (= на самолёте).

(2) 피동구조에서의 의미상의 주어 ➡ 61과

Этот дом постро́ен <u>рабо́чими</u>.

И́мя Пу́шкина никогда́ не бу́дет забы́то <u>ру́сским наро́дом</u>.

(3) 때를 나타내는 부사

у́тром, днём, ве́чером, но́чью

весно́й, ле́том, о́сенью, зимо́й

(4) 일시적 상태나 조건 ➡ 34과

явля́ться	~이다	Сеу́л явля́ется <u>столи́цей</u> Коре́и.
счита́ться	~라고 생각되다	Лу́нный Но́вый год Соль счита́ется <u>са́мым больши́м пра́здником</u>.
стать	~이 되다	Он стал <u>врачо́м</u>.

быть	~이다	Тогда́ она́ была́ <u>ма́ленькой</u>.
каза́ться	~로 보이다	Он мне ка́жется <u>хоро́шим челове́ком</u>.
		Река́ каза́лась <u>широ́кой</u>.

(5) 5격 지배 동사, 형용사 단어미, 명사와 함께

занима́ться	~을 하다	Я занима́юсь <u>спо́ртом</u>.
увлека́ться	~에 열중하다	Он увлека́ется <u>му́зыкой</u>.
дово́лен, дово́льна	~에 만족하다	Я дово́лен <u>свои́ми студе́нтами</u>.
обме́н	교환	Расскажи́те об обме́не <u>кни́гами</u>.

☺ 주의! обме́н валю́ты 환전

(6) 5격 지배 전치사와 함께

с	~와 함께	Он рабо́тает <u>с дру́гом</u>.
ме́жду	~사이에	<u>Ме́жду на́ми</u> нет секре́тов.
пе́ред(о)	~앞에	Кла́ра стои́т <u>пе́редо мной</u>.
над(о)	~위에	Самолёт лета́ет <u>над го́родом</u>.
под(о)	~아래에	Одна́ же́нщина сиде́ла <u>под де́ревом</u>.

5《 6격 (ком – чём) 6격은 항상 전치사와 함께 사용

(1) 위치 및 장소 (Где?) ➡ 23과

Я был <u>на уро́ке</u>.

Они́ всегда́ занима́ются <u>в библиоте́ке</u>.

У нас <u>в саду́</u> мно́го люде́й.

(2) 교통, 언어수단 및 악기연주 (На чём? На како́м языке́?) ➡ 22과, 41과, 51과

<u>На чём</u> вы е́здите на рабо́ту, <u>на маши́не</u> и́ли <u>на авто́бусе</u>?

Там газе́та <u>на ру́сском языке́</u>.

Ма́ма игра́ла <u>на гита́ре</u>.

격과 전치사

(3) 시간의 표현 (В каком месяце? На какой неделе?) ➡ 64과

В мае мы отмечаем день Победы.

На этой неделе я буду очень занята.

(4) 6격 지배 동사와 함께

жениться   *на ком* ~에게 장가가다, ~와 결혼하다

Он женился на Ларисе.

остановиться   *на чём* ~을 논의하다

Мы остановились на этих вопросах.

участвовать   *в чём* ~에 참가·참여하다

Все участвовали в концерте.

6 ≪ у

(1) 소유주의 표현 (У кого?) ➡ 8과, 29과

У меня есть и время, и деньги.

У этого человека нет ни времени, ни денег.

(2) 장소의 표현 (Где?) ➡ 23과

Я была у подруги.

Мой сын был у врача.

Он живёт у отца.

(3) 소유대명사 (= чей)

У меня книга новая. (= Моя книга новая.)

Какие у тебя планы? (= Каковы твои планы?)

(4) ~부근에, ~곁에 (= о́коло, во́зле)

    Мы сиде́ли у окна́.

    Мне хорошо́ и удо́бно рабо́тать у вас.

(5) 동사와 함께

спра́шивать-спроси́ть	у кого́에게 о чём ~을 질문하다
спи́сывать-списа́ть	у кого́의 что ~을 보고 쓰다
узнава́ть-узна́ть	у кого́에게서 что ~을 알아내다

7 ≪ *для*

(1) ~을 위하여, ~을 목적으로 (Для кого? Для чего?)

    Эта ро́за для вас.

    Ну́жно жить для себя́ или для ребёнка?

    Мы прие́хали в Росси́ю для поступле́ния в МГУ.

(2) ~에게는, ~로서는

    Этот вопро́с тру́ден для меня́.

    Для сентября́ бы́ло о́чень жа́рко.

    Это бу́дет ва́жно для на́шей страны́.

(3) 용도

    Вот коро́бка для ча́я.

    Они́ все се́ли в ваго́н для куря́щих.

    Это хоро́шая переда́ча для студе́нтов.

격과 전치사

(4) 관용적인 표현

не́ для чего́	아무 이유 · 필요도 없이
	(= не́зачем, бесполе́зно)

8 из

(1) 운동의 방향 (Отку́да?) ➡ 36과

Я вы́шла из ко́мнаты в коридо́р.

Он верну́лся из Петербу́рга домо́й.

Его́ сестра́ позвони́ла мне из Росси́и?

(2) 정보의 출처, 사람의 출신, 재료나 구성성분

Мы узна́ли об э́том из газе́т.

Моя́ подру́га из рабо́чей семьи́.

Это се́рьги из серебра́.

(3) ~ 중에서 ➡ 39과

Одна́ из э́тих студе́нток была́ там с ни́ми.

Это са́мый ста́рый из музе́ев в Коре́е.

(4) 관용적인 표현

из го́рдости	자존심 때문에
из любви́ к ма́тери	어머니를 사랑하는 마음에
из при́нципа	원칙 때문에
изо всех сил	있는 힘을 다하여
из ве́жливости	예의로

9 от

(1) 운동의 방향 (Откуда?) ➡ 36과

От бе́рега тури́сты иду́т с перево́дчиком.
По́езд отхо́дит от ста́нции.
Его́ брат полу́чит письмо́ от свое́й ма́тери.

(2) 전치사 до와 함께 일정거리 표현 (～에서부터 ～까지) ➡ 45과

От Петербу́рга до Москвы́ о́чень далеко́.
Мы вме́сте прошли́ всю доро́гу от ле́са до у́лицы.

(3) 서류, 편지의 날짜

Вчера́ она́ получи́ла моё письмо́ от пе́рвого ма́я.
Я не мог найти́ газе́ту от два́дцать пя́того сентября́.

(4) 관용적인 표현

от ра́дости	기뻐서
от го́ря	슬퍼서
от хо́лода	추워서
от бо́ли	아파서
от пу́ли	총에 맞아서

(5) 동사, 부사와 함께

освобожда́ть-освободи́ть	*кого-что*를 *от кого-чего* ～에서 자유롭게 하다
защища́ть-защити́ть	*кого-что*를 *от кого-чего* ～로부터 방어하다
отстава́ть-отста́ть	*от кого-чего* ～에서 뒤떨어지다
далеко́	*от кого-чего* ～에서 멀다
бли́зко	*от кого-чего* ～에서 가깝다

격과 전치사

10 « до

(1) 행위나 운동의 한계 (~까지)

Мои́ де́ти дочита́ли э́тот расска́з до конца́.

До ста́нции я шла пешко́м одна́.

Сего́дня мы дое́дем до университе́та.

(2) 시간의 한계, 종료 (~까지)

Снег шёл до утра́.

Рабо́чие рабо́тали до ве́чера.

Ле́кция по матема́тике была́ до пяти́ часо́в.

(3) 시간의 표현 (~전에, ~기 전에) ➡ 65과

Все шко́льники вошли́ в класс до звонка́.

Оте́ц, наве́рное, бу́дет до́ма до обе́да.

11 « к

(1) 운동의 방향 (Куда́?) ➡ 36과

Приходи́те к нам в го́сти.

Они́ вы́шли из ваго́на и пошли́ к ле́су.

Мы с жено́й вчера́ ве́чером е́здили к роди́телям.

(2) 시간의 표현 (~까지, ~경에)

Все пришли́ к двум часа́м.

Они́ зако́нчили рабо́ту то́лько к ве́черу.

(3) 감정의 대상 ➡ 22과

Я испы́тываю по́лное дове́рие к э́тому врачу́!

У э́того молодо́го челове́ка больша́я любо́вь к му́зыке.

(4) ~에 어울리는, ~에 적합한

Эта шля́па идёт вам, подхо́дит <u>к ва́шему костю́му</u>.

Како́й цвет воло́с подхо́дит <u>к голубы́м глаза́м</u>?

(5) 관용적인 표현 ➡ 27과

к сча́стью	다행히
к сожале́нию	유감스럽게도
к у́жасу	무섭게도
лицо́м к лицу́	얼굴을 맞대고
спи́ной ко мне	나에게 등을 돌리고

12 << *по*

(1) 표면을 따라 행해지는 운동 (~을 따라) ➡ 45과

Я всегда́ хожу́ <u>по у́лице</u> ме́дленно.

Мно́гие лю́ди путеше́ствуют <u>по Росси́и</u>.

(2) 활동영역, 관계의 범주 ➡ 25과

Профе́ссор Ким чита́ет ле́кцию <u>по фи́зике</u>.

Это мои́ друзья́ <u>по университе́ту</u>.

(3) 시간의 표현 (~마다) ➡ 29과

<u>По среда́м</u> он хо́дит к врачу́.

<u>По каки́м дням</u> у вас учи́тельское собра́ние?

(4) 수단, 방법

Она́ хо́чет отпра́вить э́то <u>по по́чте</u>.

Молоды́е лю́ди е́хали <u>по желе́зной доро́ге</u>.

Сего́дняшняя переда́ча <u>по телеви́зору</u> интере́сна.

격과 전치사

(5) 판단의 근거 ➡ 44과

Я узна́л своего́ дру́га по го́лосу.

По её мне́нию, э́та статья́ о́чень необы́чна.

По реше́нию суда́ он до́лжен заплати́ть штраф.

(6) 한계 또는 한도 (~까지)

Магази́н рабо́тает с понеде́льника по пя́тницу.

Я сыта́ по го́рло.

(7) 동사와 함께

специализи́роваться   *по чему*   ~을 전문으로 하다

скуча́ть   *по кому-чему*   ~을 그리워하다

13 << *за*

кого — что

(1) 사물의 뒤, 건너편으로의 이동 (Куда́?) ➡ 47과

Наш учи́тель уе́хал за грани́цу в э́том году́.

Вдруг маши́на поверну́ла за у́гол.

Все го́сти се́ли за сто́л, разгова́ривая об э́том.

(2) ~대신에, ~몫으로

Послеза́втра я до́лжен рабо́тать за вас.

Во вре́мя бере́менности же́нщине ну́жно есть за двои́х.

(3) 행위가 행하여진 기한 (~만에) ➡ 66과

Ма́льчик прочита́л э́ту кни́гу за неде́лю.

Тот дом постро́или за три го́да.

(4) 가격 또는 대가

Я купи́л ко́фе <u>за 105 рубле́й</u>.

Он несёт отве́тственность <u>за э́то происше́ствие</u>.

(5) 동사와 함께

боро́ться	*за кого-что*	~을 위해 싸우다
стоя́ть	*за кого-что*	~에 지지하다
благодари́ть	*за что*	~에 대해 감사하다
хвали́ть	*за что*	~에 대해 칭찬하다
руга́ть	*за что*	~에 대해 욕하다
выходи́ть за́муж	*за кого*	~에게 시집가다, ~와 결혼하다

кем – чем

(1) 사물의 뒤, 건너편의 위치 (Где?) ➡ 22과

Мы с бра́том жи́ли <u>за грани́цей</u>.

Все друзья́ сиде́ли <u>за столо́м</u>.

<u>За до́мом</u> нахо́дится больша́я река́.

(2) 목적 또는 뒤따라서 행하는 행동의 표현 ➡ 36과

Ба́бушка ушла́ в магази́н <u>за хле́бом</u>.

Я должна́ была́ пое́хать в кинотеа́тр <u>за биле́тами</u>.

Ма́льчик пошёл <u>за свои́м отцо́м</u>.

(3) 시간의 표현 (~하면서, ~중에) ➡ 47과

за ча́ем	차 마시면서
за рабо́той	일하면서, 작업 중에
за обе́дом (за́втраком, у́жином)	식사하면서, 식사 중에

격과 전치사

(4) 동사와 함께

сле́довать	за кем-чем	~의 뒤를 따라가다
наблюда́ть	за кем-чем	~을 지켜보다
(по)смотре́ть	за кем-чем	~을 감시하다
уха́живать	за кем-чем	~을 간호하다, 돌보다

 **с**

кем – чем

(1) ~와 함께, ~을 갖고서

– <u>С кем</u> вы говори́ли об э́том? – <u>Со знако́мым</u>.
Они́ пригласи́ли нас <u>с ним</u> в го́сти.
Он стои́т <u>с газе́той</u> у две́ри.

(2) 수단, 방법 또는 상태

Я сде́лал э́то <u>с по́мощью</u> учи́теля.
Ма́льчик <u>с интере́сом</u> слу́шает ра́дио.

(3) ~을 갖고 있는

Я знал ту де́вушку <u>с дли́нными волоса́ми</u>.
Мне нра́вятся лю́ди <u>с тала́нтами</u>.

(4) 동사, 부사와 함께

встреча́ться-встре́титься	с кем-чем	~을 만나다
поздравля́ть-поздра́вить	с чем	~을 축하하다
боро́ться	с кем-чем	~과 싸우다
ря́дом	с кем-чем	~과 나란히
вме́сте	с кем-чем	~과 함께

кого – что

(1) ~쯤, ~정도 (길이, 크기, 시간 따위가 비슷)

    Она́ ро́стом с меня́.

    Анто́н про́был у дру́га с год.

(2) ~에게는, ~로서는 (= для)

    С меня́ дово́льно.

    С вас хва́тит.

кого – чего

(1) ~에서부터 (방향 또는 시간) ➡ 36과

    Кни́ги упа́ли со стола́.

    Он получи́л письмо́ с ро́дины.

    Ма́ма уста́ла, потому́ что рабо́тала с утра́ до ве́чера.

(2) 관용적인 표현

с ра́дости	기쁜 나머지
с ви́ду	외견상으로는
с пе́рвого взгля́да	첫눈에, 언뜻 보아
с (чьей-либо) то́чки зре́ния	~의 관점에서

15<< в

кого – что

(1) 운동의 방향 (Куда́?) ➡ 36과

    Я иду́ в шко́лу.

    Она́ вошла́ в ко́мнату.

    Мой брат положи́л письмо́ в стол.

격과 전치사

(2) 시간의 표현 (Когда́?) ➡ 64과, 65과

– <u>В како́й день неде́ли</u> он уе́хал в Москву́? – <u>В сре́ду</u>.
Мои́ роди́тели уе́хали туда́ <u>в понеде́льник</u>.
Я написа́ла статью́ <u>в два часа́</u>.

(3) 차이를 나타내는 표현 ➡ 38과

Э́то <u>в пять раз</u> бо́льше.
Моя́ кни́га <u>в два ра́за</u> доро́же ва́шей.

(4) ~(으)로서

в знак *чего* ~의 표시로
в честь *кого́-чего́* ~을 위하여
в па́мять *о ком-чём* ~에 대한 추억으로

(5) 동사와 함께

игра́ть *во что* ~운동, 놀이를 하다
бить *во что* ~을 치다, 두드리다

ком – чём

(1) 사람·사물의 위치 및 장소 (Где?) ➡ 23과

Она́ была́ <u>в шко́ле</u>.
Мы с жено́й встре́тились <u>в рестора́не</u> по́сле рабо́ты.
Тетра́дь лежи́т <u>в столе́</u>.

(2) 시간의 표현 (Когда́?) ➡ 64과

– <u>В како́м ме́сяце</u> он прие́хал в Сеу́л? – <u>В ма́рте</u>.
– <u>В како́м году́</u> вы родили́сь? – Я родила́сь <u>в 1991 году́</u>.

(3) 상태, 구성 또는 순번

челове́к в шля́пе, очка́х	모자, 안경을 쓰고 있는 사람
кни́га в двух тома́х	두 권으로 된 책
во-пе́рвых, во-вторы́х, в-тре́тьих	첫째, 둘째, 셋째

(4) 동사와 함께

обвиня́ть-обвини́ть	*в чём*	~에 대해 비난하다
помога́ть-помо́чь	*в чём*	~을 도와주다
разбира́ться-разобра́ться	*в чём*	~을 깊이 이해하다
нужда́ться	*в чём*	~이 필요하다, 부족하다
уча́ствовать	*в чём*	~에 참가 · 참여하다

16 << *на*

кого́ — что

(1) 운동의 방향 (Куда́?) ➡ 36과

Она́ идёт <u>на вы́ставку</u>.

Я положи́л журна́л <u>на стол</u>.

Моя́ сестра́ се́ла <u>на стул</u>.

(2) 목적의 의미 (= для) ➡ 47과

Он рабо́тает <u>на со́весть</u>.

Ви́ктор подари́л мне э́ту кни́гу <u>на па́мять</u>.

Друзья́ зову́т меня́ <u>на прогу́лку</u>.

(3) 예정된 기간 ➡ 66과

У нас бу́дет о́тпуск <u>на ме́сяц</u>.

У меня́ больши́е пла́ны <u>на бу́дущее</u>.

– <u>На ско́лько дней</u> вы пое́дете в Ло́ндон? – <u>На неде́лю</u>.

격과 전치사

(4) 차이를 나타내는 표현 ➡ 38과

Оте́ц ста́рше ма́тери на три го́да.

Она́ опозда́ла на ле́кцию на пять мину́т.

Я купи́л биле́т на 20 рубле́й доро́же.

(5) 동사와 함께

смотре́ть-посмотре́ть	на кого-что ~을 쳐다보다
влия́ть-повлия́ть	на кого-что ~에 영향을 주다
наде́яться	на кого-что ~을 기대하다, 희망하다
полага́ться-положи́ться	на кого-что ~에 의지하다, 신뢰하다
сади́ться-сесть	на что(교통수단) ~을 타다

ком — чём

(1) 사람·사물의 위치 및 장소 (Где?) ➡ 23과

Она́ была́ на вы́ставке.

Журна́л лежа́л на столе́.

Я сиде́ла на сту́ле це́лый день.

(2) 시간의 표현 (Когда́?)

на про́шлой неде́ле, на э́той неде́ле, на бу́дущей неде́ле

на кани́кулах, на пра́здниках

(3) 교통수단 (На чём? Как?) ➡ 22과

– На чём вы пое́дете туда́? – Я пое́ду на авто́бусе.

– Ты уме́ешь ката́ться на лы́жах? – Нет, не уме́ю.

(4) 악기연주 및 언어수단 ➡ 41과, 51과

Она́ хорошо́ игра́ет на роя́ле.

Спекта́кль шёл на ру́сском языке́.

У меня́ есть кни́га на япо́нском языке́.

(5) 관용적인 표현

на ходу́	걸어가고 있을 때에
на бегу́	달리고 있을 때에
на лету́	비행중에
на мои́х глаза́х	나의 눈 앞에서, 내가 있는 곳에서

(6) 동사와 함께

жени́ться	*на ком*	~에게 장가가다, ~와 결혼하다

속담, 격언, 유용한 표현

- Сло́во – серебро́, молча́ние – зо́лото.

- Кни́га – лу́чший друг.

- Хоро́шее нача́ло – полови́на де́ла.

- Лю́бишь ката́ться, люби́ и са́ночки вози́ть.

- Труд челове́ка ко́рмит, а лень по́ртит.

- В гостя́х хорошо́, а до́ма лу́чше.

- Вели́кий пра́здник – хоро́шая пра́вильная кни́га. (М. Го́рький)

- На всё есть вре́мя.

- Без му́ки нет нау́ки.

- Кто не рабо́тает, тот о́тдыха не зна́ет.

- Где говоря́т де́ньги, там молчи́т со́весть.

- На вкус и цвет това́рищей нет.

- За чем пойдёшь, то и найдёшь.

- Пе́рвый блин всегда́ ко́мом.

- Рука́м рабо́та – душе́ пра́здник.

- Тот сча́стлив, кто здоро́в.

- Бог помога́ет тому́, кто рабо́тает.

- Не верь чужи́м реча́м, а верь свои́м глаза́м.

- Челове́к без мечты́, как солове́й без го́лоса. (М. Сте́льмах)

- Не по слова́м су́дят, а по дела́м.

- Мно́го шу́му – ма́ло то́лку.

- Под лежа́чий ка́мень вода́ не течёт.

- Повторе́ние – мать уче́ния.

- Одна́ голова́ хорошо́, а две лу́чше.

- Любо́вь – э́то когда́ я забо́чусь о тебе́, а ты обо мне.

- Глаза́ – э́то зе́ркало души́.

- Се́меро одного́ не ждут.

- Нет пра́вил без исключе́ний.

- Лу́чше оди́н раз уви́деть, чем сто раз услы́шать.

- Дом – по́лная ча́ша.

- Мы должны́ есть, что́бы жить, а не жить, что́бы есть.

- Жизнь длинна́, е́сли е́ю уме́ло по́льзоваться. (Сене́ка)

- Москва́ не сра́зу стро́илась.

- У приро́ды нет плохо́й пого́ды.

- Кто не идёт вперёд, тот идёт наза́д. (В. Бели́нский)

- Оди́н в по́ле не во́ин.

- Лу́чше по́здно, чем никогда́.

- Го́лод – лу́чшая припра́ва.

속담, 격언, 유용한 표현

- Что посе́ешь, то и пожнёшь.

- Челове́к – кузне́ц своего́ сча́стья.

- Всему́ есть коне́ц.

- Не говори́, что де́лал, а говори́, что сде́лал.

- Дру́га ищи́, а найдёшь – береги́.

- Не име́й сто рубле́й, а име́й сто друзе́й.

- Пешко́м ходи́ть – до́лго жить.

- Язы́к до Ки́ева поведёт.

- Беда́ не прихо́дит одна́.

- Друзья́ познаю́тся в беде́.

- Ры́ба и́щет, где глу́бже, а челове́к – где лу́чше.

- Ка́ждый челове́к рожда́ется для како́го-то де́ла. (Э. Хемингуэ́й)

- Челове́к устаёт, когда́ ему́ не́чего де́лать.

- Вре́мя не ждёт.

- Челове́ка мо́жно узна́ть по тем кни́гам, кото́рые он чита́ет. (С. Смайлс)

- По́сле дра́ки кулака́ми не ма́шут.

- Бу́дет и на на́шей у́лице пра́здник.

- Забо́тясь о сча́стье други́х, мы нахо́дим своё со́бственное. (Плато́н)

- Бесполе́зно живу́щий челове́к – мёртвый челове́к. (Чуко́тская му́дрость)

- Лихá бедá нáчало.

- Волнýемый воспоминáниями, я забы́лся. (М. Лéрмонтов)

- Скáзано – сдéлано.

- Чтóбы знать, нáдо учи́ться.

- В человéке всё должнó быть прекрáсно: и лицó, и одéжда, и душá, и мы́сли. (А. Чéхов)

- Не отклáдывай на зáвтра то, что мóжно сдéлать сегóдня.

- Пóсле трудóв слáдок покóй.

- Век живи́ – век учи́сь.

- Оди́н за всех, все за одногó.

- У счáстья нет зáвтрашнего дня; у негó нет и вчерáшнего; онó не пóмнит прошéдшего, не дýмает о бýдущем; у негó есть настоя́щее – и это не день, а мгновéнье. (И. Тургéнев)

기본회화

1 만날 때 인사 • ПРИВЕТСТВИЕ

Здра́вствуй! Здра́вствуйте!

До́брое у́тро!

До́брый день!

До́брый ве́чер!

Приве́т!

2 헤어질 때 인사 • ПРОЩАНИЕ

До свида́ния. До за́втра! До послеза́втра!

До встре́чи! До ско́рой встре́чи!

Всего́ хоро́шего. Всего́ до́брого. Всего́ наилу́чшего.

Проща́й. Проща́йте.

Счастли́во! Счастли́во остава́ться (отдохну́ть)!

Счастли́вого пути́!

Будь здоро́в / здоро́ва! Бу́дьте здоро́вы!

Споко́йной но́чи!

Пока́!

3 감사의 말 • БЛАГОДАРНОСТЬ

– Спаси́бо. – Пожа́луйста.

– Большо́е спаси́бо. – Не сто́ит.

– Спаси́бо за внима́ние. – Не́ за что.

Благодарю́ вас за всё. Спаси́бо тебе за тёплые слова́.

Я хоте́л бы поблагодари́ть вас за пода́рок.

Я вам призна́телен / призна́тельна за по́мощь.

4 사과의 말 • ИЗВИНЕНИЕ

– Извини́те. – Пожа́луйста.

– Прости́те. – Ничего́. Ничего́ стра́шного.

Извини́те за опозда́ние на уро́к.

Извини́те, что я опозда́л на заня́тие.

Извини́те, я был не прав.

5 사람을 부르는 경우 • ПРИВЛЕЧЕНИЕ ВНИМАНИЯ

Прости́те, пожа́луйста.

Извини́те, пожа́луйста.

Бу́дьте добры́! Бу́дьте любе́зны!

Молодо́й челове́к! Де́вушка!

6 이해의 표현 • ПОНИМАНИЕ

– Вы меня понима́ете? – Да, понима́ю.

Я не зна́ю. Повтори́те, пожа́луйста.

Вы по́няли? Да, по́нял / поняла́.

Поня́тно. Мне не поня́тно.

기본회화

7 의견 • МНЕНИЕ

Как вы ду́маете?

Како́е у вас мне́ние об э́том? Каково́ ва́ше мне́ние?

Как вы отно́ситесь к э́тому?

Я ду́маю, что вы соверше́нно пра́вы.

По-мо́ему, вы на сто проце́нтов пра́вы.

Мне ка́жется, ва́ше мне́ние пра́вильно.

Я счита́ю так же, как вы.

Если ты прав / права́, то я не прав / права́.

Пока́ ещё не изве́стно.

Мне всё равно́.

8 제안 • ПРЕДЛОЖЕНИЕ

Пойдём вме́сте! Пообе́даем вме́сте!

Пойдём гуля́ть. Пошли́! Пое́хали!

Дава́йте, посмо́трим телеви́зор.

Дава́й вы́пьем за дру́жбу!

Дава́йте люби́ть друг дру́га, пока́ есть вре́мя.

Дава́йте изуча́ть бога́тый и интере́сный ру́сский язы́к!

9 감탄 또는 애석함 • КОМПЛИМЕНТ ИЛИ СОЖАЛЕНИЕ

Замеча́тельно! Отли́чно! Прекра́сно! Великоле́пно!

Су́пер! Ничего́ себе́!

Сла́ва бо́гу! Бо́же мой!

Как жаль! Как жа́лко!

Како́й у́жас! Како́й кошма́р!

10 동의 • СОГЛАСИЕ

Да. Хорошо́. Я то́же так ду́маю.

С удово́льствием. Соверше́нно ве́рно.

Я согла́сен / согла́сна.

Я дово́лен / дово́льна.

Я не возража́ю.

Ничего́ не име́ю про́тив.

Вы пра́вы. Я за. Я не про́тив.

11 반대 • ВОЗРАЖЕНИЕ

Нет. Я так не ду́маю.

Я не согла́сен / согла́сна.

Вы не пра́вы. Я про́тив.

기본회화

12 도움 요청 • ПРОСЬБА О ПОМОЩИ

Помоги́те мне.

Посове́туйте мне. Подскажи́те мне.

Вы не мо́жете мне помо́чь?

Мне нужна́ ва́ша по́мощь.

Вы не могли́ бы мне помо́чь?

У меня́ есть про́сьба к вам.

13 소개 • ЗНАКОМСТВО

О́чень прия́тно.

Я ра́д / ра́да с ва́ми познако́миться. Я ра́д / ра́да вас ви́деть.

Дава́йте познако́мимся.

– Как вас зову́т? – Меня́ зову́т … .

– Как ва́ша фами́лия? – Моя́ фами́лия … .

– Как ва́ше и́мя – Моё и́мя … .

– Вы жена́ты? – Да, жена́т. Это моя́ жена́.

– Вы за́мужем? – Да, за́мужем. Это мой муж.

– У вас есть де́ти? – Нет, у меня́ ещё нет дете́й.

14 가족 • СЕМЬЯ

Это моя́ семья́.

Это мой оте́ц. Он пенсионе́р.

Это моя́ мать. Она́ домохозя́йка.

Это мой брат. Он студе́нт.

Это моя́ сестра́. Она́ шко́льница.

– У вас есть семья́? У вас больша́я семья́?
 – Да, есть. Но не больша́я, а ма́ленькая. То́лько оте́ц, мать.

– Ско́лько челове́к у вас в семье́?
 – Четы́ре. Кро́ме меня́ три челове́ка.

– У вас есть бра́тья? Ско́лько у вас бра́тьев?
 – У меня́ два бра́та.

– У вас есть сёстры? Ско́лько у вас сестёр?
 – У меня́ то́лько одна́ сестра́.

– Ско́лько у вас дете́й? У меня́ дво́е дете́й.
 – У меня́ два сы́на и одна́ до́чка.

15 나이 • ВОЗРАСТ

– Ско́лько вам лет? – Мне два́дцать шесть лет. А вам?

– Вы вы́глядите моло́же свои́х лет. – Рад / Ра́да это слы́шать.

Моему́ сы́ну испо́лнилось два́дцать два го́да.

Я ста́рше тебя́. Ты моло́же меня́.

Он ста́рше её на два го́да.

Мы с ва́ми рове́сники.

16 안부인사 • ПРИВЕТ

– Как дела́? – Спаси́бо, хорошо́. Всё в поря́дке.

기본회화

– Как вы поживáете? – Нормáльно. А вы как?

– Как жизнь? – Как обы́чно. (Как всегдá. По-прéжнему.)

– Как вáше здорóвье? – Спаси́бо, хорошó. А как вáше?

– Что нóвого? Каки́е у вас нóвости? – Ничегó нóвого.

Передáйте привéт вáшим друзья́м.

Вам привéт от моегó дрýга.

17 건강 • ЗДОРОВЬЕ

– Как вы себя́ чýвствуете? – Спаси́бо, óчень хорошó.

– Какóе у вас настроéние? – Отли́чное.

– Что (случи́лось) с вáми? – Ничегó.

– Что у вас боли́т? – У меня́ боли́т головá.

У меня́ грипп (простýда, кáшель, нáсморк, анги́на).

Вы хорошó вы́глядите! Вы вы́глядите лýчше, чем рáньше.

Желáю вам бы́стро попрáвиться.

Поправля́йся скорéе. Береги́ себя́.

Он похудéл на два килогрáмма.

Онá поправи́лась. Ей нáдо сесть на диéту.

Не беспокóйтесь. Не переживáйте. Всё бýдет хорошó.

18 날씨 • ПОГОДА

– Какáя сегóдня погóда? – Сегóдня хорóшая погóда.

Сегóдня сóлнечно и я́сно.

Сего́дня о́чень тепло́ (жа́рко, прохла́дно, хо́лодно).

Идёт дождь.

– Кака́я пого́да была́ вчера́? – Вчера́ пого́да была́ плоха́я.

Вчера́ бы́ло хо́лодно.

Вчера́ шёл дождь и дул ве́тер.

– Кака́я пого́да бу́дет за́втра? – Ка́жется, бу́дет хоро́шая пого́да.

За́втра бу́дет па́смурно.

За́втра бу́дет дождь и си́льный ве́тер.

19 만남과 약속 • ВСТРЕЧА И СВИДАНИЕ

– Ты сего́дня ве́чером за́нят / занята́?

– Нет, я не за́нят / занята́. Я свобо́ден / свобо́дна.

– Хоти́те пойти́ в теа́тр? – С удово́льствием.

– Во ско́лько вам удо́бно? – Встре́тимся в 6 часо́в.

– Где мы встре́тимся? – Дава́йте встре́тимся пе́ред теа́тром.

– Я хочу́ пригласи́ть тебя́ на вечери́нку. – Хорошо́, я пойду́.

– Пообе́даем вме́сте! – К сожале́нию, я не могу́.

– Приходи́те к нам в го́сти! – Спаси́бо. Я приду́ к вам.

20 시간 • ВРЕМЯ

– У вас есть вре́мя? – Нет, у меня́ нет вре́мени.

– Ско́лько вре́мени? Кото́рый час? – Сейча́с два часа́.

– Когда́ начина́ется рабо́чий день? – Он начина́ется в 9 часо́в.

기본회화

– Когда́ зака́нчивается рабо́чий день? – Он зака́нчивается в 6:00.

– Когда́ у вас (бу́дет) о́тпуск? – О́тпуск у меня́ (бу́дет) в ию́ле.

– Во ско́лько я до́лжен прие́хать в аэропо́рт? – Без десяти́ три.

– В кото́ром часу́ он пошёл в шко́лу? – О́коло восьми́ часо́в утра́.

– Как ча́сто вы хо́дите на конце́рты? – Два ра́за в ме́сяц.

– Ско́лько часо́в продолжа́ется собра́ние? – Часо́в пять.

21 생활과 직장 • РАССКАЗ О ЖИЗНИ И РАБОТЕ

– Отку́да вы прие́хали? – Из Ю́жной Коре́и. Я коре́ец.

– Где вы живёте? – Я живу́ в Сеу́ле.

– Ваш дом бли́зко и́ли далеко́ отсю́да? – О́чень далеко́.

– Ско́лько лет вы живёте здесь? – Семь лет.

– Когда́ вы встаёте? – Я обы́чно встаю́ в шесть часо́в утра́.

– Во ско́лько вы ложи́тесь спать? – В двена́дцать часо́в но́чи.

– Каки́е у вас пла́ны на ле́то? – Че́рез неде́лю пое́ду на юг.

– Как вы прово́дите воскресе́нье? – Я сижу́ до́ма, смотрю́ телеви́зор.

– Где вы рабо́таете? – Я рабо́таю в ба́нке.

– Кем вы рабо́таете? – Я рабо́таю дире́ктором фи́рмы.

– На чём вы е́здите на рабо́ту? – Я обы́чно е́зжу туда́ на метро́.

22 학교이야기 • РАССКАЗ О ШКОЛЕ

– Где вы у́читесь? – Я учу́сь в шко́ле «Сунмён».

– В каком кла́ссе вы у́читесь? – Я учу́сь в пе́рвом кла́ссе.

– Где вы у́читесь? – Я учу́сь в университе́те «Хангу́к».

– На како́м ку́рсе вы у́читесь? – На тре́тьем ку́рсе.

– Како́й пре́дмет вам бо́льше всего́ нра́вится? – Исто́рия.

В шко́ле де́ти у́чат англи́йский язы́к и матема́тику.

Я изуча́ю ру́сский язы́к. Я учу́сь ру́сскому языку́ в университе́те.

Мы занима́емся ру́сским языко́м по вто́рникам и четверга́м.

Я бу́ду проходи́ть годи́чную стажиро́вку в Росси́и.

– Почему́ он так пло́хо у́чится? – Он ча́сто пропуска́ет уро́ки.

– Кем вы хоти́те стать? – Я хочу́ стать худо́жником.

– Когда́ у вас зи́мние кани́кулы? – У нас кани́кулы в декабре́.

23 기호 및 취미 • ВКУС И ХОББИ

Како́е ва́ше люби́мое заня́тие? Чем вы увлека́етесь?

Расскажи́те, как вы лю́бите проводи́ть своё вре́мя?

– Чем вы занима́етесь в свобо́дное вре́мя?

   – Я занима́юсь спо́ртом и́ли смотрю́ фи́льмы.

– Каки́м ви́дом спо́рта вы занима́етесь?

   – Я игра́ю в те́ннис (футбо́л, баскетбо́л).

– Вы ча́сто хо́дите в кино́? – Нет, к сожале́нию, ре́дко.

– Каки́е фи́льмы вам нра́вятся? – Мне нра́вятся ра́зные фи́льмы.

– Каку́ю му́зыку вы лю́бите? – Я люблю́ совреме́нную му́зыку.

Де́ти лю́бят игра́ть в компью́терные и́гры.

기본회화

24 식사 • ЗА СТОЛОМ

– Вы хоти́те есть? – Да, хочу́.

– Вы го́лодны? – Да, я го́лоден / голодна́, как волк.

– Вы хоти́те пить? – Нет, не хочу́ пить.

– Что вы хоти́ть на обе́д? – Я хочу́ пи́ццу и ко́фе.

Е́шьте, пожа́луйста. Пе́йте на здоро́вье.

Прия́тного аппети́та. Я предлага́ю тост за нас.

– Вы хоти́те ещё? – Да, пожа́луйста. Очень вку́сно.

– Ты бу́дешь ещё? – Нет, спаси́бо. Я нае́лся / нае́лась.

Благодарю́ вас за вку́сный обе́д.

Спаси́бо вам за гостеприи́мство.

25 전화 • ТЕЛЕФОННЫЙ РАЗГОВОР

Алло́! Слу́шаю вас.

Мо́жно поговори́ть с Ни́ной? Я хочу́ поговори́ть с Ни́ной.

Мо́жно попроси́ть Ни́ну? Попроси́те, пожа́луйста, Ни́ну.

Кто э́то говори́т? Кто у телефо́на? С кем я говорю́?

Подожди́те у телефо́на, сейча́с позову́ её.

Не клади́те тру́бку. Одну́ мину́ту, я её позову́.

Ни́ны сейча́с нет. Позвони́те попо́зже.

Ла́дно, я позвоню́ пото́м. Я перезвоню́.

Ни́ны нет. Что ей переда́ть? Ей что́-нибудь переда́ть?

Переда́йте, что звони́л Ива́н. Попроси́те её позвони́ть Ива́ну.

Вы оши́блись. По како́му но́меру вы звони́те?

Вы ошиблись номером. Вы не туда попали.

Какой номер вашего телефона? Какой у вас номер телефона?

Могу ли я позвонить домой или на работу?

26 축하와 기원 • ПОЗДРАВЛЕНИЕ И ЖЕЛАНИЕ

С Новым годом! С Рождеством! С праздником!

Поздравляю вас с днём рождения!

Поздравляю вас с поступлением на работу!

Желаю вам здоровья и счастья!

Желаю вам успеха в работе! Удачи тебе во всём.

Желаю вам удачного дня!

Желаю тебе хорошо провести время!

Надеюсь, что всё будет хорошо.

Надеюсь на хороший результат.

Будем надеяться на удачный исход дела.

Всего хорошего. Всего доброго. Всего наилучшего.

Приятного отдыха!

Спокойной ночи!

Приятного аппетита!

Счастливого пути!

– Ни пуха, ни пера! – К чёрту.

연습문제 해답

01 | УПРАЖНЕНИЯ |
1. Вот дом.
2. Вот словарь и книга.
3. Это учебник.
4. Это Иван? – Да, это Иван.
5. Это Наташа? – Нет, это не Наташа.

02 | УПРАЖНЕНИЯ |
1. Здесь столы.
2. Там газеты и журналы.
3. Это артисты.
4. Это словари.
5. Где студенты?

03 | УПРАЖНЕНИЯ |
1. Что это? – Это ёлка.
2. Кто это? – Это художник.
3. Что это? – Это картины.
4. Кто он (по профессии)? – Он бизнесмен.
5. Это моя семья. Мать, отец и младшая сестра Катя.

04 | УПРАЖНЕНИЯ |
1. Чьи это дети? – Они мои дети.
2. Чьё это пальто? – Моё.
3. Как ваше имя?
4. Как ваша фамилия?
5. Как твоё здоровье?

05 | УПРАЖНЕНИЯ |
1. Этот компьютер чей? – Он мой.
2. Тот певец наш друг.
3. То платье чьё? – Оно её.
4. Эти кроссовки его.
5. Тот студент первокурсник.

06 | УПРАЖНЕНИЯ |
1. Наш дом далеко.
2. Твоё место вот здесь.
3. Где твоя мать? – Она дома.
4. Где их общежитие? – Оно справа.
5. Рядом озеро, кругом лес.

07 | УПРАЖНЕНИЯ |
1. Какой это словарь? – Это русско-корейский словарь.
2. А какой он? – Он добрый и прилежный.
3. Какой прекрасный день!
4. Какая хорошая идея!
5. Твоя комната светлая и уютная.

시 | ТЫ ПОМНИШЬ ЛИ, МАРИЯ |
помнишь, старинный, старый, длинный, помнишь, Вечерний, далёкий, чистый, Спокойный, помнишь, Утраченные

08 | УПРАЖНЕНИЯ |
1. У него есть старший брат? – Да, есть.
2. У неё есть дети? Они все взрослые?
3. У вас есть семья? У вас большая семья?
4. У меня есть вопрос.

5. У него грипп.

| КОНТРОЛЬНАЯ РАБОТА |

1. (1) самолёты, журна́лы, ма́мы, фа́брики, го́сти
   (2) слова́, столы́, слоны́, моря́, места́, словари́
   (3) ру́ки, стра́ны, зе́мли, го́ры, но́ги, ру́жья
2. (1) Чья это книга? – Моя.
   (2) Чей это студент? – Ваш.
   (3) Чьё это место? – Наше.
   (4) Чей это словарь? – Твой.
   (5) Чья это тетрадь? – Его.
3. (1) Это, то   (2) Эта, та
   (3) Эти, те   (4) Этот, тот
   (5) Эти, те
4. (1) самая   (2) самый   (3) самые
   (4) самое   (5) самый
5. (1) у тебя   (2) у неё   (3) у вас
   (4) у него   (5) у тебя

09 | УПРАЖНЕНИЯ |

1. Вера, вчера где ты была?
   – Я была дома.
2. Позавчера у нас были гости.
3. Когда студентка была у него?
4. Может быть, (она была там) вчера утром.
5. Где был мой друг?

10 | УПРАЖНЕНИЯ |

1. Завтра мы будем дома.
2. Почему?
   – Потому что у нас будут гости.
3. Когда будет собрание?
   – Послезавтра вечером.
4. В школе будет концерт.
5. Скоро будут зимние каникулы.

11 | УПРАЖНЕНИЯ |

1. Год назад его дочка изучала русский язык.
2. Я знаю, где вы изучаете русский язык,
3. Я немного понимаю по-русски.
4. Вы понимаете меня?
   – Да, понимаю.
5. Извините. Я совсем не понимаю.

시 | Я ВАС ЛЮБИЛ |

любил, совсем, больше, не хочу, любил, любил, быть

12 | УПРАЖНЕНИЯ |

1. Я совсем не говорю по-русски.
2. Николай каждый вечер смотрит телевизор.
3. Что он делал вчера вечером, когда она читала роман?
4. Он готовил (делал) уроки.
5. Мой друг хорошо говорит по-английски.

13 | УПРАЖНЕНИЯ |

1. Что ты делаешь после уроков?
   – Обычно отдыхаю дома.
2. В свободное время я люблю слушать радио.
3. Он знает, что я люблю изучать русский язык.

연습문제 해답

4. Я люблю сидеть дома.
5. Что вы любите? Любите кофе? Или сок?

14 | УПРАЖНЕНИЯ |

1. Вчера мы долго ходили по улице.
2. Мой друг Юрий вчера целый день сидел дома.
3. Что Соня делает сейчас? – Она пишет примеры.
4. Не беспокойтесь. Я хорошо вижу и хорошо слышу.
5. Самолёт летит высоко.

15 | УПРАЖНЕНИЯ |

1. Что Алёна делала вчера? – Она учила новые слова и читала тексты.
2. У нас было домашнее сочинение.
3. Раньше здесь была большая столовая.
4. Что ты будешь делать завтра? – Буду играть в футбол.
5. Я сначала буду спать, а потом смотреть фильм.

16 | УПРАЖНЕНИЯ |

1. 제 말을 잘 들으세요.
2. 자신에 대해 이야기 해라. 안 들려. 더 크게 말해.
3. 식사 전에 손을 씻으세요.
4. 나를 잊지 마세요.
5. 건강하거라, 사랑스러운 내 아들아!

17 | УПРАЖНЕНИЯ |

1. У кого была эта книга?
2. О чём вы говорите?
3. Что вы любите?
4. С кем была Соня вчера?
5. У кого он раньше жил?

18 | УПРАЖНЕНИЯ |

1. Наши дети любят разговаривать с отцом.
2. У Ивана (есть) серьёзная проблема.
3. В этом году она будет изучать английский язык с Сергеем.
4. У меня другое мнение о семинаре.
5. Она помогает мужу очень редко.

19 | УПРАЖНЕНИЯ |

1. Он всегда помогает жене.
2. Мы говорили о её работе.
3. Он любит Россию и её природу.
4. Наташа делает уроки вместе с подругой.
5. Чем ты занимаешься? – Я занимаюсь математикой.

20 | УПРАЖНЕНИЯ |

1. Что вы хотите пить? – Хочу пить кофе со сливками.
2. Она хочет есть яблоко.
3. Здесь было маленькое кафе.
4. Если у тебя есть время, я хочу поговорить о работе (о деле).

5. Извини, сейчас у меня нет времени.

21 | УПРАЖНЕНИЯ |

1. Студенты разговаривали с преподавателями об экзамене.
2. Музеи в городе известные.
3. Эти модные журналы очень интересные.
4. Вчера у нас (дома) были родственники.
5. Что вы думаете о его произведениях?

| КОНТРОЛЬНАЯ РАБОТА |

1. (1) другом (2) уроке
   (3) Таней (4) Учителе
   (5) ракете (6) стулом
   (7) Москве (8) молоком
   (9) вареньем (10) сыром
2. (1) чай – 남성, 단수, 4격
   (2) дело – 중성, 단수, 5격
   (3) музыка – 여성, 단수, 3격
   (4) студент – 남성, 복수, 5격
   (5) самолёт – 남성, 단수, 6격
3. (1) книгу, журнал
   (2) грамматику
   (3) мороженое и шоколад
   (4) Тане
   (5) библиотеке
   (6) улицам
   (7) Антоном
   (8) её студентов
   (9) его работой
   (10) словаря

22 | УПРАЖНЕНИЯ |

1. Дети играли у окна.
2. У Тани есть интерес к литературе.
3. Он едет в Сеул на поезде.
4. Она была здесь вместе с Андреем.
5. О чём ты мечтаешь?
   – О машине.

23 | УПРАЖНЕНИЯ |

1. Мой дядя живёт в деревне.
2. Моя семья любит гулять в парке.
3. Два дня назад он был на юге с родителями.
4. Кремль и Красная площадь находятся в центре.
5. Он бывал в Петербурге.

시 | ПАРУС |

В тумане, в стране, в краю,
Играют, бежит, Под ним, Над ним, в бурях

24 | УПРАЖНЕНИЯ |

1. Это преподаватель физики.
2. Сейчас начало марта.
3. Евгений Онегин – герой романа Пушкина.
4. Осень – (это) моё любимое время года.
5. Вчера был день рождения друга.

25 | УПРАЖНЕНИЯ |

1. Моя подруга Ира знает много языков.

연습문제 해답

2. У тебя дома очень много книг.
3. В центре города всегда много автомобилей и людей.
4. Когда заканчивается спектакль?
   – В десять часов.
5. У вас есть часы? Знаете, сколько времени сейчас?
   – Двенадцать часов.

26 | УПРАЖНЕНИЯ |

1. Они интересуются музыкой и искусством.
2. Владимир хочет встретиться с вами после обеда.
3. Вы верите мне?
   – Да, я верю вам.
4. Я много слышал о тебе.
5. Мы думаем не только о нём, но и о его семье.

27 | УПРАЖНЕНИЯ |

1. Мне интересно говорить с тобой.
2. Водить машину всегда трудно.
3. Мне очень приятно заниматься с вами.
4. Её тётя сидела (была) дома и ей было скучно.
5. Когда идёт дождь, мне что-то грустно.

시 | КАК ЗДЕСЬ ХОРОШО И ПРИЯТНО |
хорошо, приятно, люблю, Тебе, там, Тебе, здесь, мне, со мной

28 | УПРАЖНЕНИЯ |

1. Знаете ли вы, сколько ему лет?
   – Наверно, (ему) 23 года.
2. В будущем году мне будет 18 лет.
3. Сколько тебе было лет тогда?
   – Наверно, 20 лет или 21 год.
4. Можно спросить сколько вам лет?
5. Этому городу уже 500 лет.

29 | УПРАЖНЕНИЯ |

1. Есть ли вопросы?
   – Нет, вопросов нет.
2. Говорят, раньше не было даже алфавита.
3. Завтра День учителя. В школе не будет уроков.
4. Тогда ещё не было корейско-русского словаря.
5. На улице нет ни ветра, ни дождя.

30 | УПРАЖНЕНИЯ |

1. У неё нет дочери. Есть только два сына.
2. У нас в университете хорошие преподаватели.
3. Дети отдыхали на берегу Крыма.
4. У неё прекрасные глаза, не правда ли?
5. В столовой всегда много людей. Кажется, там хорошо готовят.

31 | УПРАЖНЕНИЯ |

1. На каком этаже вы живёте?
   – На одиннадцатом этаже.
2. У мальчика не было синего карандаша.

3. Я мечтаю о светлом будущем.
4. Вы знаете о завтрашнем концерте?
5. В правой руке конфета, а в левой шоколад.

32 | УПРАЖНЕНИЯ |

1. Завтра утром мы должны будем рано встать.
2. Она должна была быть дома одна.
3. Теперь ты должен много заниматься спортом.
4. Что вам нужно? – Мне нужны овощи и фрукты.
5. Человеку нужны свежий воздух и чистая вода.

33 | УПРАЖНЕНИЯ |

1. Одну минуту. Вы заняты?
2. Это место свободно?
3. Кто (вам) нужен?
4. Если они будут счастливы и здоровы, я тоже буду счстлив(а).
5. Он готов идти на футбол.

34 | УПРАЖНЕНИЯ |

1. Отец Ленина был учителем.
2. Когда моя младшая сестра была маленькой, она хотела стать врачом.
3. Сейчас он работает генеральным директором.
4. В молодости она была вежливой и умной.
5. Кем хочст стать его дочка?
   – Она хочет стать компьютерным программистом.

35 | УПРАЖНЕНИЯ |

1. Какая сегодня погода?
   – Очень плохая. Холодно, пасмурно и дует ветер (ветрено).
2. Идёт снег.
   Постепенно будет холодать.
3. Погода постепенно улучшается.
4. У нас (в стране) летом душно.
5. Он любит гулять по парку, когда светит солнце.

36 | УПРАЖНЕНИЯ |

1. Куда идёт твоя тётя сейчас?
   – Она идёт на почту.
2. Мы идём в круглосуточный магазин.
3. Летом мы едем в деревню к родителям.
4. Откуда вы приехали?
   – Из России.
5. Вчера я ходил(а) в гости к учителю.

37 | УПРАЖНЕНИЯ |

1. Можно войти? – Да, можно.
2. Можно ли звонить вам поздно ночью? – Нет, нельзя.
3. Студентам надо сдать все экзамены.
4. Можно ли съесть этот торт?
   – Да, конечно.

연습문제 해답

5. Человеку нужно будет подумать о Земле.

38 | УПРАЖНЕНИЯ |

1. Ты гораздо моложе меня.
2. Золото дороже серебра.
3. Вчера было холоднее, чем сегодня.
4. Жена старше мужа на два года.
5. Сегодняшняя лекция труднее вчерашней (=, чем вчерашняя).

39 | УПРАЖНЕНИЯ |

1. Это самая трудная задача по математике.
2. Какой город самый большой в России?
3. Пушкин – величайший русский поэт.
4. Он моложе всех нас.
5. Я больше всего люблю клубнику со сливками.

| КОНТРОЛЬНАЯ РАБОТА |

1. (1) друга Антона
   (2) русскому языку
   (3) мне   (4) Детям
   (5) этажа   (6) Мне, лет
   (7) денег
   (8) прилежным студентом
   (9) пасмурно, Тебе
   (10) Кому   (11) лучше
   (12) моложе (13) красивейшее
   (14) русских поэтов
   (15) самое краткое
2. (1) в (2) к (3) из (4) у (5) на
   (6) С (7) в (8) в (9) на (10) к

40 | УПРАЖНЕНИЯ |

1. Сегодня мне нездоровится. (Мне плохо.)
2. Чем вы больны?
   – У меня грипп (простуда).
3. Странно, мне не спится.
4. Вчера было очень холодно. Было 17 градусов мороза.
5. Попробуйте пить тёплое молоко, когда не спится.

41 | УПРАЖНЕНИЯ |

1. Чьё полотенце на столе? – Её.
2. Я подарил(а) духи моему старому другу.
3. Он гордится своими произведениями.
4. Мне понравилась лекция профессора Кима.
5. Тебе надо обязательно подумать о себе.

42 | УПРАЖНЕНИЯ |

1. Я всё знаю о нём.
2. Моя подруга Вера живёт на этой самой улице.
3. Мне нравится всё, что у тебя есть.
4. В этом современном журнале много информации.
5. Я хочу жить в такой удивительной стране.

| КОНТРОЛЬНАЯ РАБОТА |

1. (1) Малом театре
   (2) иностранных языков

(3) популярных художниках и музыкантах
(4) классическую музыку
(5) последние экзамены
2. (1) чьи (2) чьей (3) чьём
(4) Чьим (5) Чей
3. (1) этой (2) эту (3) этом
(4) этим (5) этих
4. (1) сами (2) самим (3) самих
(4) самой (5) сама

43 | УПРАЖНЕНИЯ |

1. пишет 2. опоздала
3. встречает 4. получил(а)
5. повторили 6. меняет
7. поужинала 8. отдыхал
9. берём 10. ждёте

44 | УПРАЖНЕНИЯ |

1. Я приготовил(а) уроки, и сейчас смотрю видео.
2. Ты всегда опаздываешь на урок. Нельзя опаздывать!
3. Виктор долго ждёт подругу перед театром.
4. У Симы уже есть фотоаппарат. Она купила его в марте.
5. Что ты делал(а) вчера? – Я весь день играл(а) на компьютере.

46 | УПРАЖНЕНИЯ |

1. Все дети идут в детский сад.
2. Я думаю, что ходить пешком хорошо для здоровья.
3. Откуда вы? – Мы идём из супермаркета.
4. По субботам мы ездили к тёте на машине.
5. Он ходил в универмаг купить подарок.

47 | УПРАЖНЕНИЯ |

1. Птицы и бабочки летают в этом лесу.
2. Машина везёт продукты в магазин.
3. Официант несёт нам салат.
4. Самолёт быстро летит на юг.
5. Вчера он ходил в цирк с племянником.

시 | Я ПРИШЁЛ К ТЕБЕ С ПРИВЕТОМ |

пришёл, к тебе, Рассказать, Рассказать, Рассказать, пришёл, готова, Рассказать, знаю, буду, песня

| КОНТРОЛЬНАЯ РАБОТА |

1. (1) ходит (2) ездит
   (3) едет (4) ходила
   (5) бегают (6) несёт
   (7) водит (8) везём
   (9) бегут (10) летят
2. (1) приходит (2) приехал
   (3) подхожу (4) принёс
   (5) подъехала (6) выйти
   (7) приходил (8) улетела
   (9) перевозит (10) ушли

50 | УПРАЖНЕНИЯ |

1. Давайте пригласим её на новоселье.

연습문제 해답

2. Пойдём в ресторан со мной.
3. Давайте понимать друг друга и помогать друг другу.
4. Давайте кататься на лыжах этой зимой.
5. Пусть он говорит об этом. Послушаем.

51 | УПРАЖНЕНИЯ |

1. Кто-то только что был в этой комнате.
2. Сейчас он живёт где-то в Сеуле.
3. Давай пойдём куда-нибудь в воскресенье.
4. У неё есть какой-то секрет.
5. Надо посоветоваться с кем-нибудь.

52 | УПРАЖНЕНИЯ |

1. Никто не знает, что я здесь.
2. У него нет какого-то мнения по этому поводу.
3. Я никак не могу закончить писать статью.
4. На балу мне не с кем было потанцевать.
5. Нам некогда встречаться из-за работы.

53 | УПРАЖНЕНИЯ |

1. Она не работает, а учится.
2. Что вы хотите есть?
   – Я хочу сырую рыбу.
3. Дайте чай с лимоном.
4. Что вы ищете в интернете?
5. После обеда будет дождь. Нужно взять с собой зонтик.

54 | УПРАЖНЕНИЯ |

1. Мой друг, который живёт в Москве, часто пишет нам письма.
2. Он говорит о девочке, которую он видел вчера у нас в классе.
3. Я хочу поступить в университет, в котором он учится.
4. У моего друга есть редкие книги, которых нет в библиотеке.
5. Недавно она была на озере, которому уже 900 лет.

| КОНТРОЛЬНАЯ РАБОТА |

(1) которому, которого, которого, которым, котором, которому
(2) которая, которую, которой, которой, которой, которой
(3) котором   (4) которым
(5) которые   (6) которую
(7) которая   (8) которыми
(9) котором   (10) которому

55 | УПРАЖНЕНИЯ |

1. Я не знаю того, кто в комнате.
2. Мне кажется, она тоже любит того, кого я люблю.
3. Всё, что он говорит, неправда.
4. Мы осмотрели дом-музей, где жил писатель.
5. Я совсем забыл тот день, когда мы были вместе.

56 | УПРАЖНЕНИЯ |

1. Сколько раз вы встречались со своими одноклассниками после окончания школы?
2. Эта книга легко читается.
3. Мой рабочий день обычно начинается в девять часов или даже раньше.
4. Собака – друг человека, но я боюсь собак.
5. У каждого из нас есть свои планы и мечты, поэтому мы все здесь.

57 | УПРАЖНЕНИЯ |

1. Написав письмо домой, я сейчас готовлю ужин.
2. Глядя на небо, я думал(а), какая погода будет завтра.
3. Сделав домашнее задание, Сергей начал читать текст.
4. Позвонив мне, он пригласил меня на вечер.
5. Сидя на диване, она смотрит в окно.

58 | УПРАЖНЕНИЯ |

1. Недавно я получил(а) письмо от друга, живущего в Якутии.
2. Девочка бежит к маме, идущей домой (пешком).
3. Я знаком с Антоном, работающим в этой фирме.
4. Можно пить холодную воду, стоящую на столе.
5. Моя семья жила всё лето на даче, находящейся на берегу реки.

59 | УПРАЖНЕНИЯ |

1. Профессор истории, прочитавший лекцию, вышел из аудитории.
2. Ноутбук, лежавший на столе, был мой.
3. Дядя, часто приходивший к нам в гости, работает в банке.
4. Он был тогда молодым учителем, только что окончившим педагогический институт.
5. В конце концов я познакомился (познакомилась) с людьми, сидевшими в комнате.

60 | УПРАЖНЕНИЯ |

1. Расскажите подробно об учителе, уважаемом школьниками.
2. Эта проблема, изучаемая научными работниками, очень важна.
3. В этой газете, издаваемой на русском языке, много интересных фактов.
4. В книжном магазине, к сожалению, нет детектива, читаемого моими детьми.
5. Геннадий Николевич наш уважаемый начальник.

시 | МОЙ ТИХИЙ СОН, МОЙ СОН ЕЖЕМИНУТНЫЙ |

Невидимый, смутный,

연습문제 해답

удивлённых, Невидимый, непонятный, испуганная, вечереющих

61

| УПРАЖНЕНИЯ |

1. Книга о туризме, купленная учителем, очень интересная и полезная.
2. Мы выучили стихи, переведённые этим поэтом.
3. Окно открыто. Кто открыл его?
4. Трёхэтажный дом был построен на берегу реки месяц назад.
5. В выходные дни влюблённые часто приходят в этот парк.

| КОНТРОЛЬНАЯ РАБОТА |

1. (1) читающий, который читает
   (2) живущая, которая живёт
   (3) идущих, которые идут
   (4) учащиеся, которые учатся
   (5) имеющее, которое имеет
   (6) пишущие, которые пишут
   (7) работающего, который работает
2. (1) написавшему, который написал
   (2) выступивших, которые выступили
   (3) возвращавшиеся, которые возвращались
   (4) открывшем, который открыл
   (5) приехавшего, который приехал
   (6) лежавшую, которая лежала
   (7) нёсшего, который нёс
3. (1) читаемые, которые читают студенты второго курса
   (2) передаваемый, который передают
   (3) руководимой, которой (которую) руководит известный профессор
   (4) любимая, которую любят все ученики третьего класса
   (5) выпускаемыми, которые выпускают заводы нашей страны
4. (1) прочитанном, который учитель прочитал
   (2) купленная, которую Анна купила
   (3) потерянные, которые он потерял
   (4) открытых, которые открыли
   (5) приглашёнными, которых пригласили
5. (1) прочитаны
   (2) получено
   (3) построен
   (4) написано
   (5) переведён

62

| УПРАЖНЕНИЯ |

1. Было бы хорошо, если я был(а) бы тобой.
2. Она хочет, чтобы он был дома.
3. Если бы у Люды было много времени, она помогла бы мне.
4. Я желаю, чтобы лето никогда не кончалось.
5. Если вы хотите больше узнать об этом, вы можете поехать на вокзал.

시 | ВЫХОЖУ ОДИН Я НА ДОРОГУ |

Выхожу, звезда, земля, больно, трудно, жаль, хотел, желал, Чтоб,

Чтоб, Чтоб, чтоб, шумел

63 | УПРАЖНЕНИЯ |

1. Какой сейчас месяц? – Декабрь.
2. Когда твой день рождения?
   – Двадцать третьего июня.
3. Какой день недели был вчера?
   – Была пятница.
4. В какой день недели будет собрание? – В субботу.
5. Очень жарко с середины июля до конца августа.

64 | УПРАЖНЕНИЯ |

1. Она окончила университет в прошлом году.
2. Новый учебный год в Корее начинается второго марта.
3. Мы должны закончить эту работу к концу мая.
4. Наверно, на третьей неделе будет конференция.
5. В середине декабря был выпускной экзамен.

시 | ДЕКАБРЬ И ЯНВАРЬ |

В декабре, счастье, Настоящее,
В январе, горе, Настоящее,
первый раз

65 | УПРАЖНЕНИЯ |

1. Договорились! Приходи к нам в 6 часов вечера.
2. Занятия начинаются в восемь часов утра, кончаются в три часа тридцать минут дня.
3. Давайте встретимся около станции метро без десяти два (часа).
4. Вчера моя старшая сестра спала часов восемь (около восьми часов, примерно 8 часов).
5. Через час позвоните ещё раз.

| Мини-тест |

1. два 2. двумя 3. двумя
4. двух 5. двум

1. пять 2. пяти 3. пяти
4. пятью 5. пять

66 | УПРАЖНЕНИЯ |

1. Мой племянник каждое лето ездит в деревню к бабушке.
2. Говорят, (что) переговоры на высшем уровне продолжались два часа.
3. У меня урок русского языка по понедельникам, средам и пятницам.
4. Её внук делает зарядку каждое утро минут двадцать (около двадцати минут).
5. На сколько дней вы (по)едете в Америку? – На неделю. Я там буду с третьего по десятое.

67 | УПРАЖНЕНИЯ |

1. в   2. за   3. по   4. из   5. к
6. с   7. от   8. на   9. за   10. у

연습문제 해답

시 | ЛЮБОВЬ – ОДНА |
Измены, любовь, Душа, любовь,
Любовь, всегда, дальше, ближе,
любовь, душа, Любовь, смерть